心一堂術
數古籍珍
本叢刊

書名：堪輿一覽【新修訂版】
系列：心一堂術數古籍珍本叢刊　堪輿類　無常玄空珍秘系列　第一輯　51
作者：【清】孫竹田
主編、責任編輯：陳劍聰
心一堂術數古籍珍本叢刊編校小組：陳劍聰　素聞　梁松盛　鄒偉才　虛白盧主

出版：心一堂有限公司
通訊地址：香港九龍旺角彌敦道六一〇號荷李活商業中心十八樓〇五—〇六室
深港讀者服務中心：中國深圳市羅湖區立新路六號羅湖商業大廈負一層〇〇八室
電話號碼：(852)67150840
網址：publish.sunyata.cc
電郵：sunyatabook@gmail.com
網店：http://book.sunyata.cc
淘寶店地址：https://shop210782774.taobao.com
微店地址：https://weidian.com/s/1212826297
臉書：https://www.facebook.com/sunyatabook
讀者論壇：http://bbs.sunyata.cc/

版次：二零一五年五月初版
平裝

港幣　二百五十八元正
定價：人民幣　二百五十八元正
新台幣　九百九十八元正

國際書號：ISBN 978-988-8316-66-3

香港發行：香港聯合書刊物流有限公司
地址：香港新界大埔汀麗路36號中華商務印刷大廈3樓
電話號碼：(852)2150-2100
傳真號碼：(852)2407-3062
電郵：info@suplogistics.com.hk

台灣發行：秀威資訊科技股份有限公司
地址：台灣台北市內湖區瑞光路七十六巷六十五號一樓
電話號碼：+886-2-2796-3638
傳真號碼：+886-2-2796-1377
網絡書店：www.bodbooks.com.tw
台灣國家書店讀者服務中心：
地址：台灣台北市中山區松江路二〇九號一樓
電話號碼：+886-2-2518-0207
傳真號碼：+886-2-2518-0778
網絡書店：http://www.govbooks.com.tw

中國大陸發行　零售：深圳心一堂文化傳播有限公司
深圳地址：深圳市羅湖區立新路六號羅湖商業大廈負一層〇〇八室
電話號碼：(86)0755-82224934

心一堂微店二維碼

心一堂淘寶店二維碼

心一堂術數古籍 珍本整理 叢刊 總序

術數定義

術數，大概可謂以「推算（推演）、預測人（個人、群體、國家等）、事、物、自然現象、時間、空間方位等規律及氣數，並或通過種種『方術』，從而達致趨吉避凶或某種特定目的」之知識體系和方法。

術數類別

我國術數的內容類別，歷代不盡相同，例如《漢書・藝文志》中載，漢代術數有六類：天文、曆譜、五行、蓍龜、雜占、形法。至清代《四庫全書》，術數類則有：數學、占候、相宅相墓、占卜、命書、相書、陰陽五行、雜技術等，其他如《後漢書・方術部》、《藝文類聚・方術部》、《太平御覽・方術部》等，對於術數的分類，皆有差異。古代多把天文、曆譜、及部分數學均歸入術數類，而民間流行亦視傳統醫學作為術數的一環；此外，有些術數與宗教中的方術亦往往難以分開。現代民間則常將各種術數歸納為五大類別：命、卜、相、醫、山，通稱「五術」。

本叢刊在《四庫全書》的分類基礎上，將術數分為九大類別：占筮、星命、相術、堪輿、選擇、三式、讖諱、理數（陰陽五行）、雜術（其他）。而未收天文、曆譜、算術、宗教方術、醫學。

術數思想與發展——從術到學，乃至合道

我國術數是由上古的占星、卜筮、形法等術發展下來的。其中卜筮之術，是歷經夏商周三代而通過「龜卜、蓍筮」得出卜（筮）辭的一種預測（吉凶成敗）術，之後歸納並結集成書，此即現傳之《易

經》。經過春秋戰國至秦漢之際，受到當時諸子百家的影響、儒家的推崇，遂有《易傳》等的出現，原本是卜筮術書的《易經》，被提升及解讀成有包涵「天地之道（理）」之學。因此，《易・繫辭傳》曰：「易與天地準，故能彌綸天地之道。」

漢代以後，易學中的陰陽學說，與五行、九宮、干支、氣運、災變、律曆、卦氣、讖緯、天人感應說等相結合，形成易學中象數系統。而其他原與《易經》本來沒有關係的術數，如占星、形法、選擇，亦漸漸以易理（象數學說）為依歸。《四庫全書・易類小序》云：「術數之興，多在秦漢以後。要其旨，不出乎陰陽五行，生尅制化。實皆《易》之支派，傅以雜說耳。」至此，術數可謂已由「術」發展成「學」。

及至宋代，術數理論與理學中的河圖洛書、太極圖、邵雍先天之學及皇極經世等學說給合，通過術數以演繹理學中「天地中有一太極，萬物中各有一太極」（《朱子語類》）的思想。術數理論不單已發展至十分成熟，而且也從其學理中衍生一些新的方法或理論，如《梅花易數》、《河洛理數》等。

在傳統上，術數功能往往不止於僅僅作為趨吉避凶的方術，及「能彌綸天地之道」的學問，亦有其「修心養性」的功能，「與道合一」（修道）的內涵。《素問・上古天真論》：「上古之人，其知道者，法於陰陽，和於術數。」數之意義，不單是外在的算數、歷數、氣數，而是與理學中同等的「道」、「理」--心性的功能，北宋理氣家邵雍對此多有發揮：「聖人之心，是亦數也」、「萬化萬事生乎心」、「心為太極」。《觀物外篇》：「先天之學，心法也。……蓋天地萬物之理，盡在其中矣，心一而不分，則能應萬物。」反過來說，宋代的術數理論，受到當時理學、佛道及宋易影響，認為心性本質上是等同天地之太極。天地萬物氣數規律，能通過內觀自心而有所感知，即是內心也已具備有術數的推演及預測、感知能力；相傳是邵雍所創之《梅花易數》，便是在這樣的背景下誕生。

《易・文言傳》已有「積善之家，必有餘慶；積不善之家，必有餘殃」之說，至漢代流行的災變說及讖緯說，我國數千年來都認為天災，異常天象（自然現象），皆與一國或一地的施政者失德有關；下至家族、個人之盛衰，也都與一族一人之德行修養有關。因此，我國術數中除了吉凶盛衰理數之外，人心的德行修養，也是趨吉避凶的一個關鍵因素。

術數與宗教、修道

在這種思想之下，我國術數不單只是附屬於巫術或宗教行為的方術，又往往是一種宗教的修煉手段--通過術數，以知陰陽，乃至合陰陽（道）。「其知道者，法於陰陽，和於術數。」例如，「奇門遁甲」術中，即分為「術奇門」與「法奇門」兩大類。「法奇門」中有大量道教中符籙、手印、存想、內煉的內容，是道教內丹外法的一種重要外法修煉體系。甚至在雷法一系的修煉上，亦大量應用了術數內容。此外，相術、堪輿術中也有修煉望氣（氣的形狀、顏色）的方法；堪輿家除了選擇陰陽宅之吉凶外，也有道教中選擇適合修道環境（法、財、侶、地中的地）的方法，以至通過堪輿術觀察天地山川陰陽之氣，亦成為領悟陰陽金丹大道的一途。

易學體系以外的術數與的少數民族的術數

我國術數中，也有不用或不全用易理作為其理論依據的，如揚雄的《太玄》、司馬光的《潛虛》。也有一些占卜法、雜術不屬於《易經》系統，不過對後世影響較少而已。

外來宗教及少數民族中也有不少雖受漢文化影響（如陰陽、五行、二十八宿等學說。）但仍自成系統的術數，如古代的西夏、突厥、吐魯番等占卜及星占術，藏族中有多種藏傳佛教占卜術、苯教占卜術、擇吉術、推命術、相術等；北方少數民族有薩滿教占卜術；不少少數民族如水族、白族、布朗族、佤族、彝族、苗族等，皆有占雞（卦）草卜、雞蛋卜等術，納西族的占星術、占卜術，彝族畢摩的推命術、占卜術……等等，都是屬於《易經》體系以外的術數。相對上，外國傳入的術數以及其理論，對我國術數影響更大。

曆法、推步術與外來術數的影響

我國的術數與曆法的關係非常緊密。早期的術數中，很多是利用星宿或星宿組合的位置（如某星在某州或某宮某度）付予某種吉凶意義，并據之以推演，例如歲星（木星）、月將（某月太陽所躔之宮次）等。不過，由於不同的古代曆法推步的誤差及歲差的問題，若干年後，其術數所用之星辰的位置，已與真實星辰的位置不一樣了；此如歲星（木星），早期的曆法及術數以十二年為一周期（以應地支），與木星真實周期十一點八六年，每幾十年便錯一宮。後來術家又設一「太歲」的假想星體來解決，是歲星運行的相反，週期亦剛好是十二年。而術數中的神煞，很多即是根據太歲的位置而定。又如六壬術中的「月將」，原是立春節氣後太陽躔娵訾之次而稱作「登明亥將」，至宋代，因歲差的關係，要到雨水節氣後太陽才躔娵訾之次，當時沈括提出了修正，但明清時六壬術中「月將」仍然沿用宋代沈括修正的起法沒有再修正。

由於以真實星象周期的推步術是非常繁複，而且古代星象推步術本身亦有不少誤差，大多數術數除依曆書保留了太陽（節氣）、太陰（月相）的簡單宮次計算外，漸漸形成根據干支、日月等的各自起例，以起出其他具有不同含義的眾多假想星象及神煞系統。唐宋以後，我國絕大部分術數都主要沿用這一系統，也出現了不少完全脫離真實星象的術數，如《子平術》、《紫微斗數》、《鐵版神數》等。後來就連一些利用真實星辰位置的術數，如《七政四餘術》及選擇法中的《天星選擇》，也已與假想星象及神煞混合而使用了。

隨着古代外國曆（推步）、術數的傳入，如唐代傳入的印度曆法及術數，元代傳入的回回曆等，其中我國占星術便吸收了印度占星術中羅睺星、計都星等而形成四餘星，又通過阿拉伯占星術而吸收了其中來自希臘、巴比倫占星術的黃道十二宮、四大（四元素）學說（地、水、火、風），並與我國傳統的二十八宿、五行說、神煞系統並存而形成《七政四餘術》。此外，一些術數中的北斗星名，不用我國傳統的星名：天樞、天璇、天璣、天權、玉衡、開陽、搖光，而是使用來自印度梵文所譯的：貪狼、巨門、祿存、文曲，廉貞、武曲、破軍等，此明顯是受到唐代從印度傳入的曆法及占星術所影響。如星命術中的《紫微斗數》及堪輿術中的《撼龍經》等文獻中，其星皆用印度譯名。及至清初《時憲曆》，置閏之法則改用西法「定氣」。清代以後的術數，又作過不少的調整。

此外，我國相術中的面相術、手相術，唐宋之際受印度相術影響頗大，至民國初年，又通過翻譯歐西、日本的相術書籍而大量吸收歐西相術的內容，形成了現代我國坊間流行的新式相術。

陰陽學——術數在古代、官方管理及外國的影響

術數在古代社會中一直扮演着一個非常重要的角色，影響層面不單只是某一階層、某一職業、某一年齡的人，而是上自帝王，下至普通百姓，從出生到死亡，不論是生活上的小事如洗髮、出行等，大事如建房、入伙、出兵等，從個人、家族以至國家，從天文、氣象、地理到人事、軍事，從民俗、學術到宗教，都離不開術數的應用。我國最晚在唐代開始，已把以上術數之學，稱作陰陽（學），行術數者稱陰陽人。（敦煌文書、斯四三二七唐《師師漫語話》：「以下說陰陽人謾語話」，此說法後來傳入日本，今日本人稱行術數者為「陰陽師」）。一直到了清末，欽天監中負責陰陽術數的官員中，以及民間術數之士，仍名陰陽生。

古代政府的中欽天監（司天監），除了負責天文、曆法、輿地之外，亦精通其他如星占、選擇、堪輿等術數，除在皇室人員及朝庭中應用外，也定期頒行日書、修定術數，使民間對於天文、日曆用事吉凶及使用其他術數時，有所依從。

我國古代政府對官方及民間陰陽學及陰陽官員，從其內容、人員的選拔、培訓、認證、考核、律法監管等，都有制度。至明清兩代，其制度更為完善、嚴格。

宋代官學之中，課程中已有陰陽學及其考試的內容。（宋徽宗崇寧三年〔一一零四年〕崇寧算學令：「諸學生習……並曆算、三式、天文書。」「諸試……三式即射覆及預占三日陰陽風雨。天文即預

定一月或一季分野災祥，並以依經備草合問為通。」

金代司天臺，從民間「草澤人」（即民間習術數人士）考試選拔：「其試之制，以《宣明曆》試推步，及《婚書》、《地理新書》試合婚、安葬，並《易》筮法，六壬課、三命、五星之術。」（《金史》卷五十一・志第三十二・選舉一）

元代為進一步加強官方陰陽學對民間的影響、管理、控制及培育，除沿襲宋代、金代在司天監掌管陰陽學及中央的官學陰陽學課程之外，更在地方上增設陰陽學課程（《元史・選舉志一》：「世祖至元二十八年夏六月始置諸路陰陽學。」）地方上也設陰陽學教授員，培育及管轄地方陰陽人。（《元史・選舉志一》：「（元仁宗）延祐初，令陰陽人依儒醫例，於路、府、州設教授員，凡陰陽人皆管轄之，而上屬於太史焉。」）自此，民間的陰陽術士（陰陽人），被納入官方的管轄之下。

至明清兩代，陰陽學制度更為完善。中央欽天監掌管陰陽學，明代地方縣設陰陽學正術，各州設陰陽學典術，各縣設陰陽學訓術。陰陽人從地方陰陽學肄業或被選拔出來後，再送到欽天監考試。（《大明會典》卷二二三：「凡天下府州縣舉到陰陽人堪任正術等官者，俱從吏部送（欽天監），考中，送回選用；不中者發回原籍為民，原保官吏治罪。」）清代大致沿用明制，凡陰陽術數之流，悉歸中央欽天監及地方陰陽官員管理、培訓、認證。至今尚有「紹興府陰陽印」、「東光縣陰陽學記」等明代銅印，及某某縣某某之清代陰陽執照等傳世。

清代欽天監漏刻科對官員要求甚為嚴格。《大清會典》「國子監」規定：「凡算學之教，設肄業生。滿洲十有二人，蒙古、漢軍各六人，於各旗官學內考取。漢十有二人，於舉人、貢監生童內考取。附學生二十四人，由欽天監選送。教以天文演算法諸書，五年學業有成，舉人引見以欽天監博士用，貢監生童以天文生補用。」學生在官學肄業、貢監生肄業或考得舉人後，經過了五年對天文、算法、陰陽學的學習，其中精通陰陽術數者，會送往漏刻科。而在欽天監供職的官員，《大清會典則例》「欽天監」規定：「本監官生三年考核一次，術業精通者，保題升用。不及者，停其升轉，再加學習。如能黽勉供職，即予開復。仍不及者，降職一等，再令學習三年，能習熟者，准予開復，仍不能者，黜退。」除定期考核以定其升用降職外，《大清律例》中對陰陽術士不準確的推斷（妄言禍福）是要治罪的。《大清律例・一七八・術七・妄言禍福》：「凡陰陽術士，不許於大小文武官員之家妄言禍福，違者杖一百。其依經推算星命卜課，不在禁限。」大小文武官員延請的陰陽術士，自然是以欽天監漏刻科官員或地方陰陽官員為主。

官方陰陽學制度也影響鄰國如朝鮮、日本、越南等地，一直到了民國時期，鄰國仍然沿用着我國的多種術數。而我國的漢族術數，在古代甚至影響遍及西夏、突厥、吐蕃、阿拉伯、印度、東南亞諸國。

術數研究

術數在我國古代社會雖然影響深遠，「是傳統中國理念中的一門科學，從傳統的陰陽、五行、九宮、八卦、河圖、洛書等觀念作大自然的研究。……傳統中國的天文學、數學、煉丹術等，要到上世紀中葉始受世界學者肯定。可是，術數還未受到應得的注意。術數在傳統中國科技史、思想史，文化史、社會史，甚至軍事史都有一定的影響。……更進一步了解術數，我們將更能了解中國歷史的全貌。」（何丙郁《術數、天文與醫學中國科技史的新視野》，香港城市大學中國文化中心。）

可是術數至今一直不受正統學界所重視，加上術家藏秘自珍，又揚言天機不可洩漏，「（術數）乃吾國科學與哲學融貫而成一種學說，數千年來傳衍嬗變，或隱或現，全賴一二有心人為之繼續維繫，賴以不絕，其中確有學術上研究之價值，非徒癡人說夢，荒誕不經之謂也。其所以至今不能在科學中成立一種地位者，實有數因。蓋古代士大夫階級目醫卜星相為九流之學，多恥道之；而發明諸大師又故為惝怳迷離之辭，以待後人探索；間有一二賢者有所發明，亦秘莫如深，既恐洩天地之秘，復恐譏為旁門左道，始終不肯公開研究，成立一有系統說明之書籍，貽之後世。故居今日而欲研究此種學術，實一極困難之事。」（民國徐樂吾《子平真詮評註》，方重審序）

現存的術數古籍，除極少數是唐、宋、元的版本外，絕大多數是明、清兩代的版本。其內容也主要是明、清兩代流行的術數，唐宋或以前的術數及其書籍，大部分均已失傳，只能從史料記載、出土文獻、敦煌遺書中稍窺一鱗半爪。

術數版本

坊間術數古籍版本，大多是晚清書坊之翻刻本及民國書賈之重排本，其中豕亥魚魯，或任意增刪，往往文意全非，以至不能卒讀。現今不論是術數愛好者，還是民俗、史學、社會、文化、版本等學術研究者，要想得一常見術數書籍的善本、原版，已經非常困難，更遑論如稿本、鈔本、孤本等珍稀版本。在文獻不足及缺乏善本的情況下，要想對術數的源流、理法、及其影響，作全面深入的研究，幾不可能。

有見及此，本叢刊編校小組經多年努力及多方協助，在海內外搜羅了二十世紀六十年代以前漢文為主的術數類善本、珍本、鈔本、孤本、稿本、批校本等數百種，精選出其中最佳版本，分別輯入兩個系列：

一、心一堂術數古籍珍本叢刊

二、心一堂術數古籍整理叢刊

前者以最新數碼（數位）技術清理、修復珍本原本的版面，更正明顯的錯訛，部分善本更以原色彩色精印，務求更勝原本。并以每百多種珍本、一百二十冊為一輯，分輯出版，以饗讀者。

後者延請、稿約有關專家、學者，以善本、珍本等作底本，參以其他版本，古籍進行審定、校勘、注釋，務求打造一最善版本，方便現代人閱讀、理解、研究等之用。

限於編校小組的水平，版本選擇及考證、文字修正、提要內容等方面，恐有疏漏及舛誤之處，懇請方家不吝指正。

心一堂術數古籍 珍本 整理 叢刊編校小組

二零零九年七月序

二零一四年九月第三次修訂

提要

《堪輿一覽》上下二集。［清］孫竹田撰。道光三年（一八二三）南潯瑞松堂蔣氏重刊本。線裝。

孫稚玉，字竹田，號太平山人。安徽人，生卒年不詳。清初安徽、浙江、江蘇一帶之堪輿名家。著有《堪輿一覽・上集》及《堪輿一覽・下集》。

《堪輿一覽》書成於雍正（十二年）甲寅（一七三四）。在安徽梓刊後，流傳甚稀，不久原板燬於火。至道光初年，此書縱在安徽當地亦已極為難得。現據道光三年（一八二三）南潯（在浙江湖州市之東，與江蘇吳江縣交界）瑞松堂蔣炳謹重刻本清理重刊。此重刻本流傳亦少，考清末民初以來有關堪輿撰著或書目，皆未見述載此書。

全書分為上下二集，總目如左：

上集：

序。

瑣言四則。

法門三要：讀書、明心、心術。

春山結伴草（山法）：明理氣、認穴形、定穴塲、會心圖、形勢論、用意篇、方位問。

下集：

東林避暑草：砂說。

吳下舟中草：平陽論、平陽往來圖說、山龍相生圖說、平陽三法圖說（弔浜、剪水、分局）、平陽總論。

北窻閒坐草：陽宅、分局、論宅、論進、論間、元運、屋運、主命、流年、九宮。

支硎玩月草：日時。

山水總論。

孫氏於《堪輿一覽》書中，不以術家自居，認為「堪輿之學本是性理之一端，非深明經史者，不足以知此。」堪輿是理學的一端，其學乃至：「通於幽明」。主張堪輿要與理學（儒）、佛、老同參以明心：「始則以有心觀之，繼則以無心應之，迨至無心而應物，而物莫能遁其情，而吾之心明矣。……心已明而觀地，方是以我觀地，而不是以地觀我，真偽亦莫得而混矣。」反對呆板的形家之法及方位死法，強調「活法」，「以精神氣概性情之說，令人觀物比類，而得其意於語言象數之外，以默契夫天然靈變之致。」所以書中雖有山法、砂法、平陽、陽宅等諸編之眾多圖例，「宜視月，勿視指端。」孫氏反對按圖索驥，「看地無定式，總要看他精神聚會之處。」「余之此圖……畸舉數式，以明形穴作用之要而已。明者於此，自能會意而化裁焉。」

書中〈平陽篇〉、〈日時篇〉（選擇）、〈陽宅篇〉中，皆宗清初蔣大鴻之《天元五歌》，〈平陽篇〉更合蔣大鴻《水龍經》等書之旨意。由此可以推知孫氏或亦得蔣大鴻一脈之傳，唯不詳其源流而已。清代以來繼承、發展蔣大鴻三元家之玄空六派著作，皆在乾隆、道光之後面世。而由蔣氏歿後至乾隆初之百餘年間，此時期坊間并無三元玄空著作刊本流傳，今孫氏《堪輿一覽》一書之重刊，正可補此一段空白。孫氏書中以形勢理氣，要心神領會其「天機活活潑潑地」精神，不可執「針盤死板」之法，「針盤二十四位，位位可通，方為我用而不為所縛矣。」孫氏生活在雍正年間，去蔣大鴻未遠，從《堪輿一覽》書中，可見當時宗蔣大鴻之術者，其法極為活潑，形理合一。〈陽宅篇〉中論屋運之法，實即今人所謂「換天心」；其論流年飛星，亦與時下流行用法不同，今習三元玄空者可以參考。

雖自清代中葉以後，此書流傳稀少。不過書中的〈日時〉篇更曾於乾隆初年，被蔣大鴻首徒張仲馨弟子楊臥云稱道，并將〈日時〉篇增訂并輯入其一脈之秘鈔本（今藏虛白廬）中。可推論孫氏當得三元家之正傳。而於[清]道光十六年丙申（一八三六）刊印之無心道人章仲山輯《心眼指要》卷三中，卻保存了《堪輿一覽》之節錄本。章氏是[清]嘉慶、道光間是名滿江浙的一代地理名師。因為章氏及其門人多在無錫、常熟一帶行道，遂被後世稱作三元玄空六大派之一的「無常派」。《心眼指要》是「無常派」玄空著述中之重要典籍。自[清]道光至宣統，由民國到現代，《心眼指要》一書屢經多次翻刻重印，流傳頗廣。章氏其他著作均以理氣為主，唯於《心眼指要》卷三、卷四中多言巒頭之法，而在「無常派」典籍中格外備受重視。

因孫氏《堪輿一覽》流傳稀少，後人遂有以為孫竹田是章仲山之師。考孫竹田為雍正年間人，而章氏當生於乾隆中期，於嘉慶、道光成名，孫竹田當非章仲山之師。考其年歲，章仲山只可能是孫竹田之再傳弟子。不過，章仲山確實受孫竹田《堪輿一覽》影響甚大，《心眼指要》之名，亦很有可能是從《堪輿一覽》汪亮采敘云：「宗於河洛，而又本之以心目之靈。……」而來。可惜《心眼指要》只是摘錄了《堪輿一覽》上集〈春山結伴草〉（山法）中：「明理氣」、「認穴形」、「定穴場」之一小部份，其餘內容則未有收錄。後人若只讀《心眼指要》輯本，實未能全窺孫竹田《堪輿一覽》之精義。

章仲山及其「無常派」玄空講究形理兼察，與孫氏《堪輿一覽》之宗旨本是一脈相承。故今《堪輿一覽》之重刊，不但是珍貴三元玄空法資料之出土，更可填補後人對清初堪輿三元（玄空）名家作法之認識，若能持之與章氏及其門人一脈的其他著述（如《章仲山挨星秘訣》、《臨穴指南》、《章仲山宅案附無常派玄空秘要》、《地理辨正直解》、《天元五歌闡義》、《元空秘旨註》、《心眼指要》以及即將公開的虛白廬藏本《章仲山玄空筆記附宅案》和《章仲山門內秘傳二宅圖訣》等，以上俱輯入本叢刊）對讀，當有會心，從中可以窺知無常派之真傳奧秘。

為令此稀見刻本不致湮沒，特以最新數碼技術清理、修復版面精印，一以作玄空法訣資料保存，一以供同道中人參考研究。

道光三年重鐫

太平山人著

堪輿一覽

南潯瑞松堂蔣氏藏版

余爲先君子卜葬涉獵形家言凡數十種其說支離
者失之隱晦其說誇張者失之荒誕比年篝燈披覽
心揺揺如懸旌而無所終薄客歲仲冬延休寧張翁
秀崑于家出示一編爲歙人孫竹田先生所著堪輿
一覽讀之不忍釋手其言約其義精其證確宗諸河
洛參以性理闢邪說而歸之正觀其序知先生喜讀
書好山水挾術來遊苕上有年矣每得吉兆隨筆記
之久且成袟鄉先輩汪君爲付諸梓傳印未幾隨燬
于火是以里人少有見者而反得之他處噫既幸還

合浦之珠應共寶荆山之璧壽諸剞劂豈得已哉由是復加校鐫以公同好庶幾識至理所在生氣自現又何必青囊赤霆之爲秘授耶

道光三年歲次癸未四月杭山蔣炳謹識

大平山人不可以形家者流淺之乎測也其狀樸而不承義而不朋與之言確而虛其中其學無所不窺而尤邃於老莊及佛氏之書其爲人也洒洒落落鮮所嗜好而獨於山水則如性命肌膚之不可離故其於堪輿之理獨得其奧其來遊茗上有年矣茗之山水無一不在其心目中有過而求之者輒勸之行福田利益事忤其意則不應犯之亦不校雅不喜輕諾諾則必盡其誠雖田父野老弗欺也以是人多敬慕之往年余爲先人營馬鬛固請乃至叩之則曰山猶

人也其氣概精神性情與夫屈伸偃仰窪然而凹塊然而凸大致與人相似不可矯飾故目之所觸一覽輒盡更無容穿鑿為也及觀其所指諸地艮然已而為擇兆於仙人山之陽語余曰此地得山水之秀後世必多儁雅之士余以其山多石疑之及穿地得土穴細潤可愛然余不識堪輿家書不敢嘗試乃壙而不窆越歲啟視則暖氣蒸蒸然于以窆先人於九京可以相安矣至是始服其有確見山人多遊歷有所見輒記載久之編次成書名曰堪輿一覽其言一宗

於河洛而又本之以心目之靈故能洞若觀火筆無不快堪輿之學得此而大暢此固人人之所可共曉而非若支離傅會之不足取信也謂之一覽不其然哉

雍正甲寅孟夏望日吳興汪亮采序

自序

余性愛山水每遇佳處心曠神迎不知我之爲山水山水之爲我也豈山川之靈與我有宿世緣歟閒覽堪輿家書若有所得遊覽之興于以益深漸成痼癖一若舍是無可以度日者竊思天地雖大一氣之形上形下焉耳人物雖衆一氣中之知覺運動者耳天下無才子山川少生色高山流水之音偏肯入于樵夫之耳是果何因而若是哉且夫古之人結茅廬曳竹杖時與烟霞泉石晤對無言稱物外交山川之靈

應亦許爲知已矣而究未曾有闡其精華發其情性以開後人之混沌者豈其智之不及歟抑逍遙物外之客不屑爲此瑣瑣耶余本無能竊喜一得非秘訣亦非異聞蓋自有天地來人所共見共聞習見習聞之至理灼然散著確然不爽如一月印千江江江皆月月月同光如一燈照十鏡鏡鏡皆燈燈燈互影察解之不得擬議之不得吁嗟乎天涯海角皓首塵途更何處有與造物者俱而遊乎天地之一氣者與之莫逆相視而笑也則惟有默無一語一任流峙者之

無心而自在以見天地文章不加雕琢而顧乃爲此僕僕不憚煩之舉以求予智者之嘵嘵不亦啞然其大可笑哉然而吾心誠有所不能已吾試返而求之于吾心而吾心亦不知其所以然也夫既已求之吾心而吾心亦不知其所以然矣則亦聽吾之僕僕不憚煩爾矣亦聽予智者之嘵嘵焉爾矣夫是以欣然興至一筆揮來點水勾山搜精剔髓夫如是而興盡矣神疲矣而傀儡亦于是乎彷彿矣其然乎其不然乎是皆未可定也問之于吾吾曰不知是宜問之山

川之靈山川之靈默不我語于是付之梓人以問天下之鍾山川之靈者梓人請其名余則漫然應之曰是名堪輿一覽

旹

雍正甲寅年正月竹田孫稚玉書于箬溪舟次

堪輿一覽

上集總目 共八十八葉

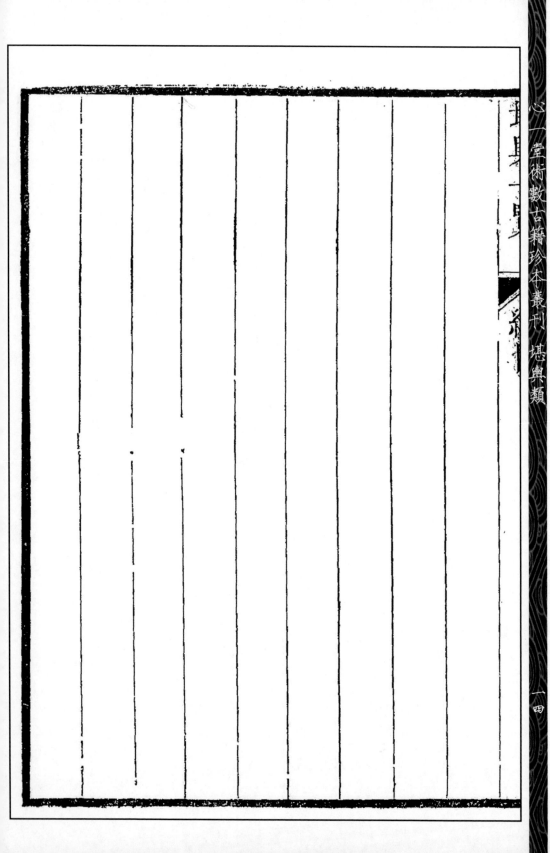

瑣言四則 二葉

一形家著書不宜先立我見有我則有人人我之見交戰于胸中則好惡必出于私是非必失其正黨同伐異所由來矣吾之所言一揆于理不求異亦不求同但以吾之所知者言之所不知者闕而不論不喜強作解事人我無我見不能爲存我見者逆合也

一理無所秘亦不能秘見得一層方能言得一層見得透徹方能說得暢快條分縷析人人共曉此須實有學力不是勉強得來今形家者流開口便說秘訣

便說有異人傳授。操奇握勝。惑亂世人。嗟嗟。坦懷直道乃君子之風。若夫行蹤詭秘。口是心非。直妖狐邪魅之類耳。有何異人之足重也耶。余無秘訣。無異聞。但將古人成書。說得不明白處。替他洗發。使無剩義。其無理者。則直斥之。亦不少假。若要求異聞秘訣。我此書中。絕無一言。

一葬埋之事所以安死者非為福生人死者既安則生者自福。不必更生妄想于其間也。今之術家。胸無實學。專以禍福怵人。為一時取利之計。主家惑之。有以親骸爲邀福之具。遷移不已者。有視爲畏途。停棺累世不葬者。更有蠢爾無知。因貧病無聊。以親骸爲禍根。燒毀拋棄者。此非禍福之說。有以致之哉。鬼神有知。能不陰奪其魄也耶。今此書中。但明葬理。理明則疑釋。疑釋則吉凶判然。洞若觀火。自然頭頭合道。而無風蟻泉石之患矣。彼不務窮理而惟禍福之是計者。不必觀此。

一堪輿之學。本爲性理之一端。非深明經史者。不足以知此。無奈世人安于固陋。不甚推求。有視爲奇術。

甘心受欺者。有不擇吉凶。聽之天命者。更有漫然不信。謂無此理者。種種塵勞。同歸愚劣。可勝歎哉。今此書中。返本窮源。言極醒豁。欲與天下仁人孝子。劈破疑團。浩浩蕩蕩。灑灑落落。相與養生送死于光天化日之下。不堪爲操觚者贈也。

堪輿一覽

太平山人孫稚玉竹田氏著

法門三要共七葉

讀書

明心

心術

讀書

一堪輿家不可不讀書堪輿之術古人多會言之人非上智舍此無以引其端書不必求全璧文不必求甚解但以意會自可取益初讀之而以吾之意默會古人之意是其所是而非其所非此爲入門之第一層其學雖淺而書中之命意我已了然無疑矣于是再讀之而以吾之意翻剝古人之意其所是處我或非之其所非處我或是之如是而書中之精義我以深求而知之書中之剩義我更因其非處推求得

之而吾之學稍進矣復三讀之而以吾之意如親對古人而與之層層剝入復以古人之意代爲擬議層層辨復平心而論之以求其眞是眞非其學更進而猶未已也是非俱未可定也葢堪輿之法于堪輿書中求之而堪輿之理未必堪輿書中之所能明也則宜急取周易性理諸書而細細讀之方識卦爻之眞理河洛之眞詮斷不是三七分金二八承氣等說之所能夢見也堪輿之學至此已爲最上一層矣然而心思恐未達也則宜急取老莊譚子關喜諸書而徐

徐讀之別有心曠神怡超然物外之致有非陰陽五行之所能囿者學至此已極矣然而意之所發猶未免有迹也無心而照者其惟內典乎萬物如如各得其情如巨浸之納川如太虛之含象堪輿之學通于幽明非此不足以爲極則堪輿之業關乎生死非此不足以告無罪世有其人吾將側席而師事之矣

明心

一讀書不可不先明心地堪輿家書如入仙過海各顯神通神通雖各不同無非是爲過海堪輿之術大

率類是以大地生成自然之氣象出各人本來之聰明智慧以心思目力索解之因其入門之趣各有不同遂有命意命名之各别而其究竟不過同歸于認穴而已聰明智慧本于天授自有差等有利有鈍有偏有全有純有雜故其立法與其成書亦皆如之假如有塔于此一人黑月視之所見是塔其見是影一人白日視之所見是塔其見則眞此明暗利鈍之所由分也一人自南視之所見是塔一人自北視之所見是塔東西四隅皆然此所見雖眞而僅得乎一偏

之見者也又有一人從中視之上一層則見得一層上二層又見得二層所已見者方能言之至于上之又上所未見者不能以意度也此則所見雖中正而猶未得乎其全者也更有一人乘風馭空而下視之始覺八面玲瓏全身俱見彼據一得而即自多者又何異于井鼃之見耶至于旁門曲學異端邪見之流彼亦各自有其聰明智慧亦各竭其心思目力于堪輿中以求必中但如盲子摸塔本來不離塔身然只摸得一磚一瓦便云我已知塔反詬見者謂其欺人

此則可笑之至耳此輩亦有成書流傳于世是以玉石互陳瑕瑜雜出苟非心如明鏡亦何以能辨其美惡哉心如何明在明物理佛氏有頓有漸儒家有誠有明誠頓難能明漸可造夫天下之理不外于尋常日用耳目動靜之間近取諸身遠取諸物以之證地當亦不甚相遠也即以人身而言之人之大用在于耳目耳目盡顯露甘受風寒而不惜是豈不愛之哉以其無所畏故能成其大用耳又何必拘拘于腰腹之際然後爲安逸耶人之言曰手足所以衛頭目夫

手足之用。運動于下。何嘗上顧。頭目而必聽五官之所驅使。則其情意寧不在上哉。即此而觀。而穴之高低砂之情意從可推矣。且也人之一身有行有立有坐有臥。有端莊。有舞跳。其爲態也。有喜怒恐懼。小人有小人之情狀。君子有君子之情狀。貴人仙佛各有其氣度。高人文士。各有其逸致。細細而察之。當必有萬萬不同者。以至鳥飛獸躍魚游蛇伏。亦各有其動靜。喜怒草木花實。亦各有其屈伸偃仰攀援挺立之概。細細而察之。又當有萬萬不同者。始則以有心觀之而繼則以無心應之迨至無心而應而物莫能遁其情而吾之心明矣心已明而觀書方是以我觀書而不是以書觀我是非莫得而淆矣心已明而觀地方是以我觀地而不是以地觀我眞僞亦莫得而混矣豈非俯視一切全身活現也哉苟其不然見影者固同盲守偏者亦聾見耳卽使中正無差而識力不至于極其高明亦何以確然自信告無罪于天地耶習斯術者其愼之哉

心術

一堪輿家不可不先正心術夫古人立法後人用之古人立法之初無一不出于愛人後人依而行之無一不足以害人此豈盡法之過哉則心術害之也即如堪輿一術古人之所以爲人報本培元計者至精且確矣慮夫葬之不得其所也于是而教人以認穴夫穴而曰認則必有形之可見如人之有耳目草木之有花果灼然昭著而非尺寸之所可量而得者矣又慮夫認穴者之無所據也于是而復教人以尋龍夫地而曰龍則其變化可知龍而可尋則其有變化

之跡可知尋龍而可得穴則必有一定之理如耳目之必在頭面花果之必有枝葉可知于是復推而廣之教人以砂水官曜以觀其情意之向背開帳關峽以觀其局陳之聚散立法如此可云備矣而猶未也又慮夫人之執一不通活法而死用也于是又示人以精神氣概性情之說令人觀物比類而得其意于語言象數之外以黙契夫天然靈變之致使不至于執木偶而問津見畫圖而索驥也此非濟世之慈航哉誰云厲階非誣則妄耳然法固善矣掠虛者視爲

生涯偏見者執以嘗試夫禍福之柄自我操之而竟處之若兒戲漫以人之身家供其邀幸肥潤之資反而思之于心安乎即使絕不貪利而以茫然不可自信之術一力擔當固執為是敗人身家天地鬼神已其誅其隱矣豈特昧心者受譴而已哉且也無知妄作亂掘山頭并將天地發露之精華盡行傷毀失其面目地靈有知其肯舍之耶業斯術者苟念及此不特不敢貪利并不敢貪名且不敢自信處處小心時時自省積誠之至可通神明則欲念不生欲念不生

則心自正心正則行端行端則友端嘗見形家書中所載唐人楊筠松覓得一三世宰執地將以獻之于李宦夜宿旅店夢神叱之而止不數日而李死家破又明時有顧陵岡者爲閹宦所聘將入閣夢鬼糊其目因得絕地既而悔之亦無及矣夫地理與天理本自相通非可勉强天日在上鬼神在旁其可任意妄行自取其禍也哉楊顧皆明師而不免此毋乃爲多欲之所累耶故援此二條以爲前鑒直言相勗觀者諒之

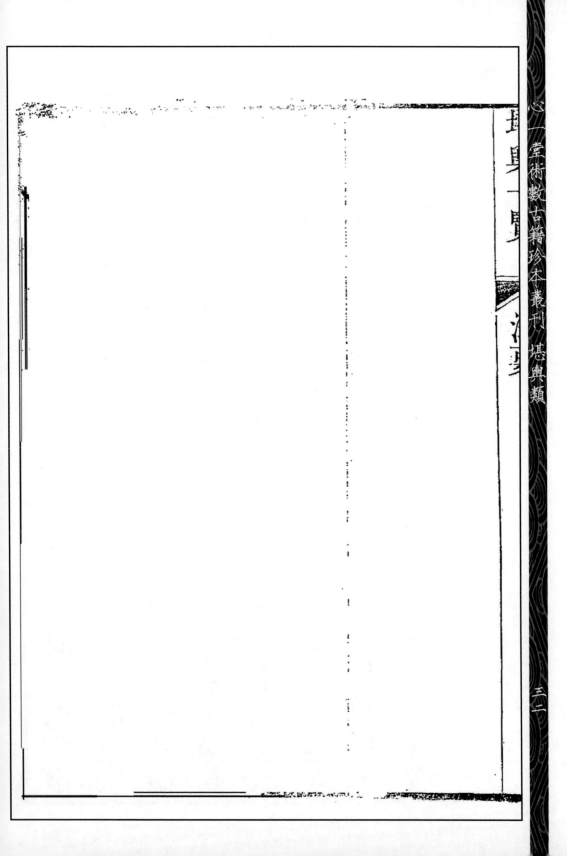

堪輿一覽

太平山人孫稚玉竹田氏著

明理氣

葬乃人子之事親之終也古人無葬法然必不棄其親于水泉砂礫之中今之葬術亦多矣而反有棄其親于水泉砂礫者何哉則葬師誤之也葬師即不德亦何忍以凶地禍人則旁門曲學有以誤之也旁門曲學有一定之法而令人可守且甚言禍福易于惑人實理則言淺而義精辭多散見人所易忽且不輕言禍福絕無可喜是以精實之理竟成絕學而旁門曲學之術徧行于世葬師守之葬家信之即使凶

禍迭出亦止咎其習之不工而不知其術之背理殊甚也此理本非艱深甚平易甚顯亮雖愚夫愚婦亦可共曉然塵不去則鏡不明魔不除則道不見疑似之術又惡可不辨哉

理莫大于生死生死之理明而堪輿之術一以貫之矣人之所以有生者得陽而生也所以有死者陽盡則亡也推而小之以至于昆蟲草木大之以至于晝夜寒暑又何一而非此陽生陰殺之理哉理不可見而寓于氣氣不可見而寓于形是故觀形可以知氣

囙氣可以明理一陽初動萬物皆萌此其驗也而又何疑于堪輿之術乎青囊經云氣感而應鬼福及人則生死相通之理固明以告人矣至寶經云惟取其陽勿犯其陰則趨吉避凶之理又明以告人矣葬經復首發其義曰葬者乘生氣也生即陽也乘者即乘馬乘舟之謂堪輿大義只此盡之矣其餘千言萬語觸類引伸無非發明此中之義後之術家學淺心粗不識生氣為何物而旁門曲學于是競生生氣既認差則乘氣必立法此勢之所必至者法立則中下之

士喜其可守而互相師尚其迷遂至于不可解岐路之悲實始于此葬經又曰占山之法以勢爲難而形次之方又次之然則覩形察勢其求生氣之要領乎方位未嘗不言而列之于又次則其輕重槪可知矣後之術家不能體認形勢而但求之于方位之間竟將方位生氣揑成一塊設爲死法而名之曰理氣葢亦取理寓于氣之意云耳若然則氣又必寓于形舍形勢而言生氣非理也是故葬經又明告人以觀形察勢之法曰千尺爲勢百尺爲形勢來形止是謂全

氣其言勢則曰萬馬降龍言形則曰燕窠覆釜而並不及于方位則其輕重又可知矣而術家乃公然背之分之爲陰龍陽龍眞落僞落以爲承氣之張本是并形勢之義而胥失之矣生氣之義失形勢之義又失尚有何氣何理之足徵也耶古人立言斷不如此此皆後世無知而妄作者之所遺誤不可不提出示急爲之辨也

爲承氣之說者于一氣之中而分之爲五氣以辨其吉凶法固巧矣然氣之在地中非若盤上之可截然

分界也亦安得而竟分之乎姑且以類推之徵之風雲風從隙來雲從岫出一氣也不可分也徵之呼吸清則俱清濁則俱濁一氣也不可分也徵之花果鮮則俱鮮熟則俱熟一氣也不可分也之數者散著于外人所共見不可妄誣豈氣之行于地中而不可見者乃可妄誣乎然則彼之爲是說者又屬何意曰此不明乎饒減迎送之義而爲是法以擬之也葢饒減迎送卽是葬乘生氣之意用目而不用盤盤上之所謂吉未必是目中之所宜然也請試驗之當知吾言

之不謬。

陰陽承氣之說。執而不通。後人厭之。一切掃去。而用兩旋四墓之局。以兩旋配兩儀。以四局配四象。術固精矣。而行之又多不驗者。何哉。蓋對待流行。不可合一之故也。南北東西者。對待之位。春夏秋冬者。流行之序。對待則此疆彼界。畫然分明。不能指東以爲西移南以就北也。流行則一氣貫通。普天同運。陽升則不特東方春。而南北西皆春。陰降則不特西方秋。而南北東皆秋也。是故方位一定者也。氣序則不定者也○今以一息不停之氣序○加于千古不變之方位○扭而合之○取其一局○以爲生墓○恐天地間○無是理也○又何怪其術之不驗哉○且夫五行不全○不能成物生生之理固如是也○地之爲道○水以氣行○火以形著○一升一降○必借金木以爲道路○是以重岡複嶺○五形錯綜無所不備○而彼則謂終始一行○自生自墓○以見其說之左矣○且其立法○必歸重于四墓水口者○則又何故曰此又不明乎入山尋水口之義○而爲此法以傳會之也○夫入山尋水口○登局看明堂○二者相因爲占

山之撓徑試看江右而下支流萬數同入于江其支流之出口有關鎖者眞氣必聚其中必有美地關鎖重密地必更美關鎖之內但見開陽舒暢即爲眞氣出面之所蓋明堂開則水口必固此一闢一闔之義缺一而不可者也若夫關鎖全無一望曠蕩則爲門戶不收內必參形雜勢水走砂飛眞氣亦必洩盡而無餘並不是言何方出水當立何局也且其出處不拘何方又安得以四墓定之乎此與眞僞承氣同一膠柱鼓瑟之病而承氣之術尚言龍穴此則并將龍

穴置之不議而專重一四墓之水口安在其能救承氣之失耶堪輿翼云但見時術執盤以求穴未見時術定穴而用盤此言雖詭卻中其病然可爲知者道難與俗人言也

言理氣者其病有根不過執定羅經上干支二十四字迷心妄想顛倒播弄而已殊不知古人造作干支皆是假立虛名無有實義曰理曰氣並不在此苟能將此干支等義一齊拋卻意念動處毫不沾着而默想夫生天生地生人生物之理之氣虛極生明自然

領會始知水流山峙本是一片天機活潑潑地針盤死板直堪輿之粃糠而已何足道截然到得此地則根蒂已明心中了了針盤二十四位位位可通方爲我用而不爲所縛矣苟不如此而必欲于二十四字之中爭論是非是猶揑目而生花終未見其有是處也噫

悲夫俗學之迷人甚深也浹人肌髓縛人意念其所由來者久矣亦安得而竟釋然哉彼不解之乎者誠無怪焉耳且夫古之聖賢作干支分卦象本以闡微

顯幽利用安民而今之術家卽宗之竊其名幷竊其
權而大道以深而益晦學之者以精而益迷其所以
晦者晦于疑似造作之間而其所以迷者則迷于語
言文字之末也則胡不試返而思之假而今之世于
支未作八卦未畫文字未立書契未成將毋日月不
晝夜陰陽不寒暑而人物不生死乎水不流而山不
峙天不運而地不載乎萬類紛紜人畜並處而無君
臣上下男女之別乎是必不然則氣以理行理因氣
顯語言文字之外固自有天然昭著之景象也又安

用此拘拘者爲哉然而世人之必欲爲此拘拘者何也則禍福之說勝之也葬師非此無以操其權葬家非此無以悅其耳是以俗術肆行而陽生陰殺實有可據之理反棄而不講則甚矣世人之溺而不知返也悲夫

原夫太極初判陰陽始分積陽之氣清虛爲天積陰之氣重濁爲地重陰之中一陽生焉陽升而陰從之是以山峯矗矗如閃電轟雷連雲列焰具有飛騰欲拔之勢而限于有形則不得不從高而下降降極則

陰氣脫盡一陽來復而穴以成其至清之氣常盤旋于山頂別成天巧而下爲洞壑巉巖不可名狀此乃理也氣也豈拘拘于徑尺之間所能得其旨趣哉故嘗論之五行之中水爲天一非得氣之最初者乎觀之卦象一陽陷于二陰爲坎坎以無形之氣潛行地中爲萬物受命之始生生不息之根再以月令考之仲秋之月殺氣日盛陽氣日衰水始涸是水之涸乃陽之死也仲冬之月一陽初生水泉乃動是水之動乃陽之生也水也陽也明乎水能生物之義即明乎

陽爲生氣之義并明乎非陽不穴之義矣且以五行之次言之一陽初動始生于水發用于火昭布于木歸藏于土搆精于金名雖有五實則一氣之流轉爲之是以五形錯綜可變可化而其成穴之義則同一坎中之陽而已舍此別無生氣別無穴法易曰天得一以清地得一以寧人得一以靈穴法而得一自然可大可久彼雕蟲者又安所施其末技哉世有不信予言者請究心于河洛之圖

認穴形

葬之制其始于中古乎河洛出八卦畫仰以觀于天俯以察于地于是乎識山川之情更徵之以人事而得其義其義云何曰尋得一點生氣而已生氣所聚內蘊精華其土細密膩如團粉葬之者安得之者昌然則生氣固可識乎曰可氣本于天質成于地天有陰陽地有剛柔陽變而柔惟柔故生陰化而剛惟剛故殺山體剛剛中取其柔以爲生之機猶之一陽動于坎中而萬物施生此生氣之義也

山勢如建瓴從高而下委蛇四出此其大較也枝發其秀苞吐其英蓋其縱橫排蕩之氣至此不得不一發洩耳而其大勢亦如此呼彼諾之形焉則山川之類聚又有如此者

氣之行也有屈有伸有聚有散則縱橫排蕩之謂也氣化而形以返于極包五行含四象則穴之謂也穴其見天地之心乎

太極一氣而分陰陽陰陽分老少而成四象于是乎三才分焉五行出焉萬物生焉統之則一極也散之

則萬極也極其爲生生不息之根乎

太極無物故能生萬物物之生也各有一極無所欠缺故能生生而不息惟穴亦然穴其爲歸根復命之極乎

太極無二故理無二氣亦無二二氣之說則流行之謂也有流行于是乎有對待是故升者爲陽降者爲陰陽明而陰暗陽生而陰殺陽善而陰惡陽吉而陰凶陽眞而陰假眞假之辨其如示諸斯矣河之圖洛之書此正天心之所以示人乎

圖之數一三五七九為陽二四六八十為陰生成同志陰陽同類故穴之象有眞必有假書之位陽數居正陰數居隅陽位為生陰位為殺故葬之法惟取其陽而不犯其陰

是故君子觀于圖而知象觀于書而知法窩鉗乳突穴之象也蓋粘倚撞葬之法也若夫渾然而形含蓄廣大則又中五之氣可以意會而不可以言窮者也嗚呼盡之矣

穴形根河圖

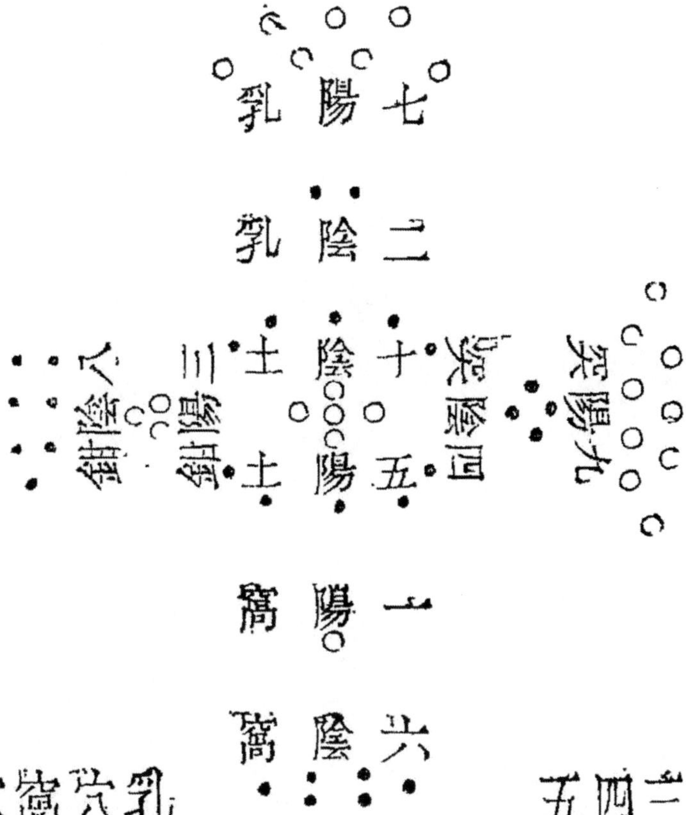

一六為水。成窩形。
二七為火。成乳形。
三八為木。成鉗形。
四九為金。成突形。
五十為土。葬氣。

乳突陰內而陽外。穴宜淺。
窩鉗陽內而陰外。穴宜深。
中五葬氣。穴宜培土厚封。

穴塲視洛書

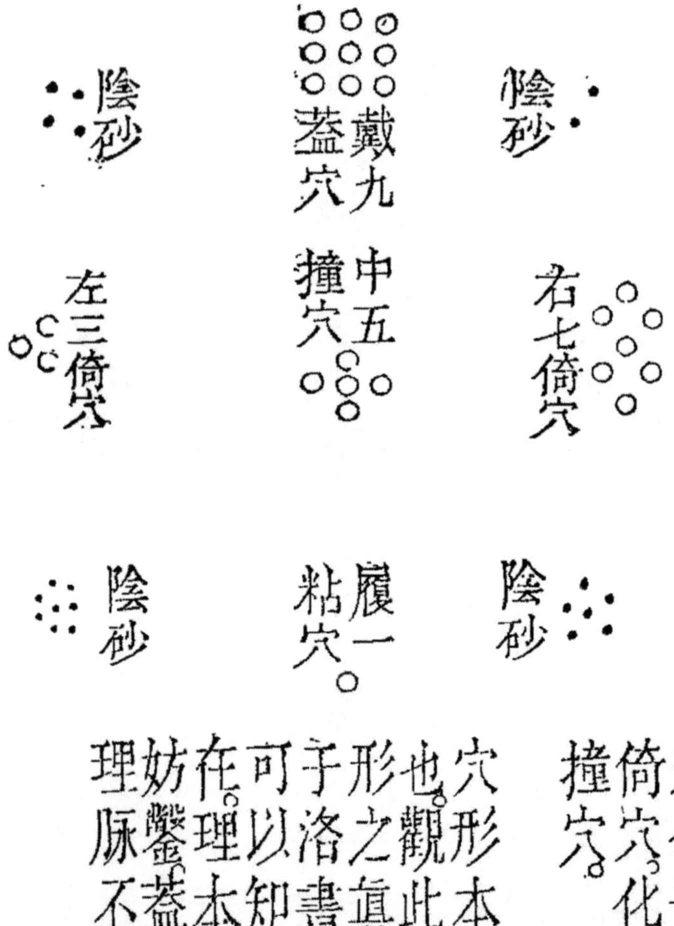

陽化于上。則成葢穴。化于下。則成粘穴。化于側面則成倚穴。化于中。則成撞穴。

穴形本于河圖。體也。觀此可以知穴形之眞假。穴塲本于洛書。用也。觀此可以知穴塲之所在。理本顯然。言不妨鑿。葢不鑿。則其理脉不淸也。

人爲萬物之靈。故能具圖書之全象。物則有缺而不備。至于山川。得其一體。便成美穴矣。

窩者一六之氣太陽之象也氣自下升陽生陰中外剛內柔宛然藏蓄旁有範圍前有氣口眞氣內注穴宜深取然一六同宗形以類似有陽必有陰故有眞必有假辨之既清方知取舍

陽窩

窩形圓整輪弦明白中有肉地肥嫩細軟前有氣口以顯情性美穴也其兩掬環抱如拱手樣者曰合口窩兩脚拍開如糞箕樣者曰開口窩窩中肉地又有出氣進氣之不同其肉地

太窩

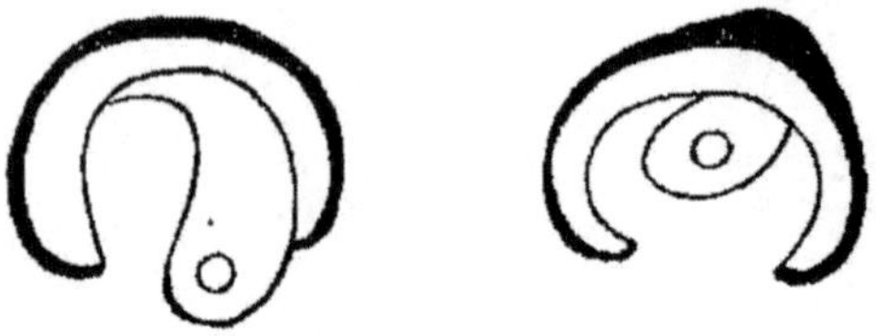

微弦向內收入如人之呼者曰進氣窩向外吐出如人之噓者曰出氣窩進氣宜穴上弦出氣宜穴下弦

凡窩中肥大圓滿可容三五穴或至十數穴者可盡其量而扦之若窩大而深濶其中肉地或不能滿則窩上必有一脉微起如額或自邊自角注入窩內拖出嫩肉則緊接而扦之如見肉地沿邊吐出肥厚者則氣已下

[illegible]

邊窩

空窩

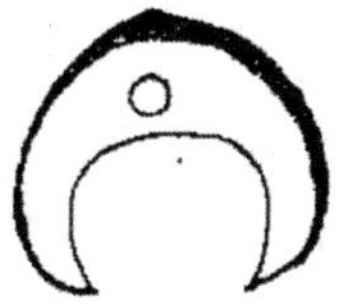

注穴宜扦出窩大而有肉吐出復起塊突成穴者尤妙此龍氣旺極之所結也

山勢上聚吐出平坡窩弦一邊勾轉作案內有肉地明白者曰邊窩橫龍貼脊勾窩亦然

龍來成窩作穴而中無肉地則氣必化于弦上平坦肥嫩下陰上陽穴扦弦上

側窩

陰窩

又有窩體偏斜而輪弦肉地明白者。與正窩同。

又有兩窩三窩並立或相背如鼎足。但中有肉地扦法如上。

陰窩輪弦不明或陡側如洞壑中無肉地陷如漏槽此純陰之象生氣不注之處也故古人目之為空窩冷窩。不可穴穴之絕人。

鉗者窩之變體三八之氣少陽之象也其形直而枝有木之象陽動而陰裂生意出于丫中三八同形眞假宜辨

陽鉗

陰鉗

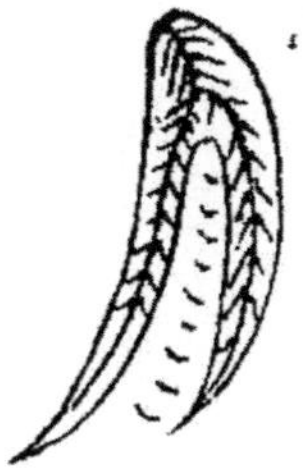

鉗頂微微隆起如額而無界水淋頭之病兩股肥嫩齊整而無直硬走竄之病鉗心平坦有肉而無漏槽傾瀉之病小者秀嫩而不瘦削大者肥軟而不臃腫方爲生氣所鍾之處陰鉗則反是不可不審

鉗中有窩

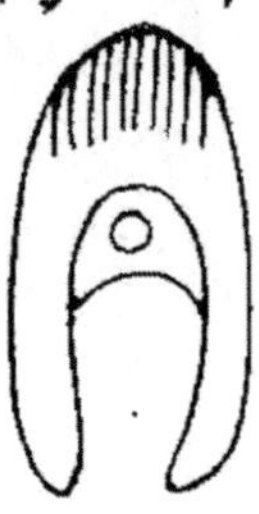

鉗中有乳

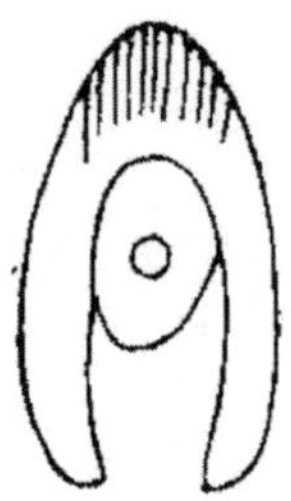

斜鉗

鉗中要有肉地。如虎口中之軟皮。肥嫩平坦。輪弦明白。外看如鉗。登穴如窩者方妙。

鉗頂俯下。則鉗中吐氣如乳。要肥嫩平坦。從輪下吐出方妙。若貫頂直出尖硬瘦削。則爲假乳矣。乳假。則鉗亦假

來龍勇猛。勢不能收。兩股斜飛。有似走竄者。曰斜鉗。與正鉗同。蓋龍止氣鍾。自有一種英發處。此當另眼相看者也。

側鉗偏乳

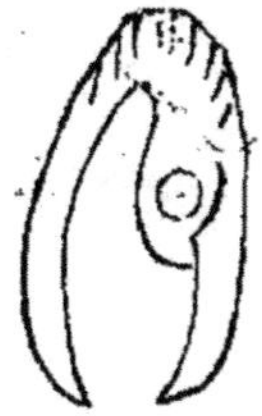

側鉗橫擔

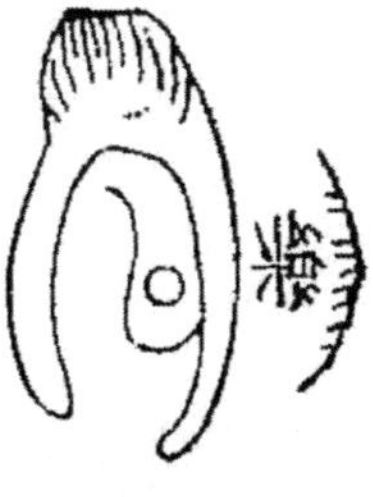

側鉗窩靨

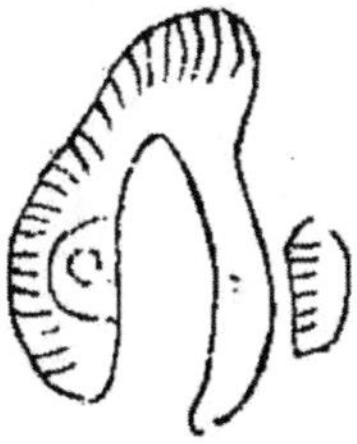

側鉗氣不中出而旁行偏股閃出微肉而鉗心反成漏槽須要龍眞脈到該有止處細看明白或成直乳則要乳頭肥嫩界水微分或成橫擔則要輪級分明肉地肥厚或成窩靨則要陰中泛陽肉地明淨方爲生氣所鍾之處大龍正結往往有此此龍强氣急之故也切勿于無龍氣邊橈棹之中模糊亂下

合鉗

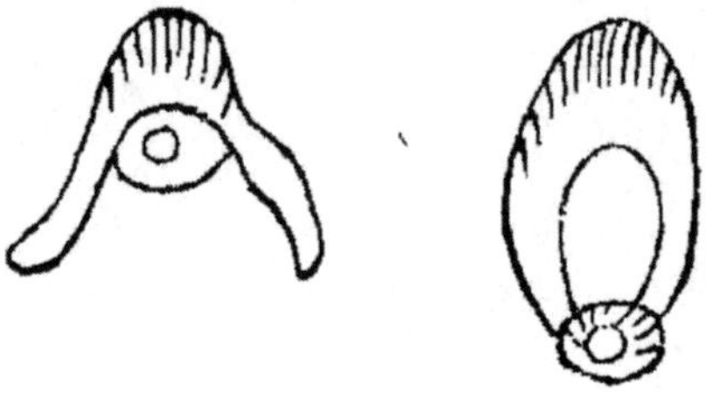

分鉗

合鉗中虛力在兩股股頭合氣隆起塊突成穴後漕雖卑下無害也分鉗兩股拍開似乎無情然鉗中明淨與正鉗同又有曲鉗長鉗短鉗之不同俱以其類推之邊曲邊直者曰蟠龍邊長邊短者曰單提邊單邊雙者曰叠指皆鉗之變體也穴多扦弦上皺肉不落鉗中

突者四九之氣太陰之象也其性堅剛其氣收歛故其形特地隆起或圓或方或曲或長如珠泡龜魚蚌蛤之屬皆陰象也陰中泛陽剛化而柔乃含生意純陰飽硬穴之絕人葢乳突之穴皆陰體而陽用惟取其用勿犯其體始稱善葬

突陰象也高頂塌脚飽面此突之本

陰

相不能成穴者也時術妄作開孤取水未有不敗絕者又有一等頂雖平而無氣口脚雖卓而不開面亦陰突

突

陽突

突上看如此形

側面看如此形

之變相不能成穴者也其長阜與方墩俱以此推之

凡陽突其頂必平後高前低上有窩靨前有氣口陰中泛陽乃能成穴其輪弦必卓起如覆盤則氣始有所拘攝而不散不論高低大小皆然平面者居多亦有側面而有輪級者其力量大率相倣

梭子

腰子

蚌肉

橫長而腰濶兩頭尖者形如梭子要頂平而開面兩頭稍殺脚卓有弦生氣聚于平中扦中濶處

橫長而兩頭圓大腰缺者形如腰子要頂平脚卓前有氣口則生氣聚于凹中宜扦中凹如中凹狹小而兩頭有圓唇吐出者則扦兩頭

橫長而脊隆下鋪平坦如蚌之吐肉上陰下陽宜扦其肉

併突

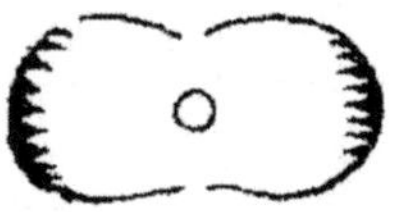

陰陽併突

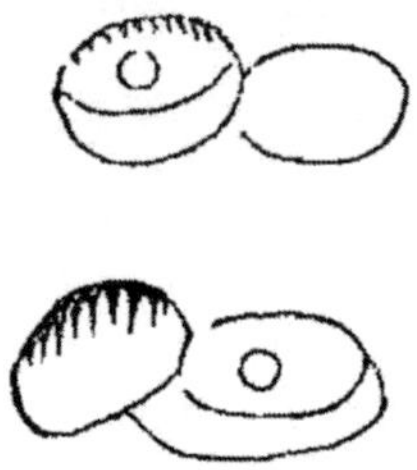

品字併突

横長而兩頭微起。面平中坦。脚卓則生氣聚于中。形如兩突相併。宜扦併處。

横長而頭高頭低者。上肥下薄則扦高穴。下柔上剛則扦低穴。

又有三突相併。如品字樣者。項平扦突。突陰扦肉。如一字樣者。穴扦突面。面陰則不成穴。

少陰之氣流而爲乳直吐而出急如飛矢利如劍鋒穴之孤剛而難犯者莫乳若矣葬師愛之主家信之山脚荒坟纍纍如黍寧不悲哉此無他眞假不辨之故也夫乳剛氣也剛必變柔乃有生意是故君子于乳穴尤爲謹慎

陰乳

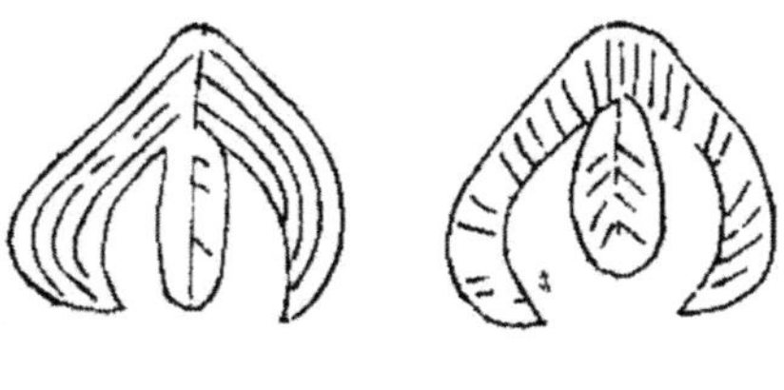

乳者剛氣也隆如龜背腫如冬瓜瘦如竹篙峻如劍脊此乳之本相也犯之絕人蕭克云時人不識無中有多向孤陰乳上尋即此

陽乳　　側乳

陽乳圓淨平坦肥嫩和緩如花之蕊如木之芽其出脉必低多在山之足高者不過山之腰葢脉低則不犯剛殺方露生意斷無貫頂直出者貫頂直出者皆砂也不能成穴其或脉高乳粗剛氣直出其生氣必閃出一邊成閃乳側乳等穴穴情賦云雄粗帶側尋卽此蕭克云誤葬每因求正面仙人多是下偏坡亦卽此

閃乳

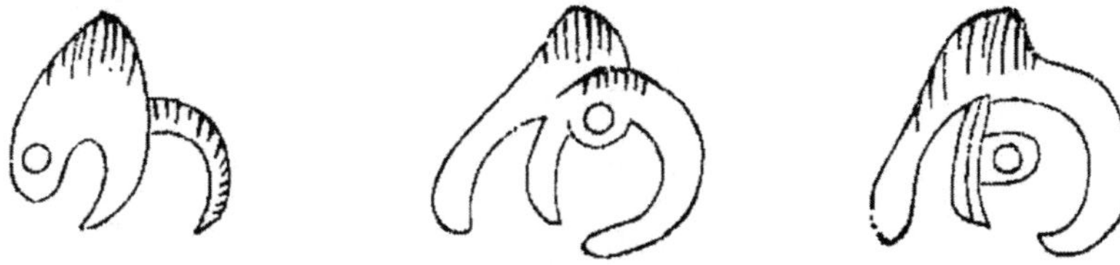

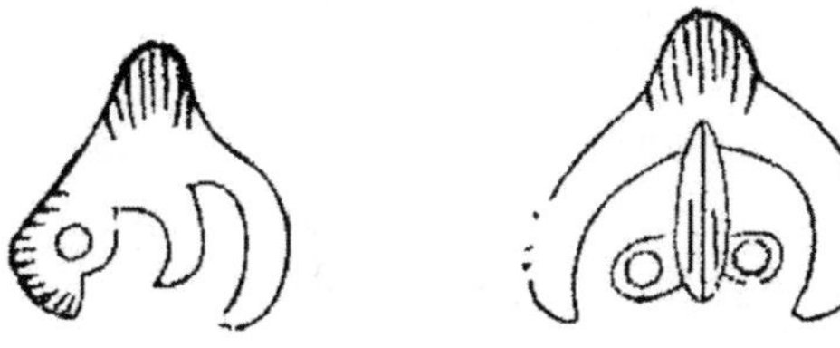

閃乳者中乳直硬不能成穴生氣旁落別成嫩乳者也與側乳不同

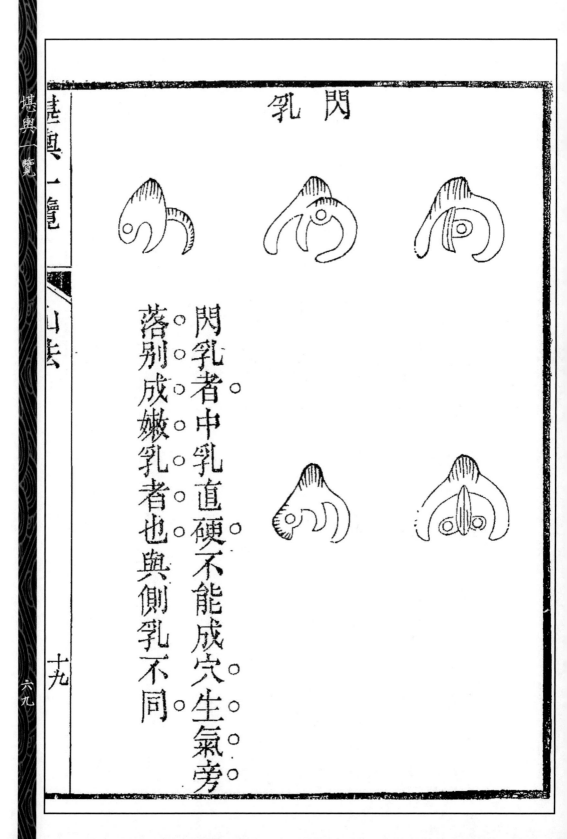

短乳　長乳

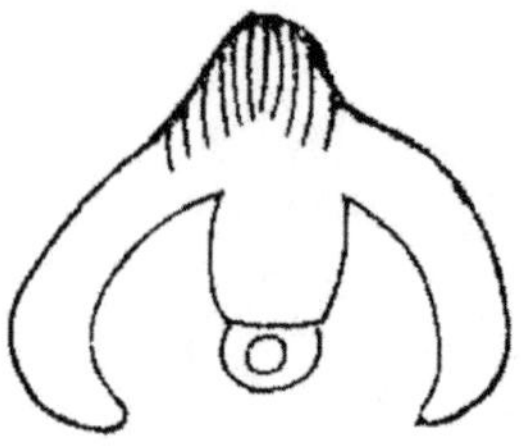

大乳要渾厚肥嫩有收拾不懶攤斜竄方見力量之大長乳亦然宜扦舌根取其聚精會神之所也短而濶者宜視兩翼必有飛張之勢卽禽形怒穴也飛鵝亦長乳雄粗濶大則扦糞門下粘穴又有兩乳三乳並出者俱肥嫩則俱可下又有數乳齊出俱直硬落下合鋪一坪肥厚圓淨此爲合氣乳力量極大

中五之氣包含四象統攝九宮正大渾厚鋪而爲坪雖大小不等大約以肥厚得水爲主陰陽可以並用亦且福澤綿遠是以平陽萬頃水道交錯而大爲郡邑小爲村落者皆以厚載之德其力量足以勝之也山頂亦有鋪陽處登之不異平地地肥而厚土細而粘亦可居人亦作幽宅神壇佛宇香火不絕蓋博大之氣輕清上升自當較之凡品而更進矣古人葬氣之言良非易事是實實見理明透故能言之鑿然然穴無定式形亦難圖功夫到時自然領會否則雖費

唇石亦無益也

凡大龍到頭跌落平陽必有一股猛銳莫禦之氣故能鋪張濶大其力量本非凡品如見一片平氈土皮之上絕無形影可尋者前去氣散不能收攝則當乘其未散之處緊接來脉扦之名曰奪總奪總之穴亦必隱然畧露輪暈若總會無可奪處其正氣必向前注于邊角有氣口堂局之可親但要認得先天的眞勿爲穿鑿所誤乃可如見平坦之上氣動形見有微露毛脊委蛇如蛇者有忽隱忽見浮沉如魚者有橫

紋重叠如波痕者有塊凸偃仰如花片者有邊厚處坳如螺靨邊薄處浮若青苔者變態多端難以言盡然可一言以蔽之曰動則爲氣至靜則爲死土而已凡此皆言其局陳之小者若夫都會之間帝王之所居將相之所治貢賦之所聚人烟十萬金玉成堆天下之爭名趨利者莫不奔走而恐後謂非地靈之使然乎謂非中五之氣而能兼容并包若此乎而術家僅以一突目之何其所見之不廣也然此亦未可以深求彼夫功名之士猶不免于尋章摘句而僅僅自

翳于甲子乙丑之中。自錮于長生帝旺之內。以爲道在于是。而況乎形家者流。又安能不作此扶墻摸壁之計哉。嗟乎。道固不易言。言之者過也。使地而能語。不免灑然笑曰。豐干饒舌耳。

定穴場

昔人有言有怪穴無怪龍予謂不然穴如五官如何能怪鼻不能横口不能豎目不能竅耳不能凸一人如是千萬人亦如是以至禽魚蟲獸無不如是穴之四象亦猶是也若夫行龍則如人之體穴星則如人之面人之體有坐立行動屈伸俯仰奔馳舞跳之不同行龍之有縱橫排蕩走閃隱躍亦猶是也人之面有清奇古怪肥瘦老少之不同穴星之有高低大小肥秀老嫩亦猶是也是故行龍不同穴星不同不同

者方可謂之怪至其成穴不出四象同象者又安可謂之怪乎更有進于此者五官必生于面不得執肩背手足而謂之面以求五官四象必生于穴星不得執亂岡山脚而謂之穴星以求四象且夫天一生水位北口也地二生火位南目也天三生木地四生金位東西耳也天五生土位中鼻也戴九爲葢目也履一爲粘口也左三右七爲倚耳也中五爲撞鼻也五官部位秩然不紊穴之四象又何嘗不秩然而各有部位乎是故旣識穴形必須知穴塲之當在何處欲

知穴場之當在何處必須知星體之當成何穴并須看來龍之出脉陰陽陽出脉者穴多乳突陰出脉者穴多窩鉗龍柔者脉多陰龍剛者脉多陽陽落者穴多近陰落者穴多遠陰落而有乳突者必其後龍之低伏陽落而有窩鉗者必其來勢之剛猛逐節推求不脫矩度此認脉求穴之法也金形收斂非水不化故多邊角窩靨之穴平面爲上側面次之木形條達而氣急非金不止非水不柔故穴宜金水昔人有葬節鍬邊接芽扦根扦丫木花木果等名皆金水之意

也水性流蕩見金則斂逢木則化故穴宜金木土性厚重得火則温見金則化逢木則疏故穴宜木金火火猛而威水以制之土以洩之金以化之方能成穴昔人立名有玉階三級穴土之義也旗必火焰穴水之義也丹爐覆火即金頭火脚穴金之義也金頂有窩亦取水火相濟之意而以金為範耳此認星求穴之法也合而觀之脉正則穴亦正受脉斜則穴亦斜受脉曲則穴必逆受脉直則穴必横受脉巧則穴拙脉隱則穴明脉脫則穴獨脉連則穴隱脉低則穴亦

低脉高則穴亦高脉中則穴亦中脉極高則氣下注穴必極低脉極低則氣上升穴必極高高穴多窩低穴多乳乳多粘窩多蓋平直多倚曲折多撞開門局穴必升堂關門局穴必入室局緊穴必正坐局寬穴必向隅衆山立則穴必眠衆山眠則穴必坐衆山皆土以石爲奇衆山皆石以土爲貴以至大小高低短長粗秀概取其特依此求之而穴場之所在可以無疑矣至于穴之富貴大小久暫則在于龍行龍關局地學言之最精故不復贅

蓋者戴九之義頂門之穴法也山勢簇擁俱從頂上盤旋清陽之氣上聚下散山脚壁立一片純陰全無氣下則穴成巔頂出陽之龍頓起星峯仰而不俯則氣不下注亦成高穴穴仰多窩形以太陽之穴而上居至高之位此清陽上升之象也又有一片平坦肥厚恬靜而無窩靨之形者則陽上之氣化而上升故其山勢亦成上聚凡上聚之穴陽氣充足不犯陰殺明堂遠照從砂遠護不怕風吹不畏孤露法宜用蓋外觀其形內察其暈佐以吞吐量其淺深此用蓋之

法也。平面之窝。形如仰盂。陽泛于上。亦宜用葢。俗人不識穴形。以爲孤露。破窝作粘。地靈受傷。葬凶之禍所不免矣。

熖天蠟燭

鵲巢

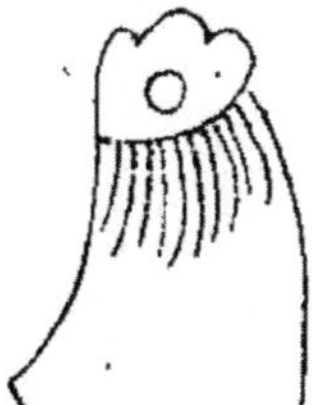

仙人出神

皆立木頂上開窩穴也。無枝者爲蠟燭。有枝者爲仙人頭。開者爲鵲巢。法皆用葢。

立木開花

眠木如意頭穴

眠木扦節

背突中開微靨穴也法俱用蓋

丹爐覆火

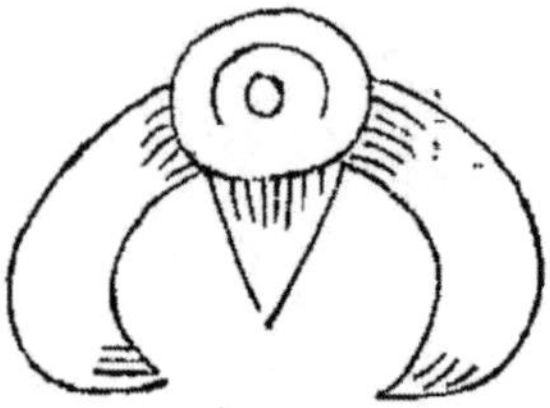

此金頭火腳頂上生窩水火既濟之穴也法亦用蓋

水面蟬光

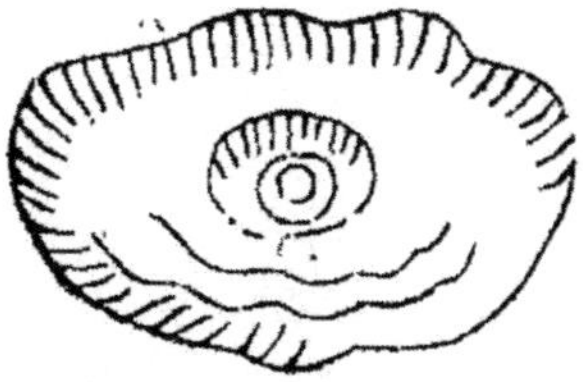

平面高突

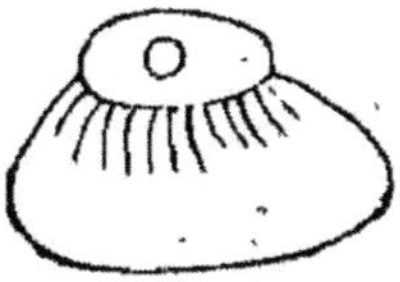

蕋

平面低突

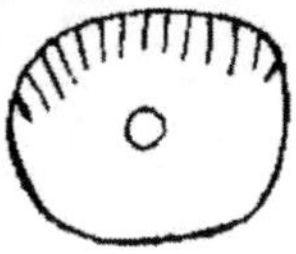

花

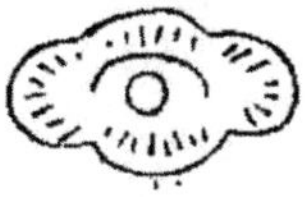

大坪帶水形上起微突如水中之月影暑分魂魄挨光正葢葢水非金不歛故必起突突非靨又不能成穴也

高者如架上之金盆低者如落地之金錢盆必有窩錢必有靨皆葢穴也

衆突皆花穴必在蕋衆突皆蕋穴必在花突上俱有靨成穴亦葢穴也

粘者履一之義聚陰之穴法也山勢俯下後有駝背前有凹窩開顏下照上陰下陽上散下聚氣出于足則成乳形以少陰之氣而成穴于至卑之位此陰降而陽生之象也故其乳形必如花之初蕋如木之始芽生意已露方能成穴若降而不化如蛇頭鼠尾腫脚脊箕懶坦偏斜淋頭塌脚總不脫乎純陰之本相犯之絕人夫陰卽殺也乳而曰粘卽所云脫殺穴也陰降而有陽之可扶則為脫殺卽脫根而粘坪亦無碍也陰降而無陽漫向山脚盡處指為龍盡殺脫扦

作粘穴此庸術之誤人而荒塚之所以纍纍也山半亦有高乳多是閃出亦作粘論

天葩

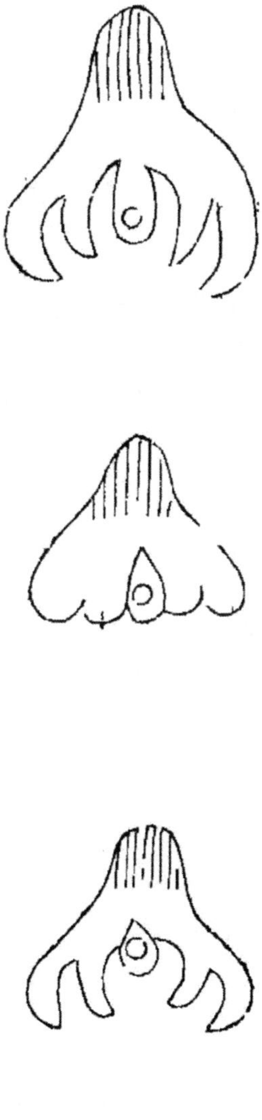

凡乳形多出于木木星出乳形如花瓣故名天葩有已開者有未開者有藏者有露者其形不一俱作粘論大抵出脉要嫩乳頭要肥界水要清若直硬粗瘦則為山脚犯之殺人

苞

花未開者爲苞俗名爲蕋木花不作粘蕋則生意方吐故可作粘穴眠木立木皆有之

老椿

俗云深山出老椿然老椿不生嫩枝如何成穴葢老木多作祖山或爲抱山之用神若頂上生窩則爲鵲巢之穴否則無用

飛鳳

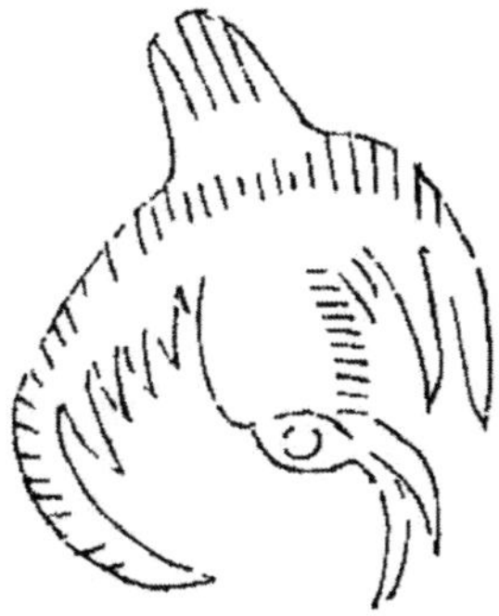

有尾爲飛鳳無尾爲飛鵝眠木立木皆有之俱作乳論幷糞門穴看尾上有微靨處方是要肥嫩不宜瘦削立木作撞粘眠木作倚粘

偏乳

濶乳

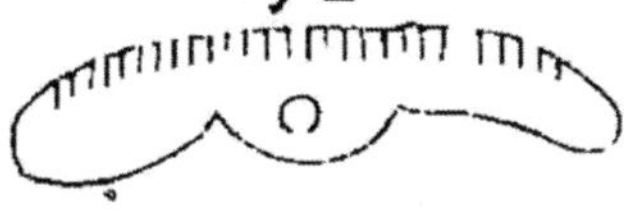

立木有偏乳作蟠龍單提等穴眠木有濶乳濶類金邊郎鍬皮穴也俱作粘論

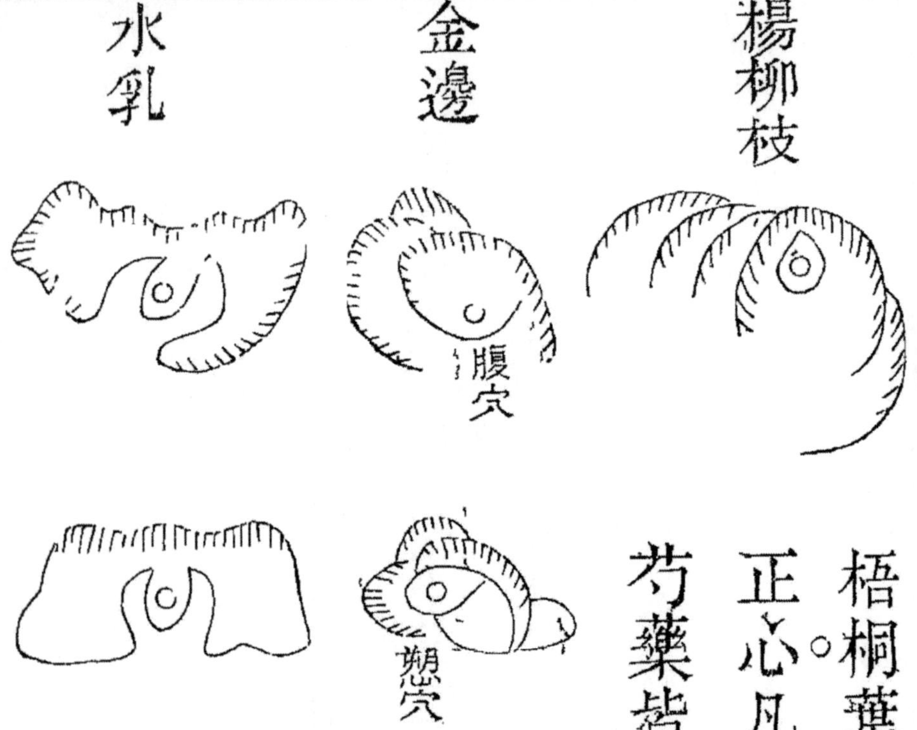

梧桐葉上生偏子。楊柳枝頭出正心。凡是嫩蕊俱作粘論。蒹葭芍藥皆然

金星不出木乳。若宿鳥腹穴。愬穴。則爲金邊。可敲亦粘穴也。水土不可粘。若出木乳則可粘矣。舉此類推。通變可耳。

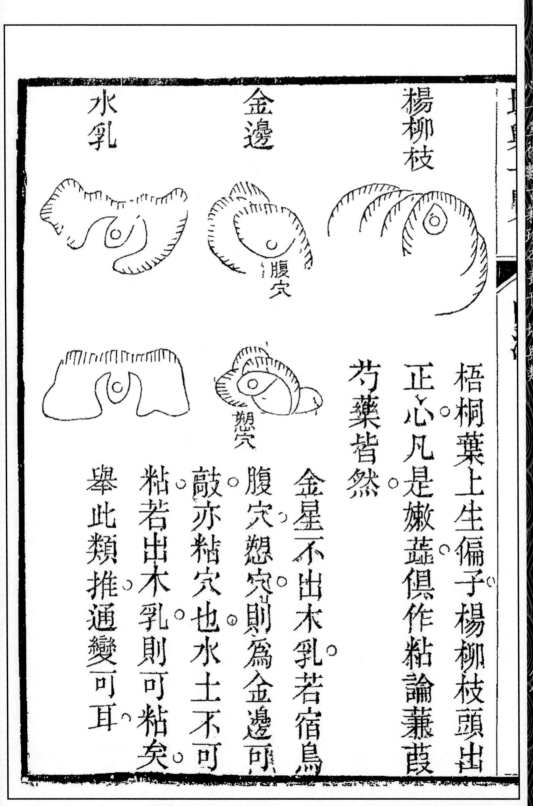

倚者左三右七之義兩乳兩耳門兩鼻庫兩鼠肉兩
切脉兩肩窩側臍斜掌之穴法也脉強勢急中陰難
犯陽氣側出或趨左或趨右旁鋪平坦恬軟肥嫩或
成窩乳輪弦分明山勢旁聚側面開堂橫倚如負直
倚如扶范氏之所云雄粗帶側尋蕭氏之所云仙人
多是用偏坡者卽此強龍旺龍往往有之多成美穴
常見枝節之上旺氣餘波側面柔軟之處山民偶爾
扦之便多丁財無奈庸術不悟專好山腳上頂背直
扦未有不敗絕者更有好挑土埂直頂坟背以爲接

○龍此猶執刀而自刺可哀之甚者也○

來龍眞正到頭直硬側面畧起微突成穴頂頭葬者巳絕

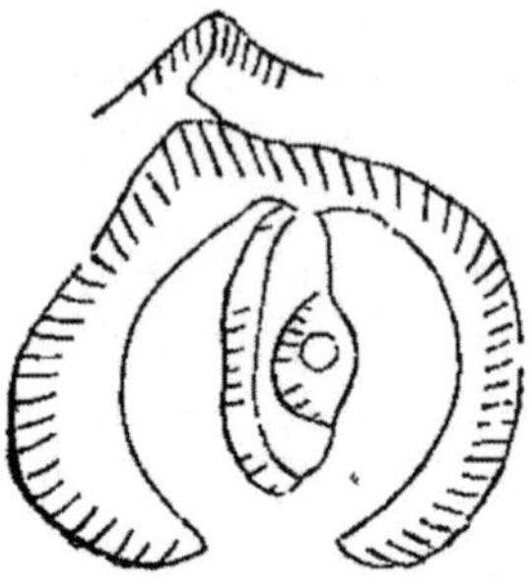

寶劍形

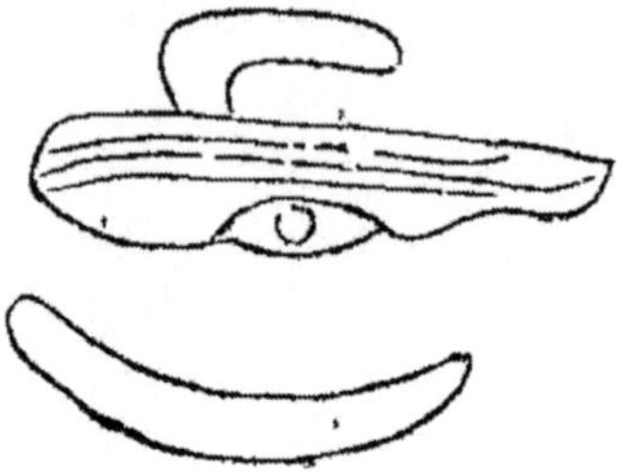

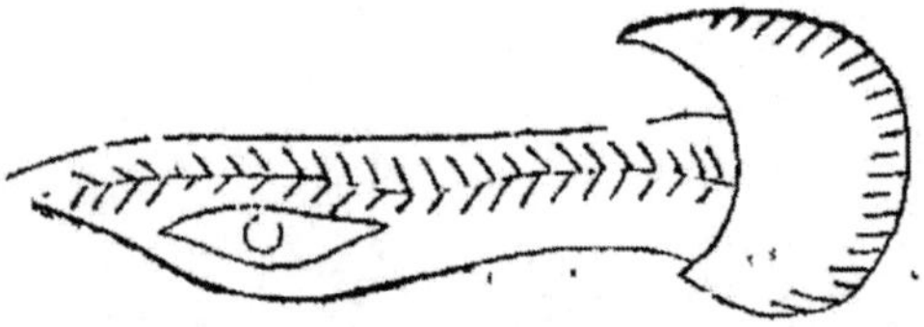

二式俱寶劍形○血暈穴上式更佳作劍把穴者非○

老樹逢春

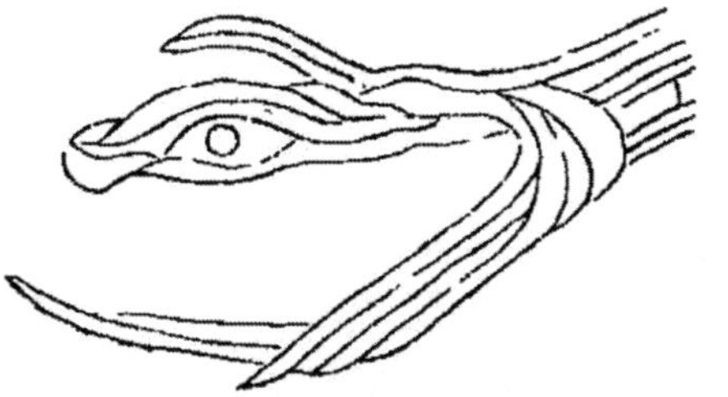

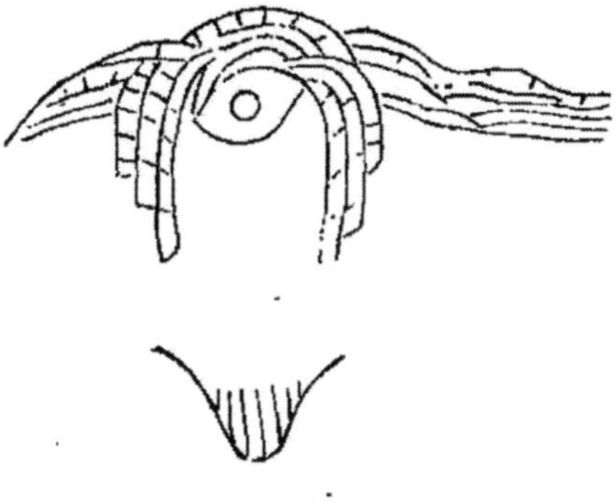

一代進士官止縣令

二式皆眠木一于節上橫裂生靨一于丫中橫拖嫩乳猶老樹逢春微含生意法皆正倚可發一代文秀葢眠木不宜老恐是正龍之躍氣或為帳角餘波故其蔭不長且乏後嗣

眠犬

舊穴稍差故不大顯

二式皆眠木秀嫩一窩一乳法皆正倚當發交

士且旺丁乃枝龍之結也

立木

扞根

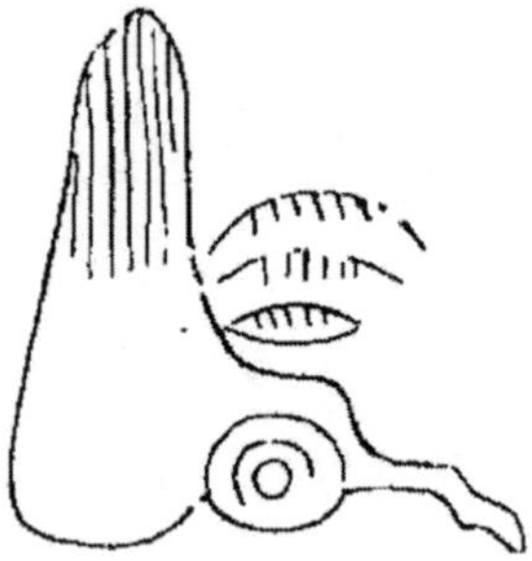

立木挺秀不開枝脚不能成穴

看其根上有微窩處卽其生意

發露之處也法亦正倚

仙人側臥

立木帶眠名仙人側臥形滿山皆石奇秀異常石中開窩扦側臍穴法亦正倚

龍來

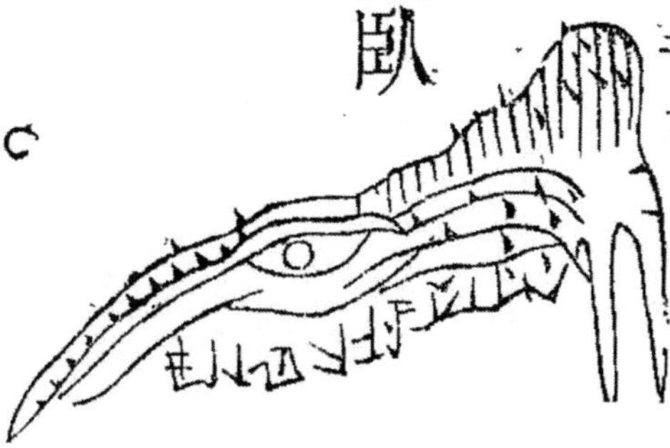

眠木帶藤蘿作鳥巢穴龍甚秀嫩窩亦明白法亦正倚宜出才士官清顯人財並旺

龍來

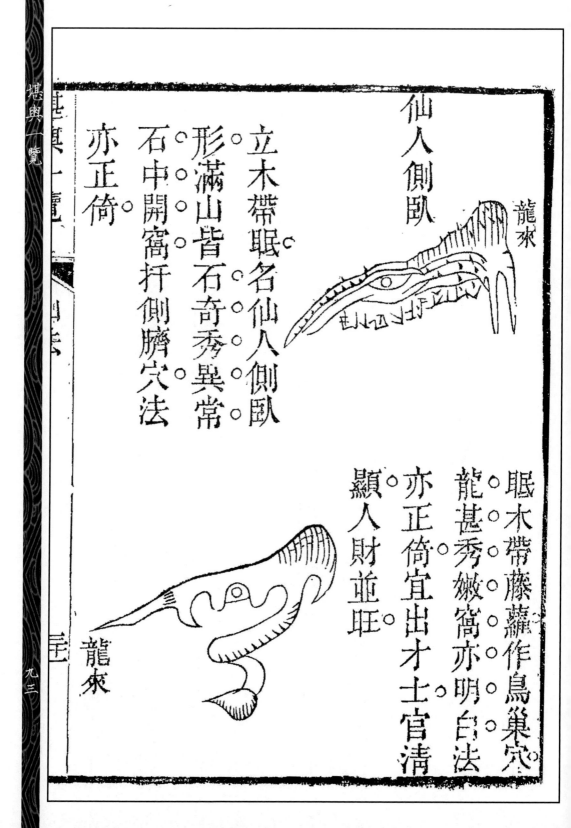

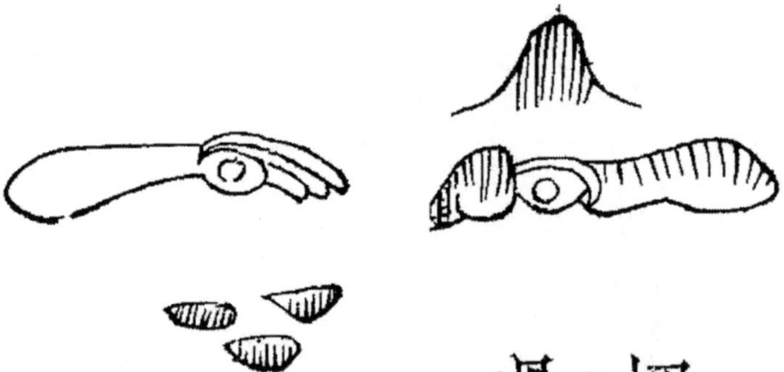

切脉穴即沒骨氣化凹處

鼠肉穴即單提氣鋪側面

眠木到頭橫開微曆如側掌心法俱正倚三式皆枝龍之結也

以上十三式皆因穴星直硬側面開堂橫坐作穴所云橫倚如負者此也直下必絕餘以類推

左鼻庫穴

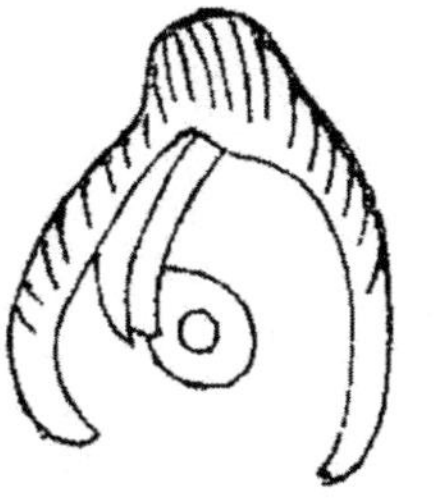

中乳直硬旁拖嫩肉名直倚穴頂中下者犯殺必絕

右耳門穴

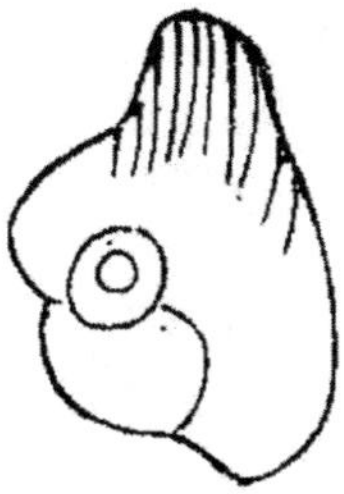

立木正面飽硬旁開小窩輪弦明白明堂側出穴亦直倚

左肩窩穴

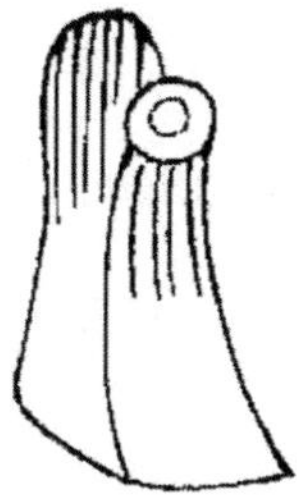

立木不抽枝脚頂上旁開一窩明白亦直倚穴也俗名仙人咬氣

左側乳穴

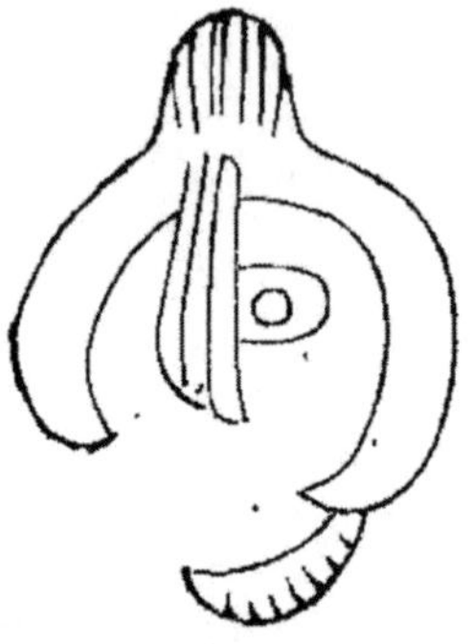

左側臍穴

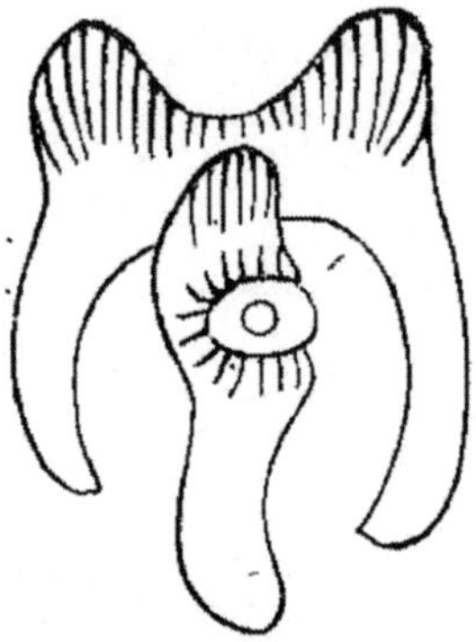

玉綵鞭

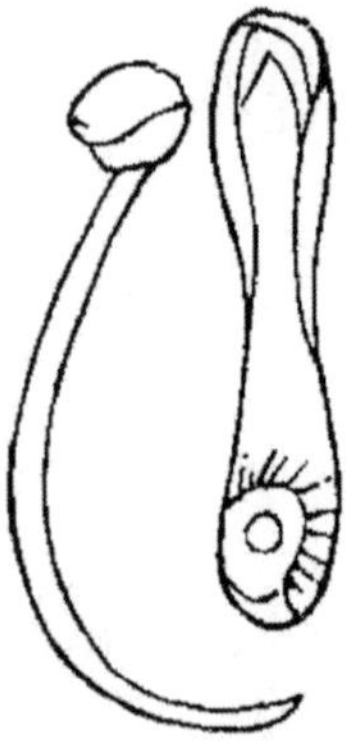

立木下出賬木俱直硬旁出肥嫩小枝形如卜字穴亦直倚頂頭下者皆絕

立木中出脉又成立木帶賬體直硬帶石側面開窩成勾窩穴亦直倚也直下者絕

以上五式卽所云直倚如扶也

横木成鞭形頂頭側開微靨成斜倚穴

撞者中五之義腌臍掌心虎口指節之穴法也山勢中聚四旁俱陰中間泛陽穴成窩靨如人之臍或如仰掌穴取掌心或如覆掌穴取指節或如側掌穴取虎口陽藏陰中穴宜深入類而推之則有騎龍翼窩懸鐘掛燈蜘蛛倒掛飛蛾貼壁遊魚上水金頭木脚等穴皆撞法也撞皆立體穴居正中故取象于臍亦有平岡而作撞者必是陽氣中露和緩肥嫩頂脉直下法等騎龍若夫高山平坦龍氣團聚別成一天則兼撞蓋

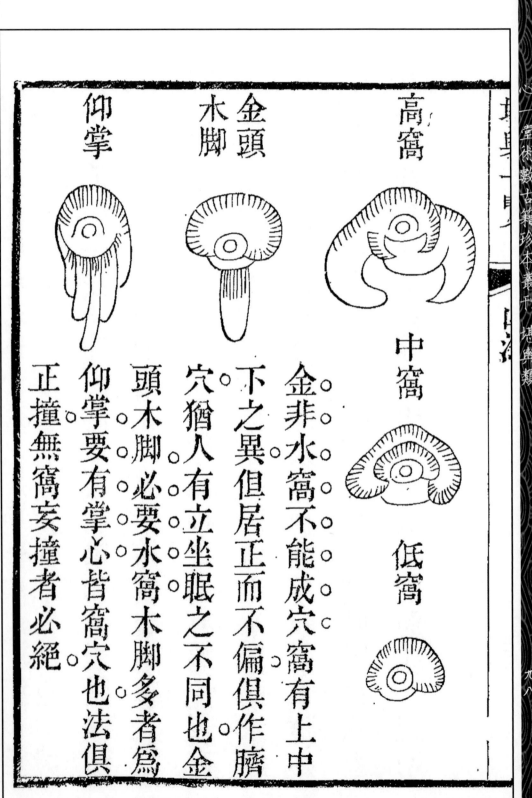

高窩

中窩

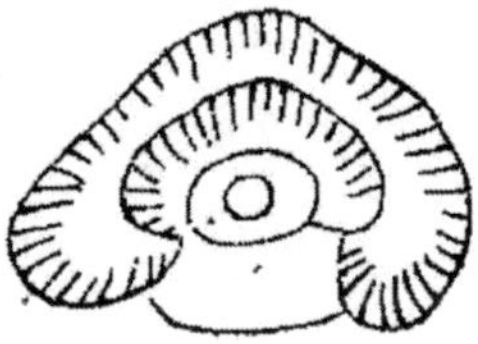

低窩

金頭木脚

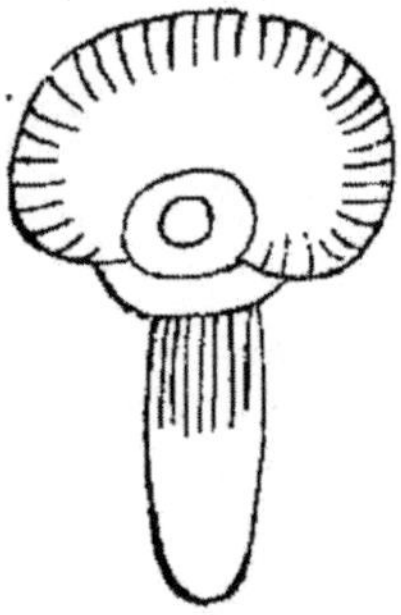

仰掌

金非水窩不能成穴窩有上中下之異但居正而不偏俱作臍穴猶人有立坐眠之不同也金頭木脚必要水窩木脚多者爲仰掌要有掌心皆窩穴也法俱正撞無窩妄撞者必絕

虎口

指節

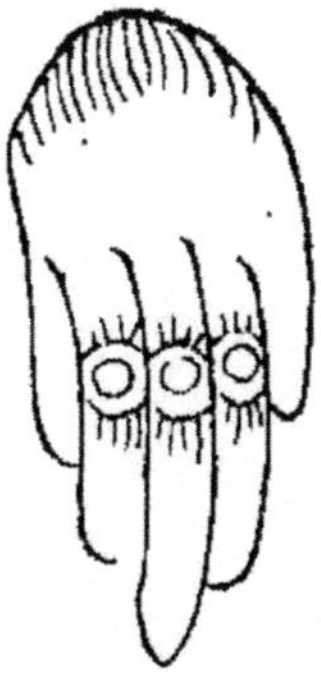

虎口亦金頭木脚之變也陽露而陰開窩形大顯要輪弦分明中有肉地恬軟肥嫩如虎口中之軟皮亦正撞穴也

凡山必有背面之分穴必在面仰掌山面在上故穴在掌心虎口形側山面在內背在外故穴在口中覆掌則背在上面在下節上有窩陰中泛陽故亦成穴

掛燈

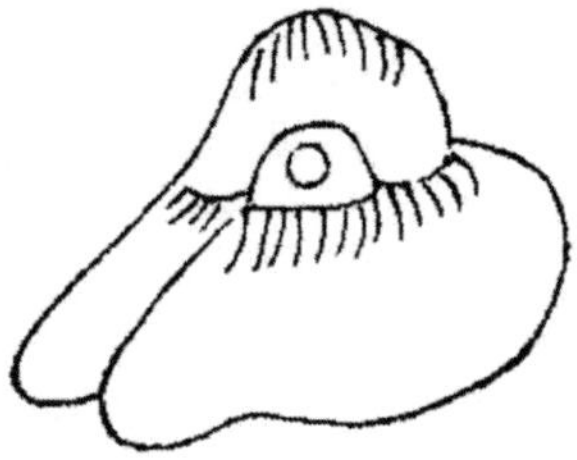

懸鐘

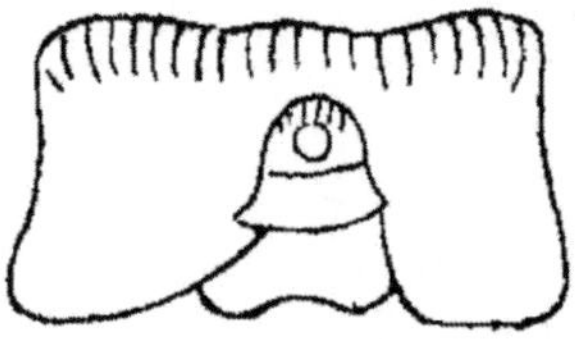

蜘蛛倒掛

掛燈穴。金頭土身。山腳壁立。上
開水窩。亦臍之變相也。法兼蓋
撞。

懸鐘穴。乃土屏中起一突。形如
貼體。亦土腹藏金之意也。金頭
有臍名鐘紐穴。無則敲邊。

金體上起一微塊。亦貼體星也。
法亦用撞。

飛蛾貼壁

金體中。又起一微塊。形如金水。亦貼體星也。即鏡上菱花之意。法亦正撞。

弔角

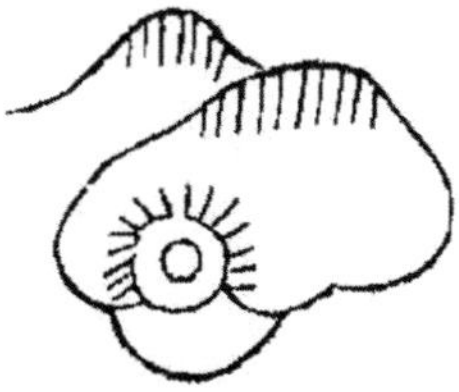

金角開水窩下鋪氈褥。因正面飽硬。故氣出于角。穴作偏撞。

偏臍

正面飽硬。陽氣偏出。成側窩穴。法兼葢撞。倚亦正體也。案外拖出長曜。亦金頭木脚之變。

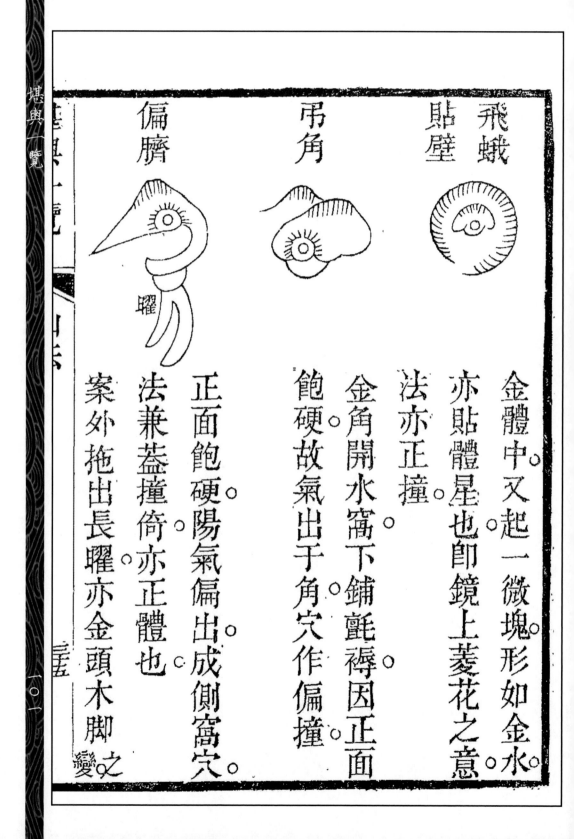

金釵

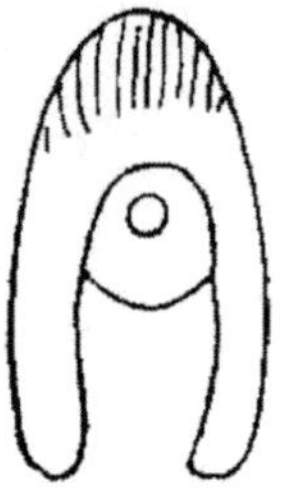

騎龍

反肘

釵形眠體脉接鉗頂扦油臟穴。亦撞法也。

大龍跌斷過峽處陰過則龍無留戀之意必無結作陽過則生意已露故有順逆騎龍之穴亦作正撞論。

眠倒曲尺木形如手屈肘肘後生釐鋪唇亦撞穴也。

上三式俱平岡撞穴。

凡相地以認穴爲第一難事穴形既辨得清則臨地了然如以鏡照物自無美惡易形之病矣然認穴固難尋龍認脈亦不易易且地之眞假在于穴地之富貴大小久暫在于龍龍之變態多端筆不能盡地學言之最精故不復及畧寫數圖明其大義但宜視月勿視指端苟能以意旁通則天下自無不可明之理更何須啜此糟粕然後能知酒味也耶

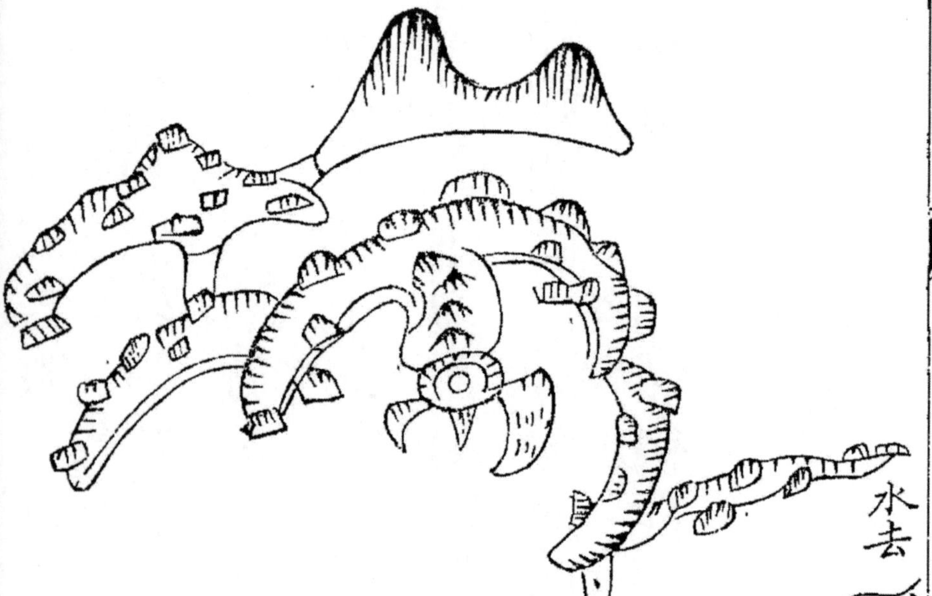
水去

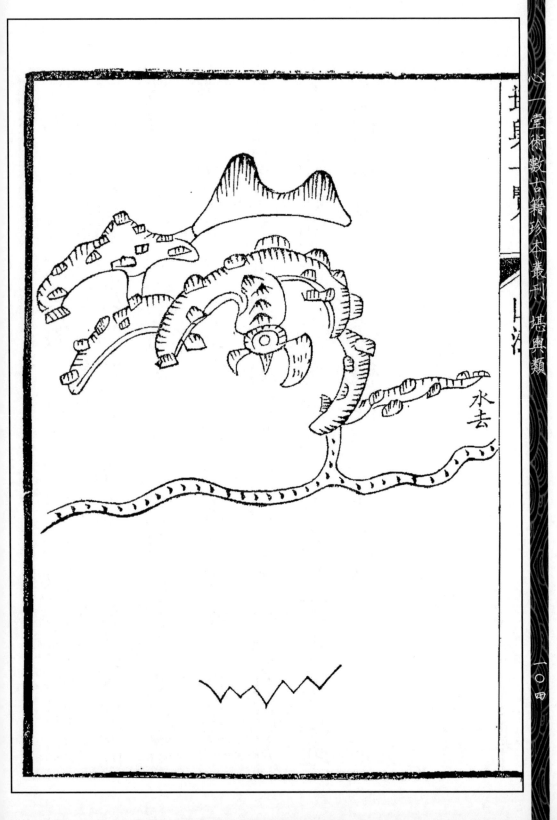

此平面大窦直受正葢穴也山半出脉平抽至第五窦成穴又脉中穴亦中之一證也衆窦皆高頂塌脚不脱陰象惟此窦平頂卓脚陰化陽矣頂開微靨前有氣口下拖陰嘴旁出兩陰鉗又下陰上陽穴必成葢之一證也葢此地來龍甚遠大抵是立木帶水土火星而來水滋土培火發其秀木必茂實龍格既貴故其旁枝亦作眠木開花之格龍氣將盡猶能成此美穴衆窦皆陰惟此獨陽陰窦葩也陽窦花也又衆窦皆葩穴必在花之一證也巳酉年爲雉城奚氏扦

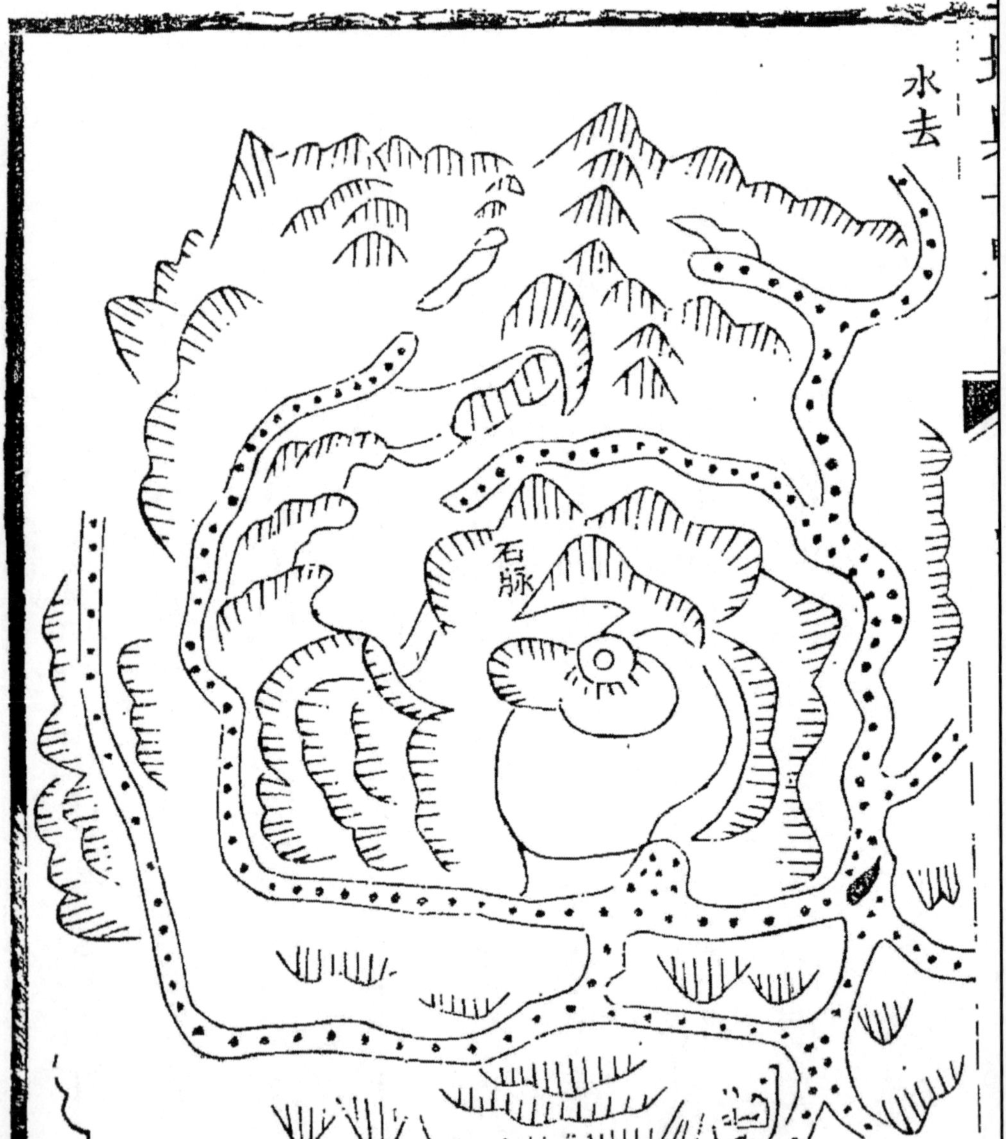
水去
石脉

此散中取聚山頂緊接正蓋穴也此地是木火行龍平田渡脈作楊柳枝格龍勢稍弱到頭頓起立木形如天馬中抽出石脈所云楊柳枝頭出正心者此也且弱龍不得此則龍氣已餒而不振何由得成美穴乎前變眠木木非成穴之處故側面陽落成木花穴後有展誥土屏左右龍虎俱作水浪形是亦水滋土培之美格也穴扦花蒂向前氣散則無收拾蓋後龍脈低穴宜成蓋而立木之下已變石脈則穴又宜成窩。石脈之後。復變眠木。旁出陽脈。則穴必復成蓋。此形家的真之理脈。一毫不亂者也。壬子年爲吳輿汪農部葬封君扦

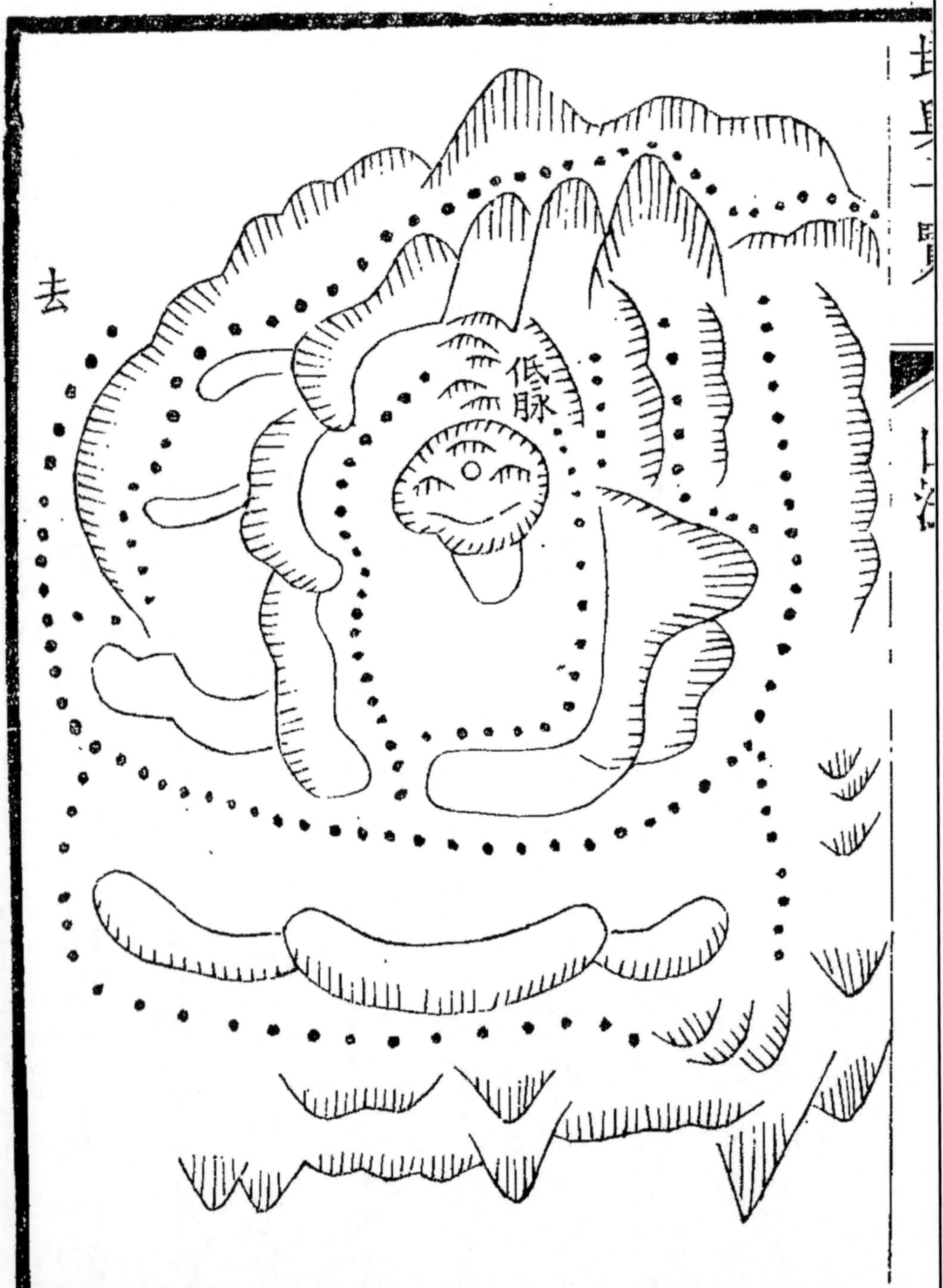
去
低脉

此平面大突上復起品字小突居中正蓋穴也水木行龍破浪而來其勢雄猛故脈出于足低伏百餘步復起大突平頂卓脚高三丈餘廣有三畝突太大則穴不的因復起品字小泡開面成穴此脈極低則穴必極高之一證也面對文星巽峯插天法當大顯庸術破膽作粘眞氣不接將敗絕矣

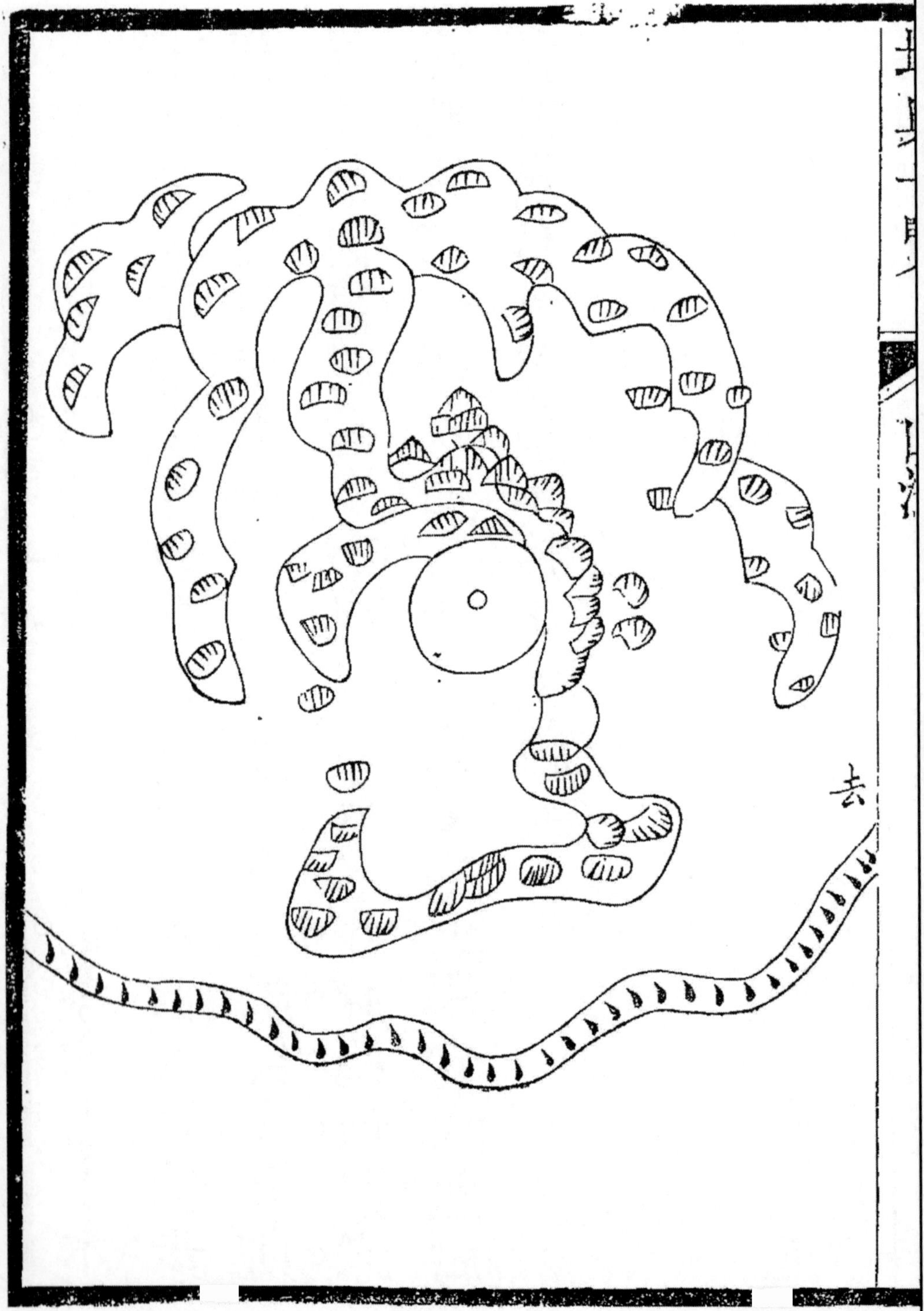
去

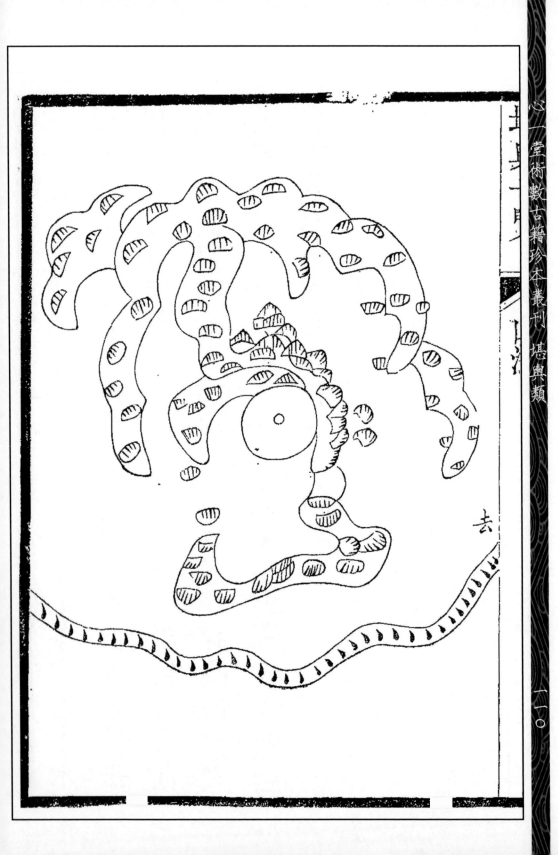

此平地大穴居中正蓋穴也水木行龍變出眠木開花之格花中合氣鋪坪高三尺許大可一畝圓如滿月成月上花林貴格穴不在花宜扦月中亦作正蓋花乃其獻秀也法當大顯留待福人

凡看地無定式總要看他精神聚會之處如眠木開花格未有不向花上求穴者豈知衆泡皆陰必不成穴然美秀如此又斷無不結之理則當別尋蹊徑不可執定成見糢糊亂掘有如此矣

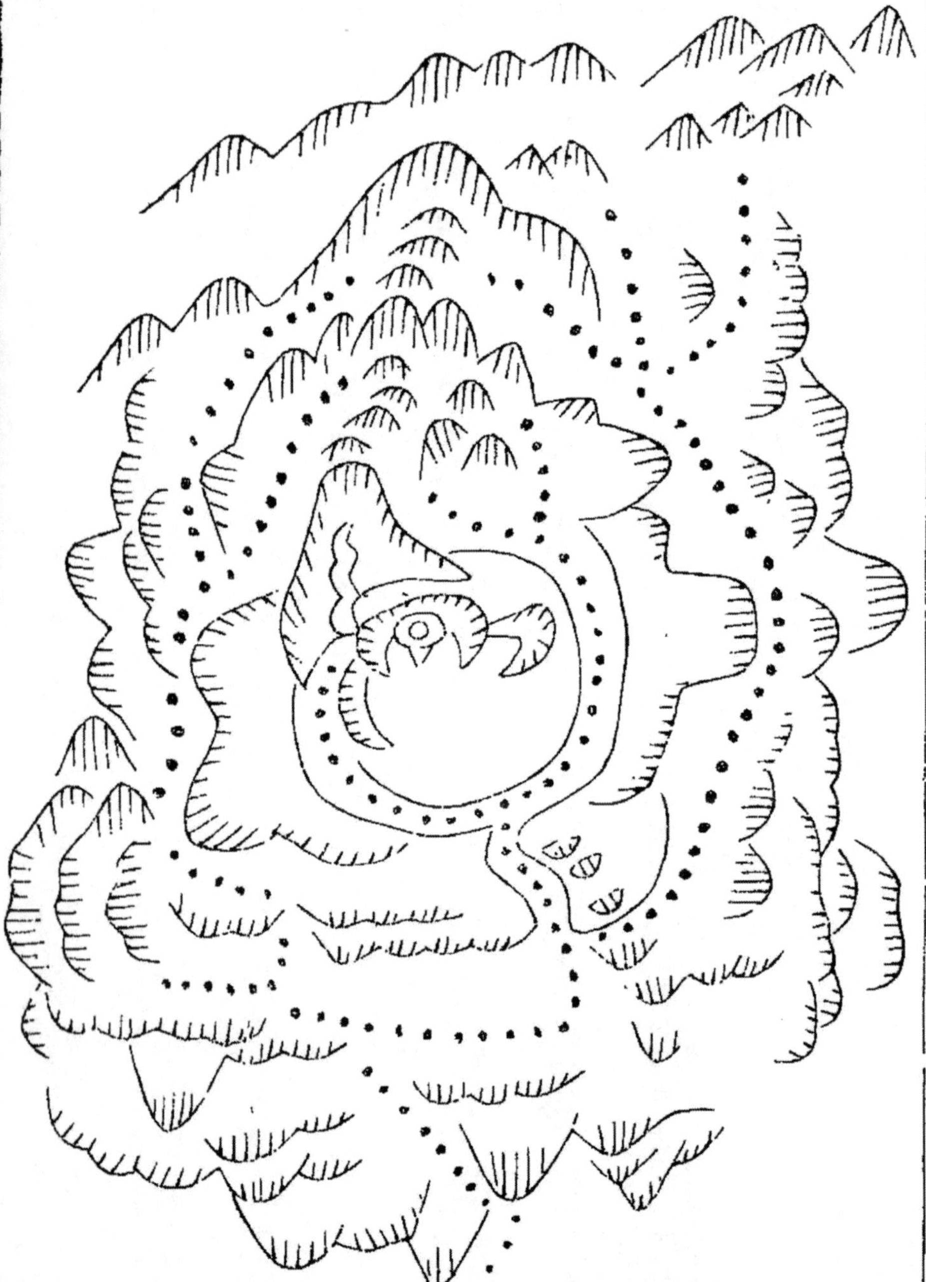

此山頂微靨橫受倚蓋穴也冲天排木行龍勢如飛舞雖經脫卸雄氣未除華蓋帳中復出立木中落嫩脉作立木開花之格穴在花心深藏石中外露微靨足踏三尖銳如刀刺形若丹爐下陰上陽故成蓋穴但脉來橫受作倚蓋論面前氈褥甚寬兩邊夾輔甚緊四砂俱秀山勢上聚故成高穴水向直流外堂得局爲開門升堂之格不入俗眼故無有過而問焉者

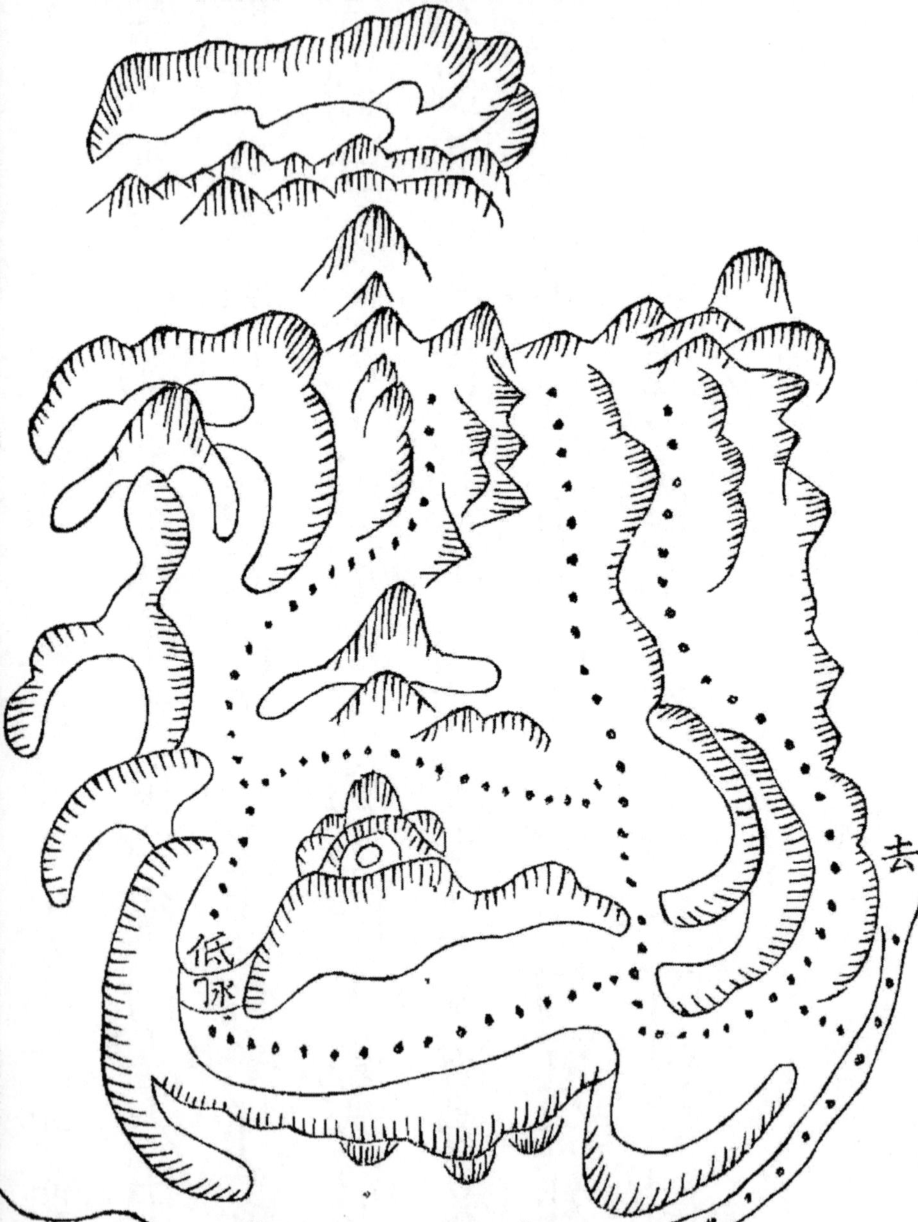
去
低
脉

此立木山頂鵲巢倚蓋穴也水木行龍變成眠木平岡蔓衍坪中度脉忽起冲天立木頂上生窩成鵲巢穴臨高俯視目空一切眞奇穴也此亦脉極低則穴必極高之一證又下陰上陽穴必成蓋之一證以脉從側入橫坐山脊故名倚蓋亦少識者

低田
高田
托

此平岡貼脊開窩倚蓋穴也來龍翔舞結穴已多大勢已盡復于大片平田中隱脈而過再起平岡橫列五突水環山轉低田作堂來龍作朝圓淨可愛中突之下側面開窩輪廓分明窩中肥嫩寬坦形如燕窠穴宜正蓋橫坐貼脊如負壁然故名倚蓋此脈隱則穴必顯脈低則穴必高之一証也此地爲旺龍之餘氣且在局外不得全力然其體格端正似覺別開生面有不可俯仰之致亦未可以尋常淺見測之也

火
田
來
來
木
木

此直來橫受倚蓋穴也木火來能合氣穿田度脉走閃綠虛特起立木作走馬三台格復開帳束氣起頂抽出蘆鞭三疊嫩脉作眠木花心之穴側面開堂穴宜倚蓋此地登局見金木水火土五星環穴開穴見土五色燦然賴布衣舊記有云廉貞作祖、五氣聚又云打破球中機方識球中趣其意蓋謂此矣吳輿汪農部會祖厝于休寧城西百有六年矣、至是始卜得此兆、想其緣分素定自有不能後先者己未年冬月記、

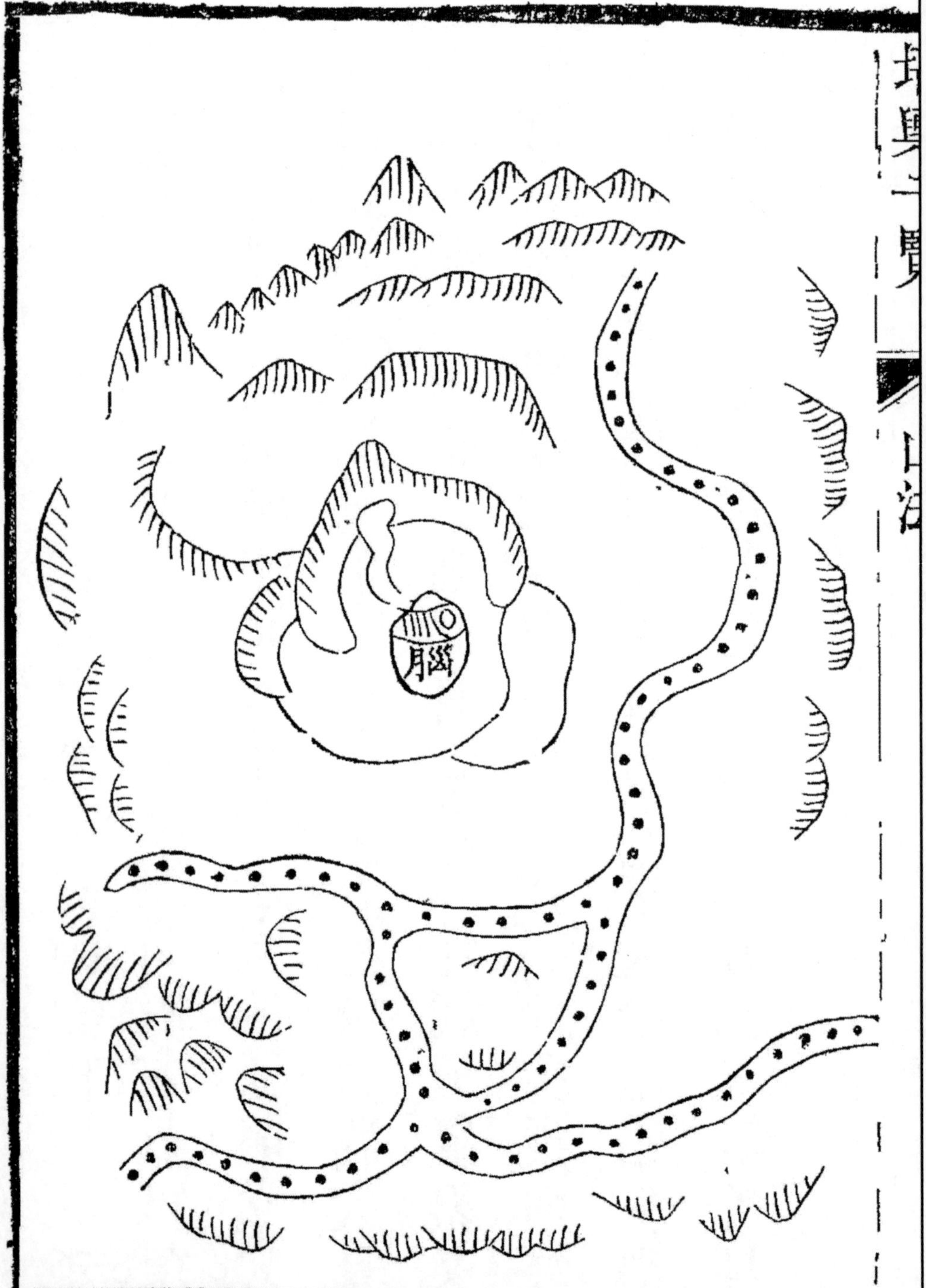
腦

此山頂眠笑側面開靨倚蓋穴也木火行龍分落一枝出仙橋脉結飛鶴騰空之格飛鶴回頭穴成頂珠背坐大腦力量甚厚足以衛穴餘氣斜拖作曜乃翻身顧祖陰金掛角穴也乙丑年爲雉城奚氏扦

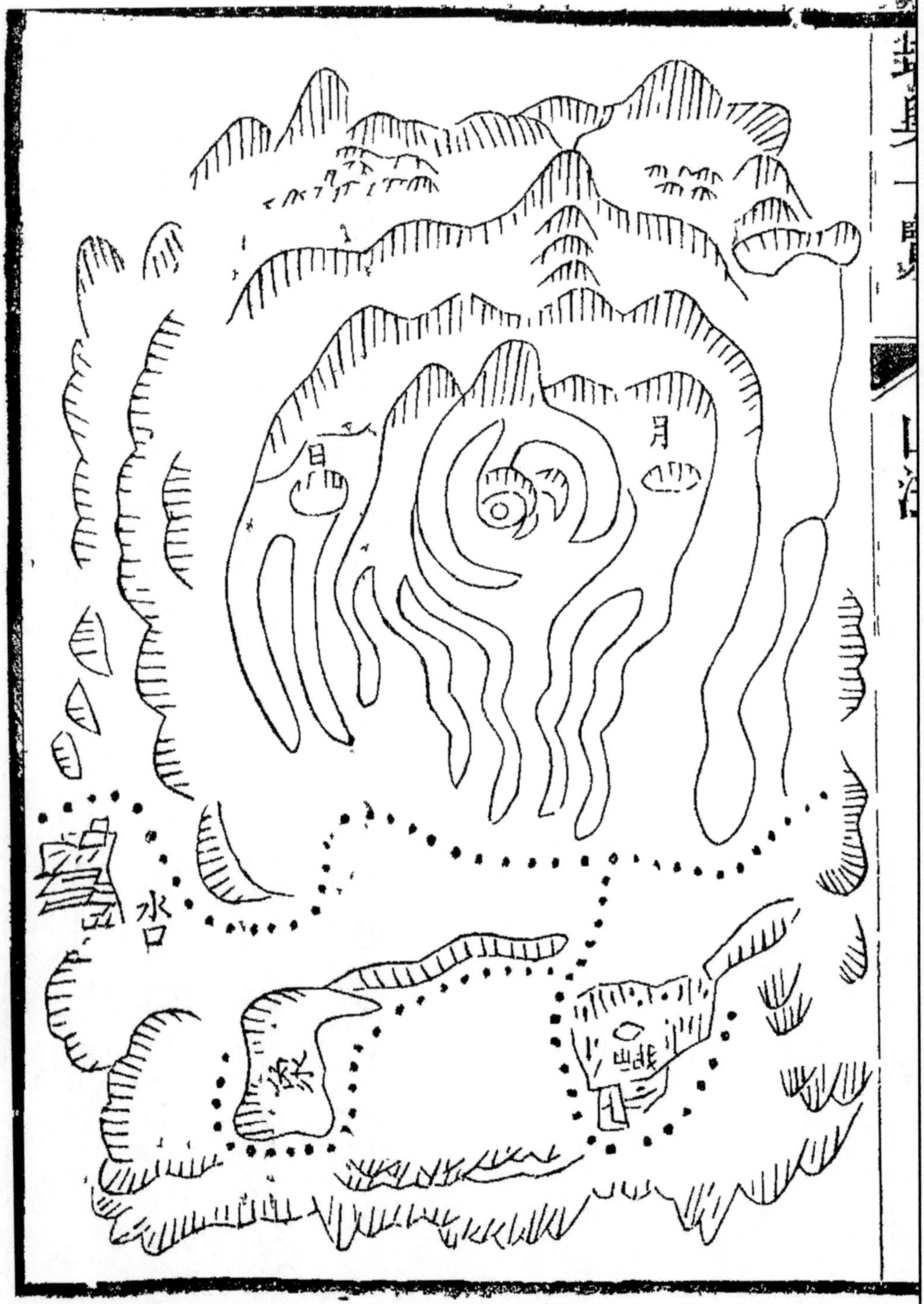
日
月
水口

此山足大突臨簷開靨粘蓋穴也水木行龍騰空而來結雲中舞鳳之格脉出山足畧起大突作鳳頭突簷開靨成鳳眼穴旁枝飄出爲鳳羽如風吹羅帶形作本身之曜氣俗眼觀之一似砂飛水走不知其爲旺氣之餘波也背坐錦帳前朝簾幙日月拱穴獅象排牙華表守門鳳閣粧臺三台文筆滿局貴徵惜在深山無有識者

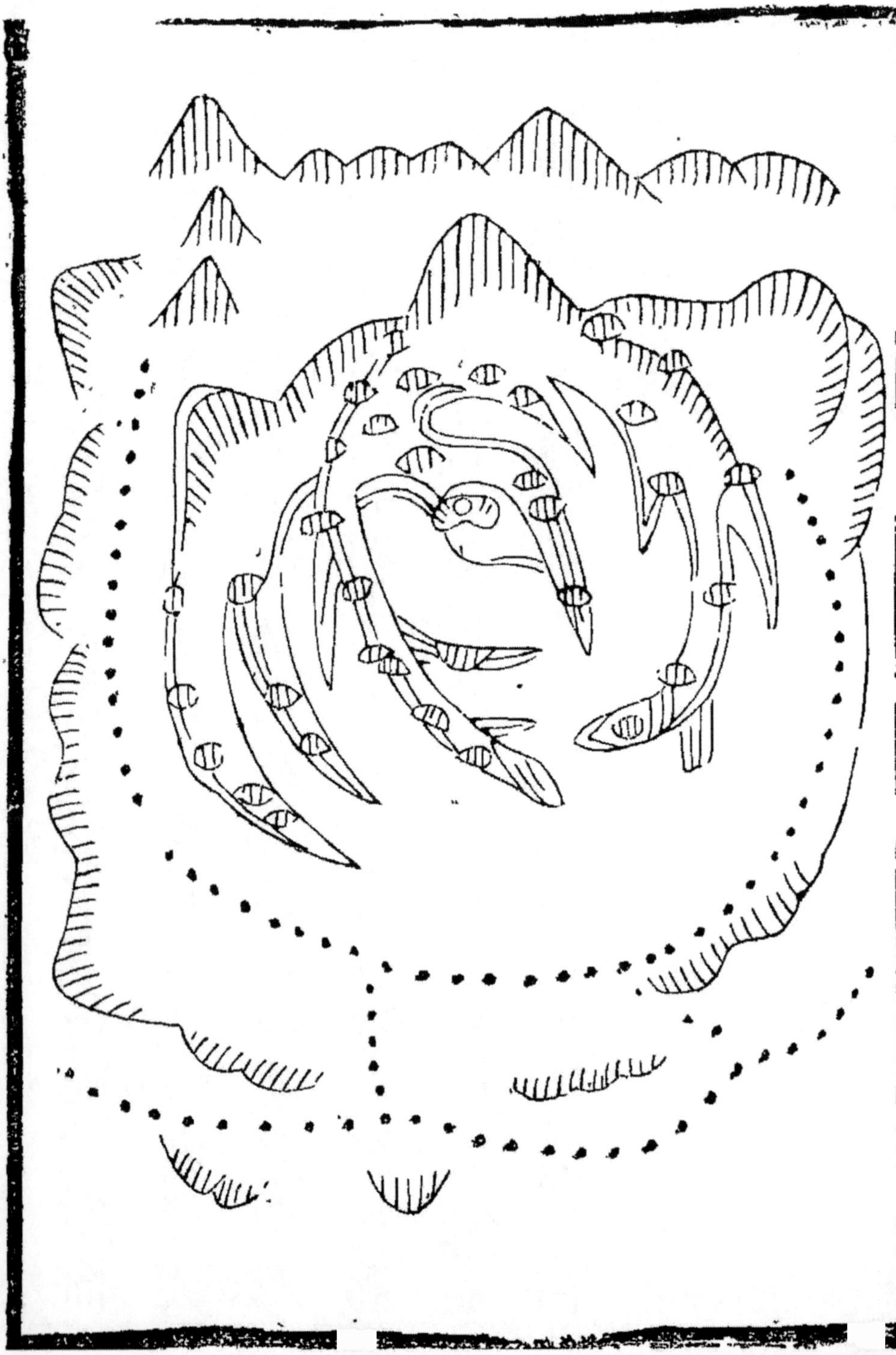

此平岡橫突側面開曆頂脈撞蓋穴也水木來龍作開花格老幹生枝大勢團聚穴居花心頂脈撞蓋稍前則氣散離突則非穴故葬坪者皆敗絕蓋此地是立木披枝連氣而下與立木跌斷變出眠木者有別頑氣未脫非花不秀穴非一處惟此得局亦佳品也

癸丑年為吳興朱氏扦

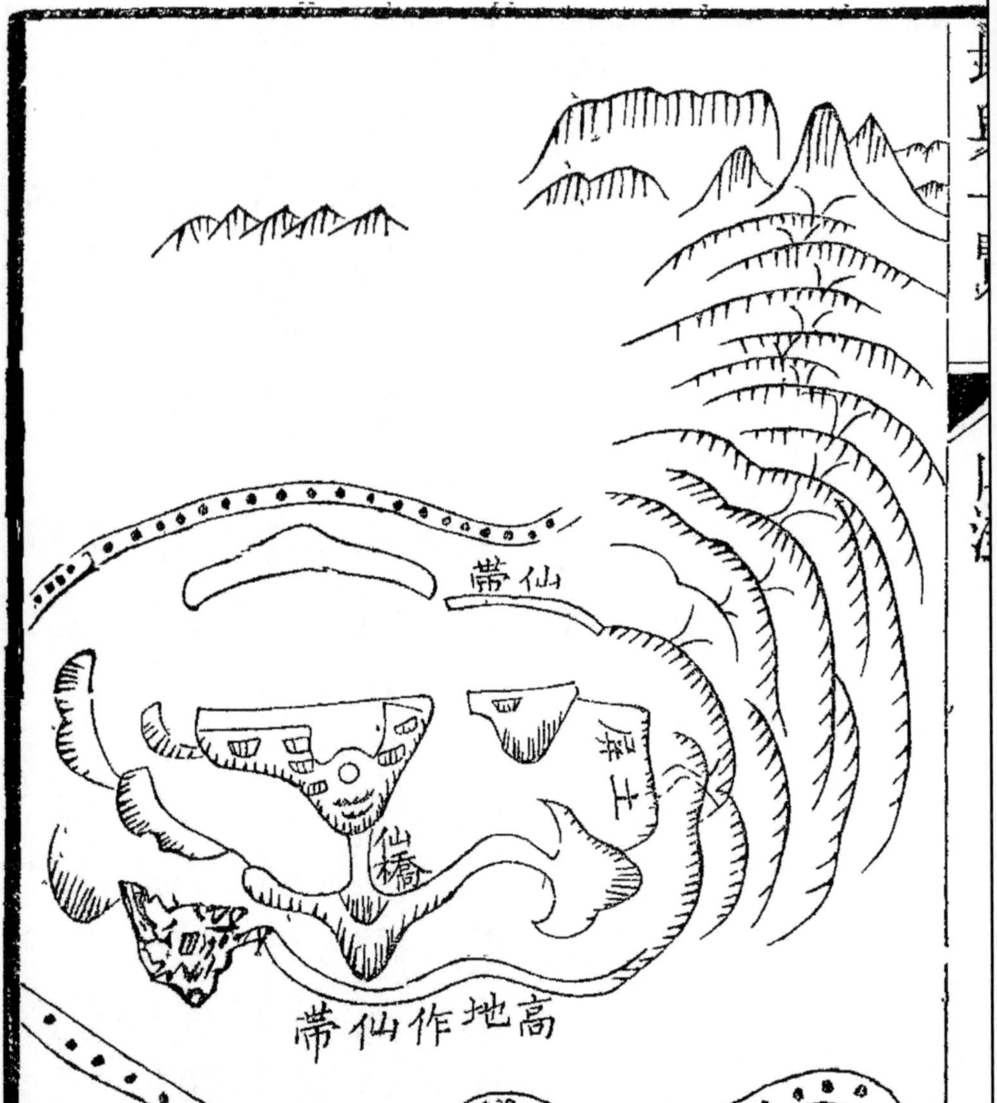
仙帶
屏土
仙橋
高地作仙帶

此山腹腌臍穿山接脈盞撞穴也立木落平岡變眠木帶水作捲簾格如風捲浪湧蓋天而下轉身束氣特立土屏蓋水勢既大非土不止山勢橫張并立不振此造化之妙自然而然者其奇秀不凡處在于兩邊分枝俱出仙帶脈為前後之纏護而中出仙橋脈翻身逆朝結坐木成仙人打坐形獻臍作穴脈穿山腹頂背直受得中五之正氣氣象清高福澤綿遠誠天珍地秘不可多得者也旁有數泡護穴穴場反低庸術不識穴情破泡亂下多敗絕矣

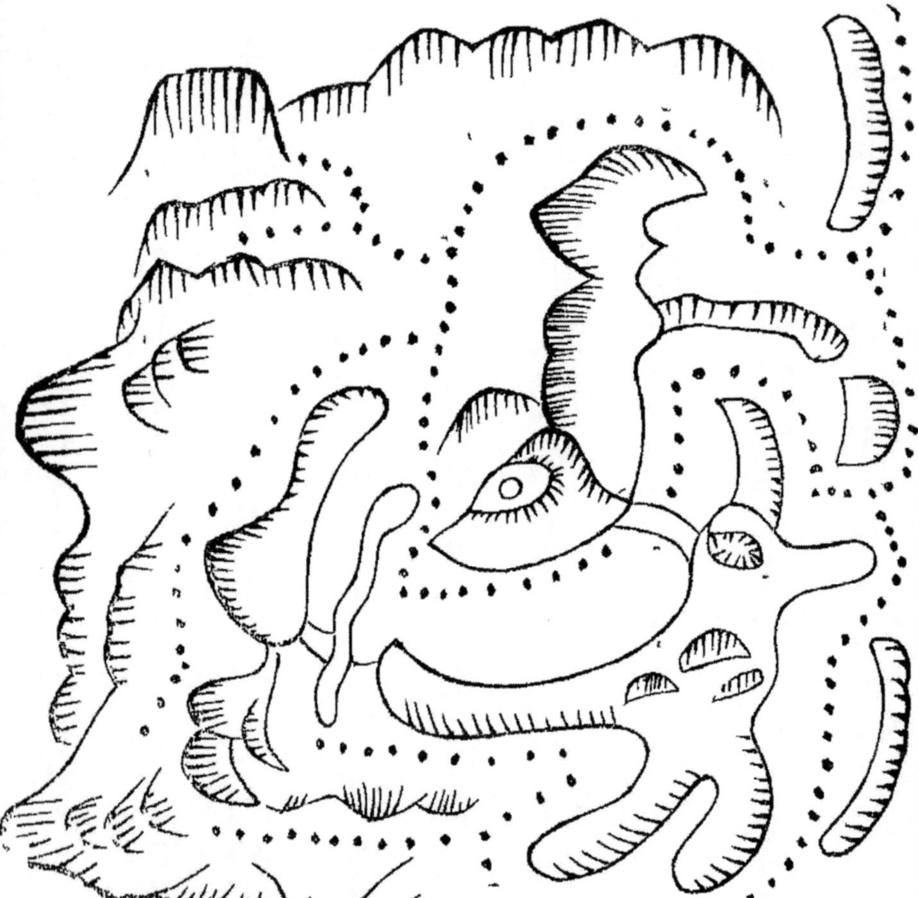

此山頂平突開靨倒騎橫擔倚蓋穴也水木來龍重重脫卸飛舞盤旋靈變極矣到頭又低伏特起仰天逆朝橫撞來脉倒騎去脉頂上起平突開靨作穴穴極高脉極低下陰上陽山勢上聚通身秀氣一穴全收眞美地也

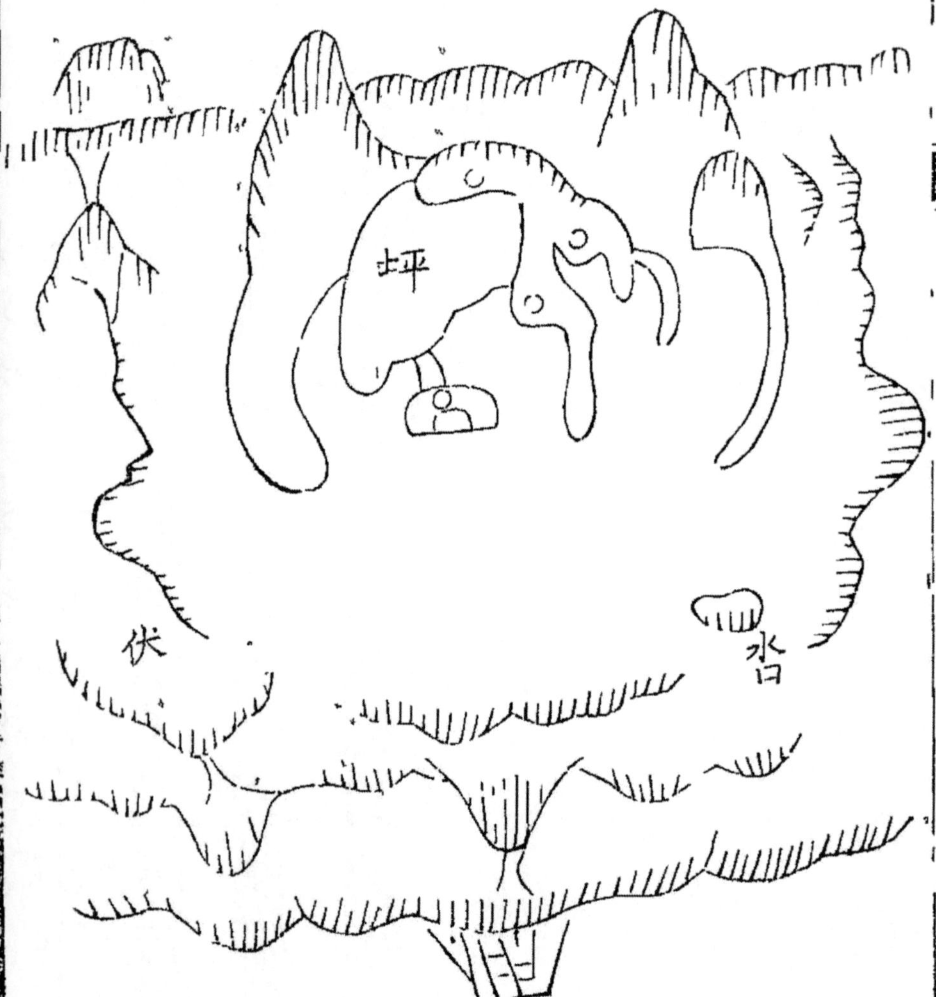
坪
伏
沓

此眠木交枝分結撞蓋等穴也喬嶽高不來龍開帳束氣復起喬嶽高木變出秀木披枝而下作倒地交枝之格龍甚肥嫩上穴扦窩作倚蓋中穴扦丫作撞蓋下穴扦犀肉作粘蓋餘氣鋪坪作氈褥亦能束氣起高地前開氣口爲穴蓋龍氣旺極粗中出秀生意一齊發露有不可過抑之致方有如此結作是亦不可多得者也乙巳年爲同郡　氏扦中下兩穴

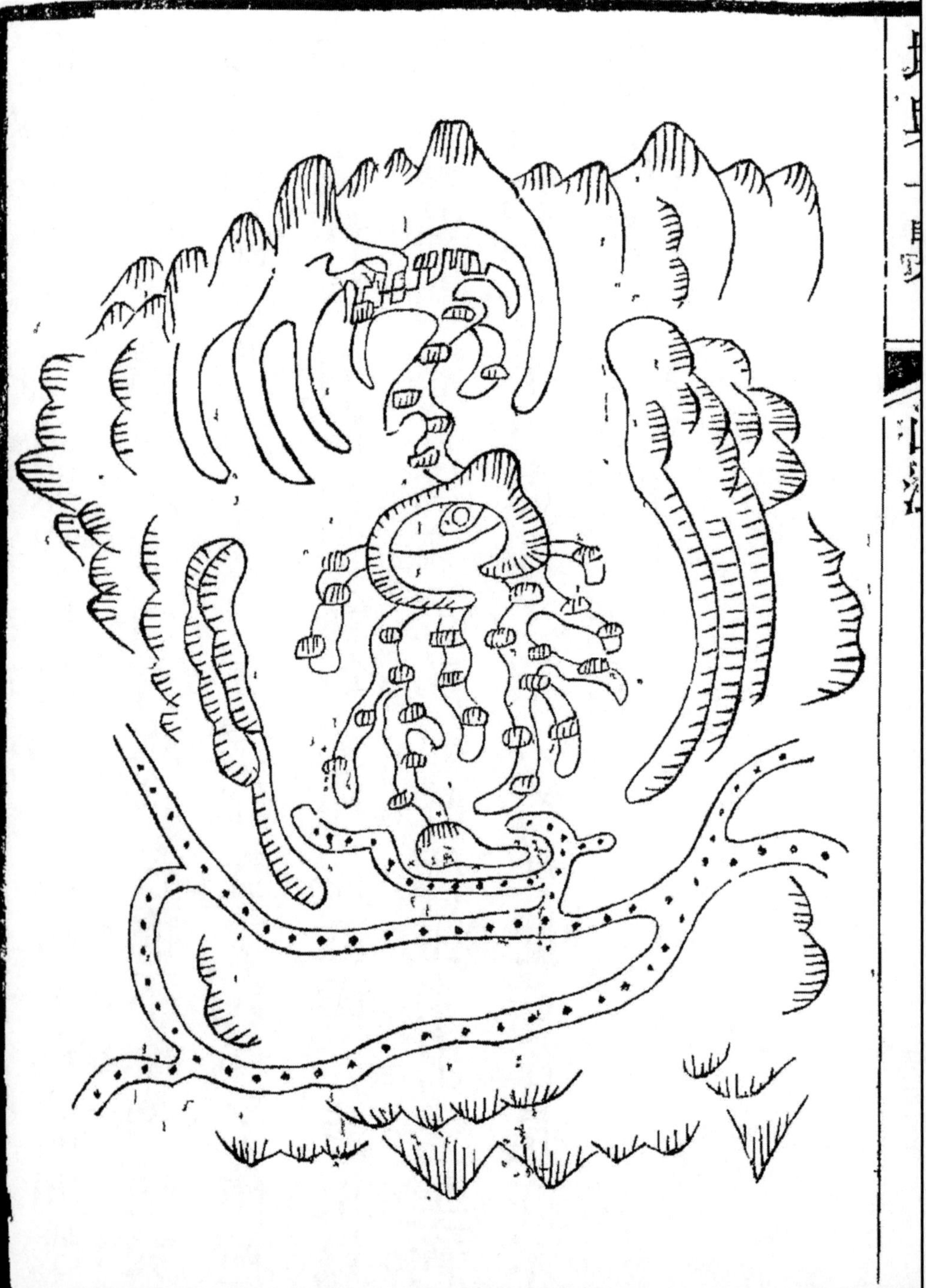

此山半斜窩出乳倚撞穴也立木變眠木俱老相下出仙帶脉復起坐木山半開了成斜窩格中出嫩乳穴倚本山撞來脉作倚撞論餘氣飛嬝為風吹羅帶形作穴中之曜氣前對火焰以發其秀亦脉低穴高之一證也庚戌年為吳與沈氏扦

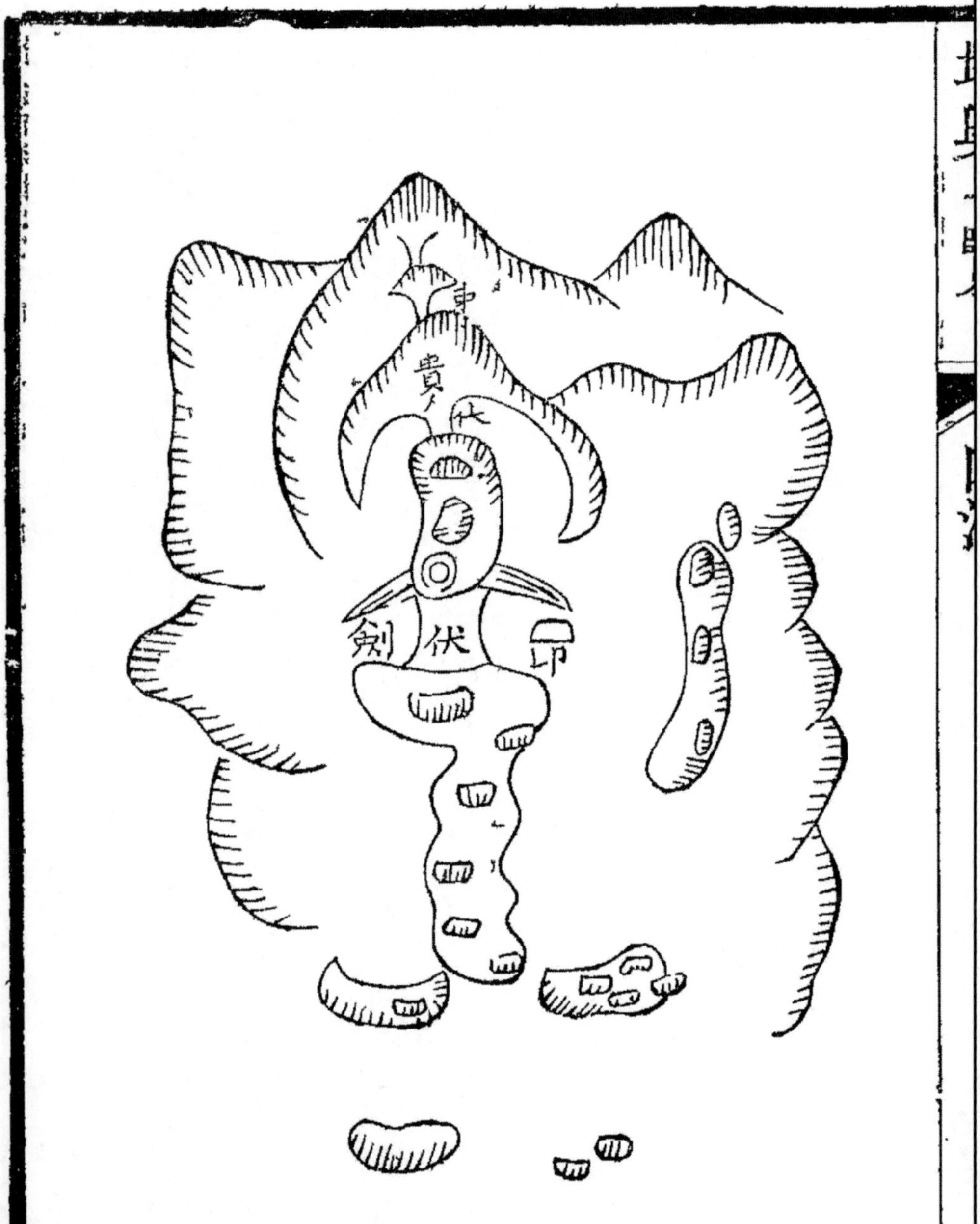
束
貴人
伏
劍
伏
印
屯兵

此眠木騎龍倚撞穴也立木層層開帳而來下出嫩
脉變眠木開花格穴不在花雜突臨簷開微窩順騎
作節眼穴旁分兩枝如劍作分鉗格左手起一高突
如印餘氣從穴下直出分落如屯兵爲木穴之曜氣
凡木星之氣剛猛而直出故穴倚右邊斜撞來脉以
避中氣卽鼻庫之意也龍氣前去尚遠猶有盡結因
此處有化象故只作騎龍論巳酉年爲雉城奚氏扦

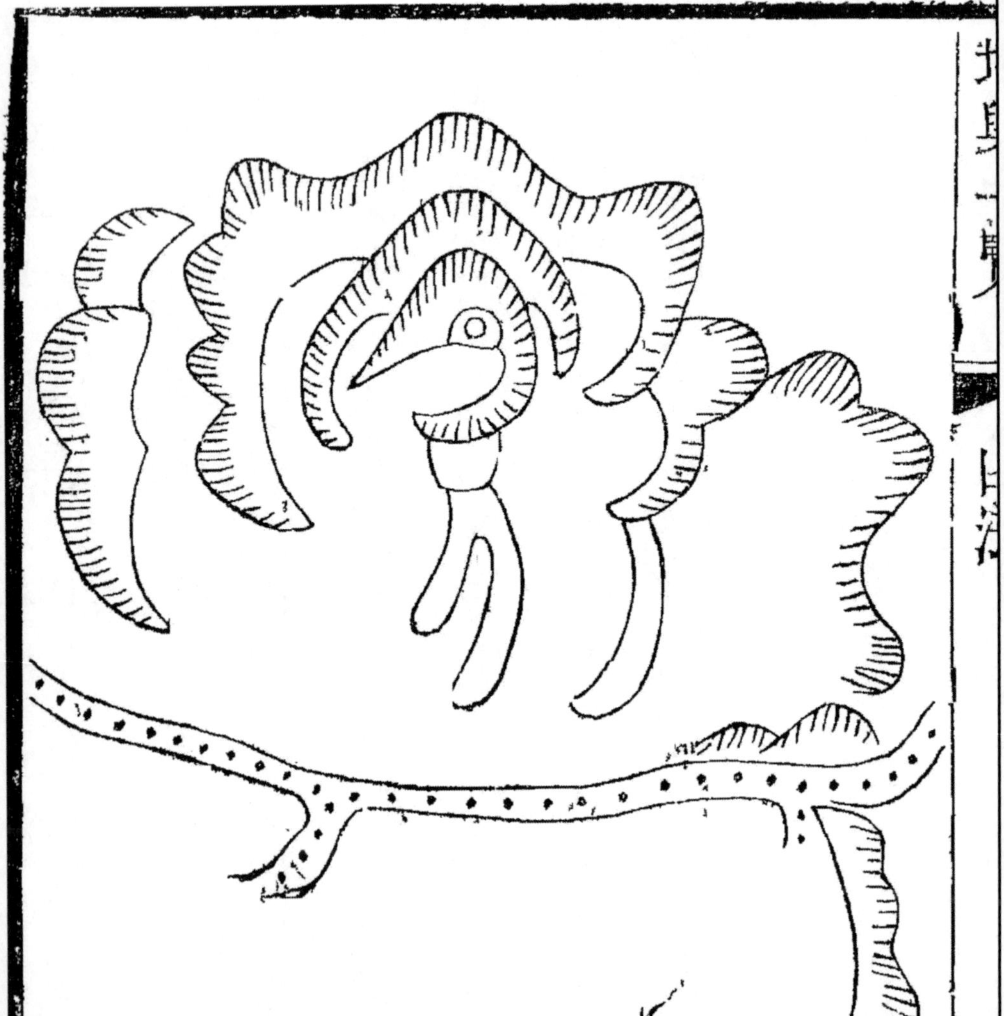

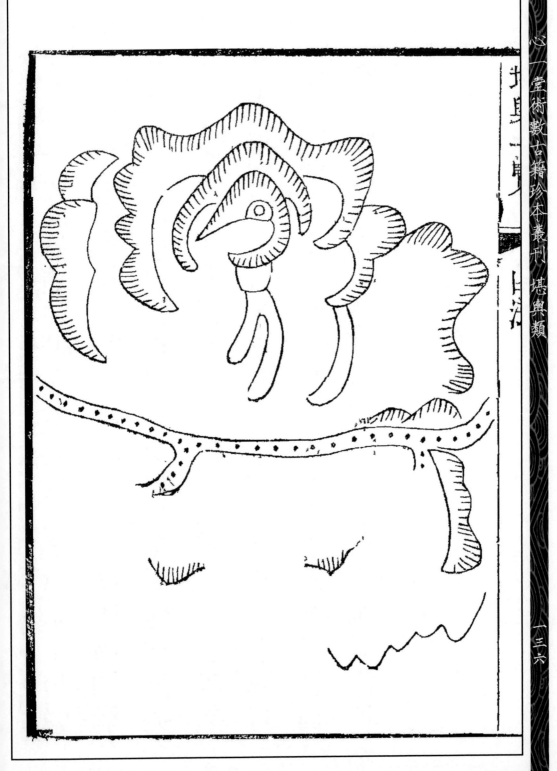

此山半側窩倚撞穴也金水大帳層蓋而下中氣急硬帶殺陽氣閃出旁生一窩偏倚作撞因龍氣太旺窩中多浮肉宜開去深鑿作穴方得眞氣貫棺不爲陰殺所侵左臂環抱護穴作近案餘氣拖出長砂作曜爲貴徵庸術但知曜上求穴指爲盡龍誤人敗絕大可悲也。

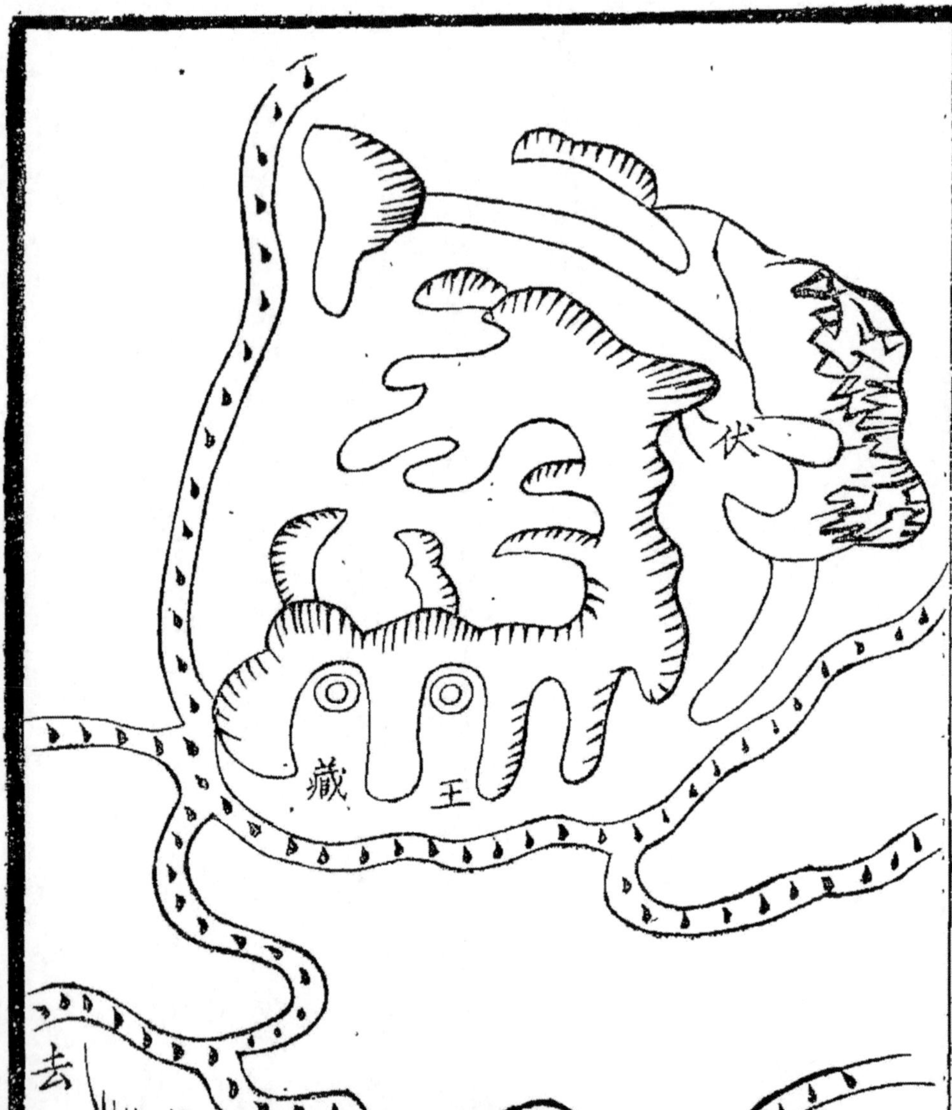
伏
藏
王
去

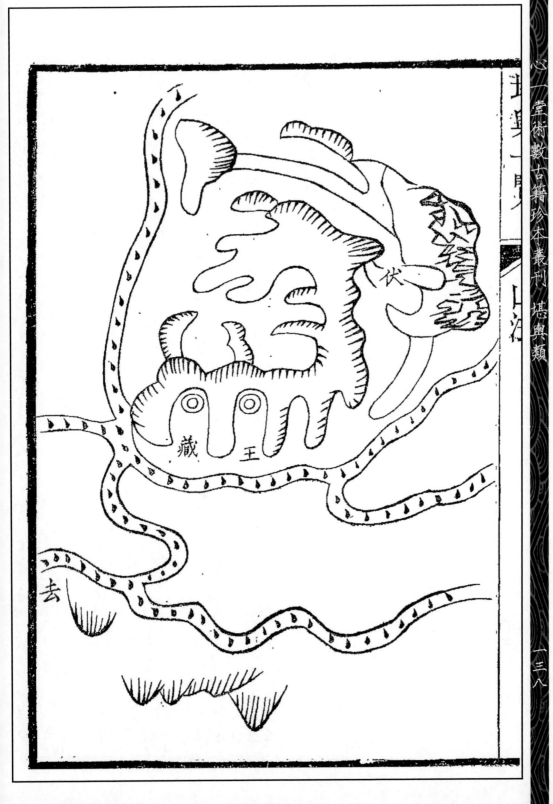

此橫木分丫倚擫穴也立木變橫木出仙帶脈而來陡起雲臺石中出嫩脈平伏而過復起立木粗硬不能成穴即變橫木轉身迎水開鉗作穴形如玉梳甚是秀美四水大聚長砂交鎖眞龍盡氣鍾之所也左穴爲雉城王氏扞右穴爲雉城臧氏扞

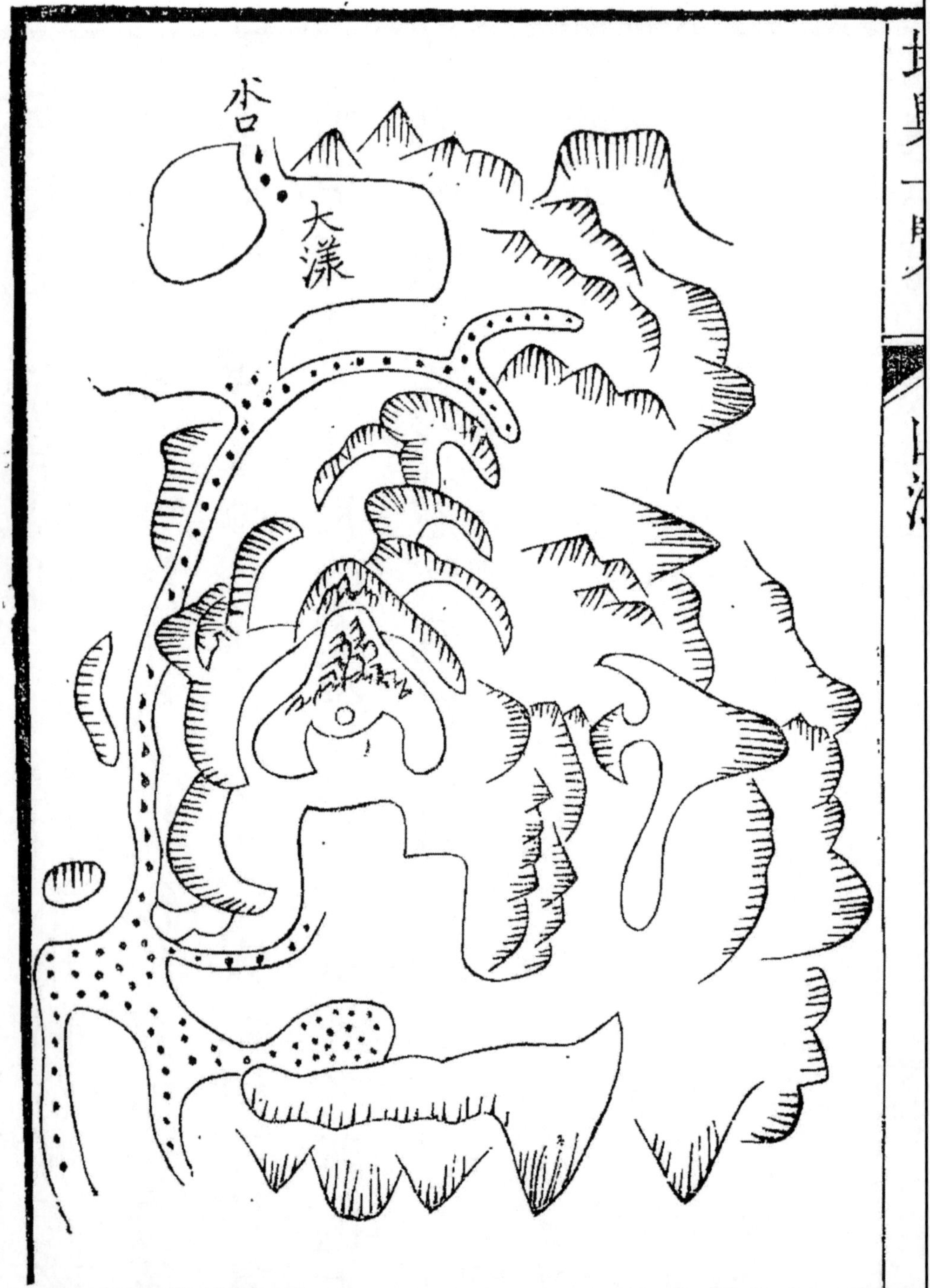
杏
大漾

此山腹垂乳粘撞穴也水木行龍開帳束氣復起坐
木雄壯可畏山半垂大乳開窩成穴為飛鵝扦糞門
格石中出脈甚是肥嫩前朝展誥水蓄玄武法當大
顯未遇有緣

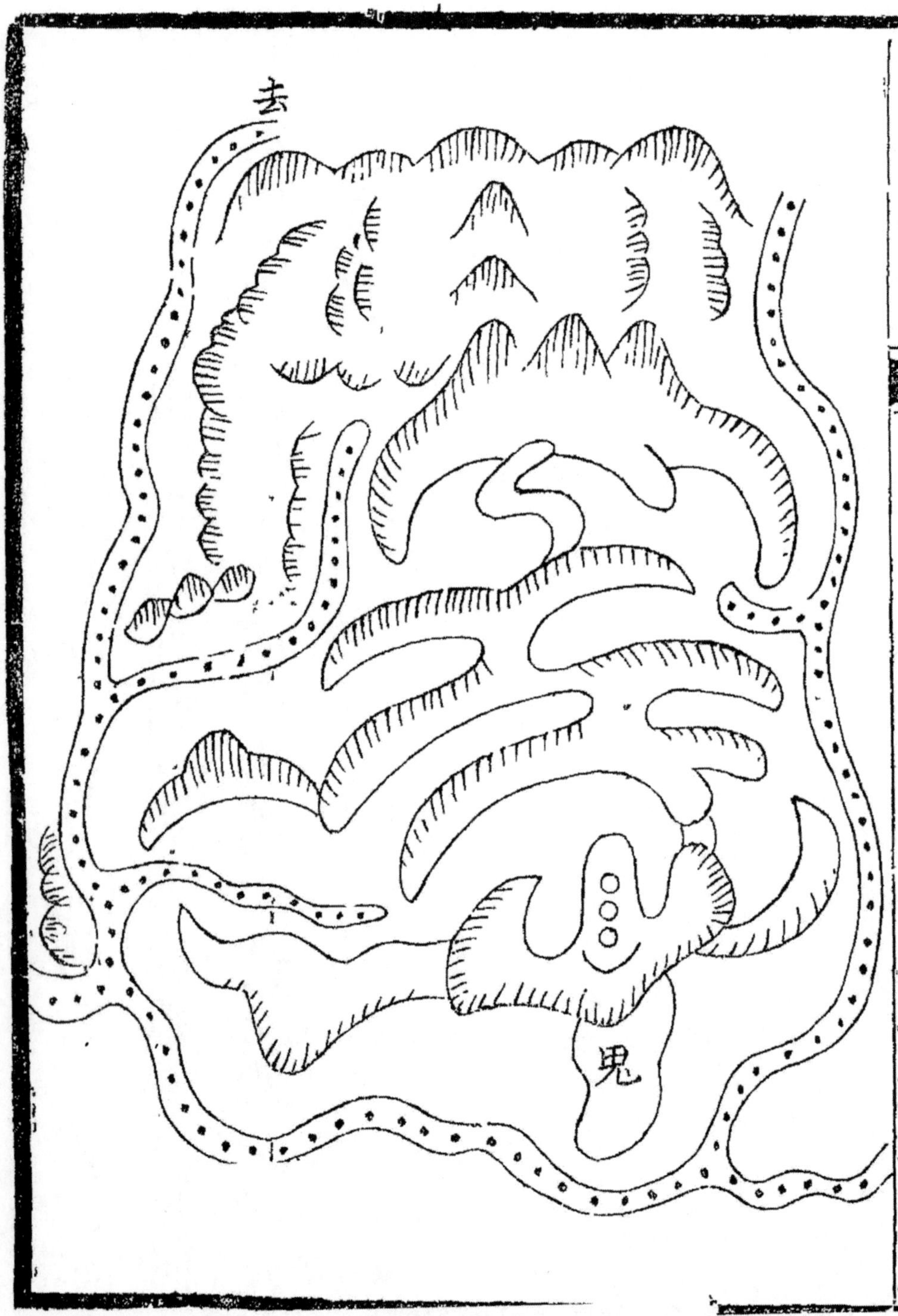
去
兜

此長乳肥嫩粘撞穴也金水芙蓉帳中出立木三台中抽蘆鞭層蓋而來翻身橫擔出長乳作穴水環氣聚秀美異常乃文人名士之所望洋而歎者也

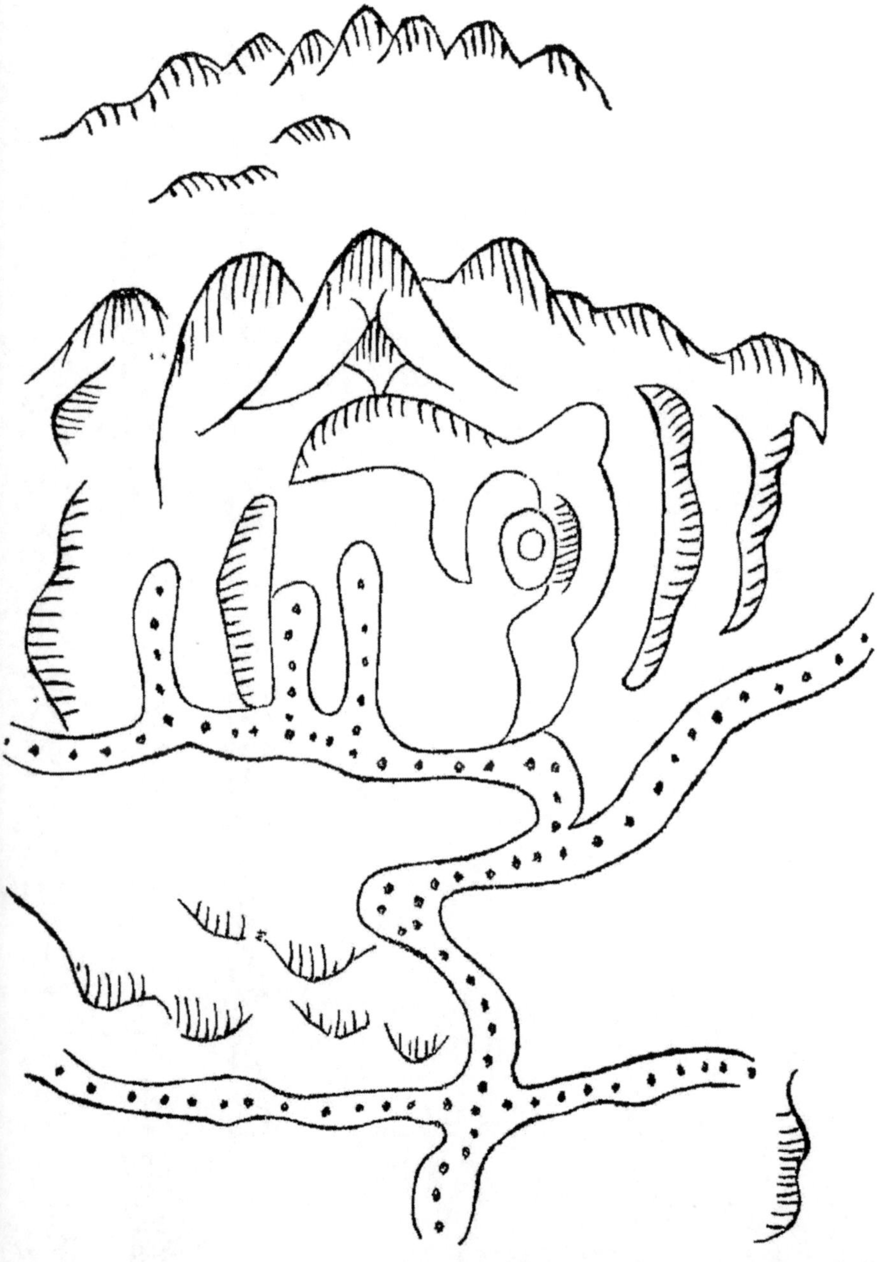

此閃。乳。蓋。粘。穴。也。龍自半山跌落平陽而來。頓起三
台中抽落脉結咽再起。形如螃蠏。正面飽硬。生氣旁
出。横閃肥乳如鉗中肉頂有淚紋。旁有分界。股明股
暗。前案後托。兩浜插朝。氣融精足。因不入俗眼。故無
有過而問焉。司農汪公見而悅之。遂營葬於此。日後
之興隆。固不待論。而龜蛇左蟠。雲臺右峙。當更有樂
山林而享清福者。應焉。是爲記

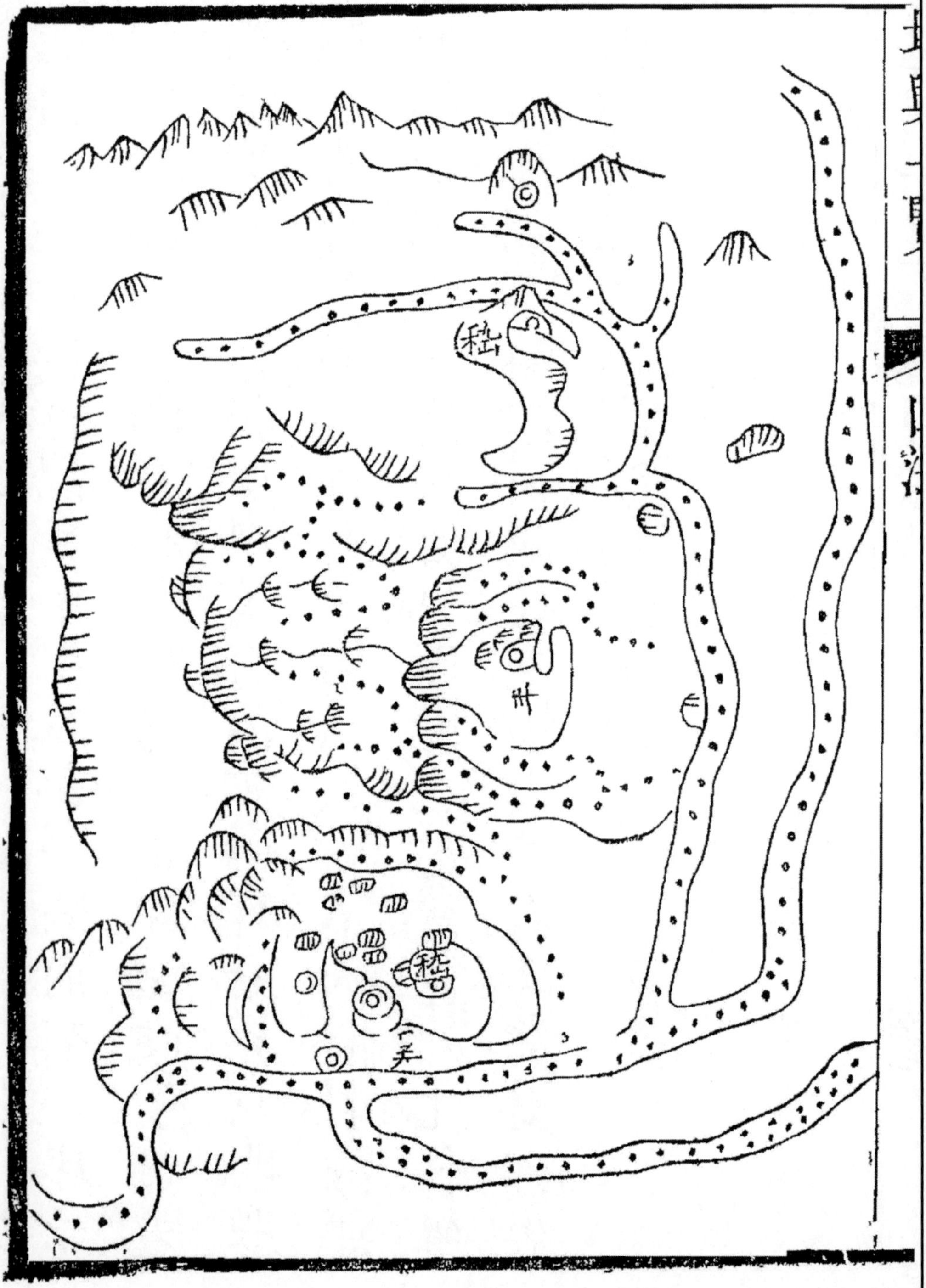

吳山一脉自三山而來其秀拔之勢固已不凡而其穿卸之處又復精彩至吳山而大盡山水聚處成穴多方其前迎三溪之滙處而地勢寬容者乃其盡結也突泛馬蹄金小中取大法用正蓋突氏扞焉其偏落正出中乳直硬犯殺氣閃邊角形如淺槽左有秀砂護脉此實中取虛之穴也羊氏扞焉其旁落低伏突起大山而結仰窩之穴者形如騰蛟法用粘蓋穡氏扞焉馬蹄之旁逆轉零穴卽穡母之塋也數穴雖有低昂而其能領山川之秀則一也餘不盡載

來龍

方山一脉。擺蕩連綿。勢如蘆鞭。此狀元龍格也。故得穴者即能發元。蔡胡兩姓其已驗者也。中有一脉盤旋回復。連起秀峯。清奇俊雅。跌斷束咽。再起氣頂穴作單提法。用倚粘。為吳輿朱氏扦焉。登山一望。垣局之周。為此山之最。他年之瑞應。諒自不爽也。

立木之下。拖出眠木開丫。丫中出微乳作穴。法用正粘。爲南溪朱氏扞焉穴前有眠案橫攔。案外拖曜旁砂夾出。蓋坐朝堂。無不周正。此一局中之美穴也。應其運者。當有文秀名人。爲一時之冠冕。至於富。貴則又其次矣。

余不善圖。且山川情狀。變幻不一。亦不可圖。余之此圖。非爲美觀。畧舉數式。以明形穴作用之要而已。明者於此。自能會意而化裁焉。又何成式之足拘哉。

形勢論

葬經曰占山之法以勢爲難勢固不可以言傳也勢如萬馬自天而下勢如游龍水遶雲從即此思之勢固可以言傳乎抑不可以言傳乎勢之不可測者莫如水火水火無形而至足是以山巒排蕩如烈焰騰雲上干青霄橫張百里皆此水火之氣爲之金木與土限于有質不得水火其勢不張即使華蓋三台貴人樓殿非不威武軒昂然但可以爲山祖而不可以爲祖祖祖山者地靈之所鍾也而地之所以有靈氣

則祖祖是也此論勢之極則也
勢有大小祖祖之勢高聳横張祖山之勢尊嚴獨立
祖祖之勢合形者也合形者惟水火之勢有之火之
勢如列炬燒天水之勢如雲蒸雨降可望而不可攀
宜遠而不宜近此蓋得夫先天精一之氣故能升騰
變化自本自根如此尋龍至此已為極致而不必更
問其由來祖祖之下便問祖山祖山取其獨獨則特
特則尊但不宜孤須有護從為土為金為木無所不
可金木與土有形有質不比水火之純以氣行閃爍

流動而無定志也以氣行者能搆精無定志者精不育故靈之所鍾全在于質金宜滿木宜秀土宜正有好祖父必有好兒孫金不宜破木不宜枯土不宜傾形旣敗矣尚有靈氣鍾乎其間耶祖山之下依此推之至于主山約其大槪文秀武威貴清富濁所可言者如此而已矣

勢有輕重周子曰天下者勢而已矣勢輕重也重則不可反然則相山之勢可不先權其輕重哉祖祖之下必非一祖祖山之下未必一宗宗祖之分斷不一

族同出而輕重同者則觀其變變重則振變輕則餒餒而復振猶可為也餒而不振終成偏重病不在于初在于中同出而輕重異者則勢趨于重勢趨于重而輕者從之則分主從主强而從弱此勢之正者也不從而別立門戶則分幹枝枝旺而幹衰此勢之變者也變與正皆必有因非一枝一節之故其由來者漸矣是以君子遠而望其勢近而察其情一動一靜有為無為一隱一見有病無病而穴之情狀常隱隱躍躍于尋龍察脉之頃者職是故也

勢有聚散聚散由于分合分之勢如鳥將飛而振翼合之勢如鳥將集而斂翼鳥之飛也由伏而起也鳥之集也由起而伏也一起一伏卽一陰一陽一闔一闢之道也闔闢之間有變化焉變變化化生機寓焉夫勢無聚而不散亦無散而不聚聚中之散群以分也散中之聚類以合也知此義者其庶幾乎不然雖日誦三爻三合踏遍山頭亦何濟于事也耶

勢有順逆順逆不分乎東西惟視其祖逆者有情而順則無意也逆者有力而順則無能也是故逆爲升

順爲降升爲進氣降爲退氣進氣爲生退氣爲死生者陽也死者陰也葬陰事也而乘陽以受生氣是以宜逆而不宜順然山勢委蛇變化不一無有逆而不順亦無有順而不逆是以大順之勢以逆爲貴大逆之勢以順爲奇陰陽屈伸之理固宜有如是者順中之順宜强而密强卽逆也逆中之逆宜柔而暢柔亦順也此又善觀順逆之勢者也

山積而成形形積而成勢勢固不可以言窮也有一呼百諾之勢焉有衆星拱極之勢焉有雁陳橫空之

勢焉有螣蛇天矯之勢焉有雷轟電走之勢焉有風狂浪捲之勢焉有秋霞出岫之勢焉勢者因險而有者也意在有無之間故觀勢難于觀形

勢固難矣形亦未易言也物之生也有形而後成物有翼者飛有足者走嘴長者嘘口濶者號形之足以囿物也如此惟山亦然觀其形可以得其情情者實也實則不能隱本亦無所隱有目者見有耳者聞吾何為而贅之哉

形不離于五星五星者卽水火木金土之五行在天

飛者潛之走者潛之植者有植之植者植之飛者植之走者植之潛者邵子豈欺人哉森羅萬象布滿寰中人以有心而不察覿面失之而猶師其成心以自號于天下此道之所以隱于小成而言之所以隱于榮華也夫亦不思而已矣

龍因乎星星成乎祖祖木則木祖金則金祖土則土祖木故曰來龍木也則凡一路行來起伏跌宕之曲而爲水銳而爲火圓而爲金方而爲土者皆木也非水火金土也何也是木之水木之火木之金木之土

也祖金故曰來龍金也則凡一路行來起伏跌宕之曲而爲水銳而爲火直而爲木方而爲土者皆金也非水火木土也何也是金之水金之火金之木金之土也祖土故曰來龍土也則凡一路行來起伏跌宕之曲而爲水銳而爲火直而爲木圓而爲金者皆土也非水火木金也何也是土之水土之火土之木土之金也然則五行固若是其不可離乎曰然木得水而滋得土而培金堅其質火發其華則木有用矣金得水而清得木而貴火煉其質土益其精則金有用

矣土得水而潤得木而疏火温其質金發其華則土有用矣五氣相通本來具足不假外求非此則無用也木有用故能爲花爲果而兼作人形之穴金有用則能爲圭爲璧而兼作禽形之穴土有用則能生木生金而兼作獸形之穴變變化化皆以是也然則五行固若是其不相勝乎曰否弱則從强則變水勝木則浮非土不止金勝木則伐非水不化伐而不止則成器火勝木則焚焚而無救則爲燼水勝金則沉非土不救土勝金則埋非木不救火勝金則流流而有

救則成器無則從水勝土則潰木勝土則崩火勝土則枯是故祖山宜强先具夫累世不可變壞之質而其宗子諸父節節相承加其精彩此行龍中善之又善者也宗之變也由于祖之弱祖木而宗金金勝子木而其行龍復變爲金水之格則其成穴必從宗而不從祖此尋龍認穴之大概也餘皆依此推之

水火不成龍水必根金火必根木木火通明金水相涵本爲至清之格然只從金木行龍中論其變化水不宜蕩火不宜焚若水蕩火焚不爲大龍之行度節

作局外之曜神斷非成穴之所也觀形之法大約如此法在變通不可執一若夫廖之九星硬排九九此猶鄉里典當編號記名便人翻撿豈曉事者之所爲哉

行龍之有關峽即闔闢之道變化之本也蟄蟲冬月而深藏露之必死峽之忌風意亦如是峽有多名但分陰陽陽與陰受陰與陽受生機動矣純陰純陽龍未已也再三如此則爲奴僕雖伏何益哉

關峽之中即有分局或正或偏或單或雙每局之中

必有成穴或正或偏或專或分帳角之波猶有零結貴人之穴常居局外吾又惡乎而測之哉

龍行起伏須要安頓行游自在勿作驚惶驚惶扯拽是為龍病內無所畏閃而不偏外無所畏躍而不脫為陵為岡四達堂堂君子至止玉佩鏗鏘若夫不起不伏不折不曲橫若鋪氈長如飛帛龍神安靜必生多福勿漫喜飛騰踴躍之山峯而忽視安眠飽足之平陽也

龍之出脈不論高低大小總是坦懷開面紆徐舒暢

斷無貫頂飽肚者。貫頂飽肚者。皆砂也。不能作穴。至于形如雨脚。大小長短。挨擠不成文。此又砂中之最無用者。如主人不在。而奴輩放散。全無規矩。觸之則必鴟張而肆橫。避之不可不遠者也。

用意篇

相山之要不難于用法而難于用意用意惟何一看氣概二看精神三看性情南唐何氏蓋已言之矣曰大地無形觀氣概小地無勢看精神夫氣概在于勢精神在于形觀勢則放開眼界看形則察入微茫無形無勢乃其互文大地小地特其寓言耳古人好隱語多類是然其義精理足能取古人散漫無根之文一言而提綱挈領如探驪龍而得其珠非有大力者曷能至此然此亦非何氏之私言也郭氏葬經已明

以告人矣其曰若踞而候若攬而有踞則知已攬則知人其氣概可想也又曰若槖之鼓若器之貯鼓則誠中貯則形外其精神足徵也自餘與語令人可味無非為此以是知古人用意之深不可思議夫豈可名可象之粗迹所得而圖之哉迹之粗者樓殿旗鎗排衙唱喏名不勝述是皆後之形家踵事增飾不足多也惟善用意者將此一切成言贅語盡收入于三者之中比類而擬議之自然理脉分明眉目清朗而得其意于若有若無之間又安有支離悖謬之說得

入其胷次耶不特此也夫相山亦似相人卜氏之善喻又有以相發明也約而言之君子堂堂小人邉邉文士有瀟灑之致高人有林下之風貴人軒蓋騶從如雲三尺童子望而卻走此無他氣概之不同有以使然也而精神之所畀亦自此遠矣相山之法何以異是有氣概以爲之勢有精神以爲之形自能鍾靈毓秀而爲福壽綿遠之區至于支爪之穴精薄神昏雖有好祖力所不及猶之庶人不得以祖諸侯也此氣概精神之說也而地之性情于此亦可以想見矣

蓋精者陰之氣也神者陽之氣也陰氣成剛而剛中有含蓄之致是爲眞精陽氣成柔而柔中有和潤之色是爲眞神神育于精精化而神精以成性神以見情是故性有剛柔情有向背性有善惡情有喜怒饒減迎送承顏何色合三者而善用之可以爲相山之極則

方位問

形勢尚矣方亦次之胡郭氏之絕無一言及之乎以爲秘耶則方無可秘以爲難耶則方不難言然則郭

氐豈竟畧之而已耶且夫五方風氣以漸而移强弱異形高低異勢此疆彼界判以山川四履之不能截然形也勢也非方之所能爲也北土高平一望千里聲氣相通故其語音習尚不甚相遠南方卑下水曲山環數里之閒門戶各別故其語音亦異人各營生沃土人逸瘠土人勞風氣之所以不同亦形也勢也非方之所能爲也是故古人立臬測影以定南北分其向背寒暖之宜而已東西四維亦所不計其所包含者遠也周公作車名曰指南而不曰指午南者虛

位也南之不同于午也明甚今之指午針即其遺製也然針則指午矣以予所聞須彌爲天地之中則當于須彌頂上下一羅針分牽二十四線則中華之域不過當巽巳之一方本非天地之午位而中華之域又以洛陽爲中則洛陽之子午巳爲巽巳方之子午而非天地之子午矣自洛陽而再下一羅針則浙中又當在洛陽巽巳之方則浙中之子午又非洛陽之子午由此而小之以至于一郡一邑一鄉一村一尺一寸一毫末許俱莫不各有其子午然則一尺一寸

一毫未許之子午與一村一鄉一邑一郡之子午類而許之是同是別一郡之子午與浙中之子午類而許之是同是別浙中之子午與洛陽之子午是同是別洛陽之子午與須彌之子午是同是別若言同則實異若言異則名同從名乎從實乎若從名則義出于實若取義則名不可假將假名而卽以假其義耶抑名在而義亦卽從之耶而世之解之者曰有一物必有一極則物物一太極之說也夫物物一太極亦止就一物而言之不能指彼物爲此物之極也今置

一舟于大江中而曰此舟一極誰曰不然乃云大江非極但爲舟之極夫誰能信之今置一棺于萬山中而曰此穴一極誰曰不然穴之外山山亦各自成其極而云山山無極但爲穴中之極夫誰能信之而世之宗理氣排生旺者則言之鑿鑿矣何也以硬排四局之合高低遠近而總爲穴中之一極也其眞有所見耶其抑無所見耶穴中之生旺不宜寄迹于他方而他方亦必自有其生旺若就局而推之則穴中之生旺卽爲他方之死絕以他方之死絕而卽作吾穴

中之生旺其然乎其不然乎且其法曰冲傷旺位針一轉以從生夫針之一轉尺寸間耳水之來也無心而自至不知其爲旺爲敗也乃無端而于尺寸之間妄計爲彼之旺又轉計爲此之敗則試執水而問之彼源源而來滚滚而至者旺乎敗乎水必茫然而莫知所適從也一任人之呼馬呼牛而已矣何也水固不知有分别也分别之者人也而非人也針也而非針也乃盤上之干支也則試去盤而還問之于人彼源源而來滚滚而至者旺乎敗乎人不執盤亦茫然

而不知其有分別也人也而天矣又試問此言旺言敗之來由必從此盤上之四正着想也所言四正必是一尺一寸一毫末許之子午也其與一鄉一邑一郡洛陽須彌之子午孰爲同孰爲別或俱同俱別或俱不同俱不別週天三百六十五度分寄一十二宮宮宮有一定之位位位有斗建之月胡爲乎任汝盤上之那移也耶此指南車之所以不日指午車而定南北之臬亦不日定子午也此此郭氏不言方位之意也

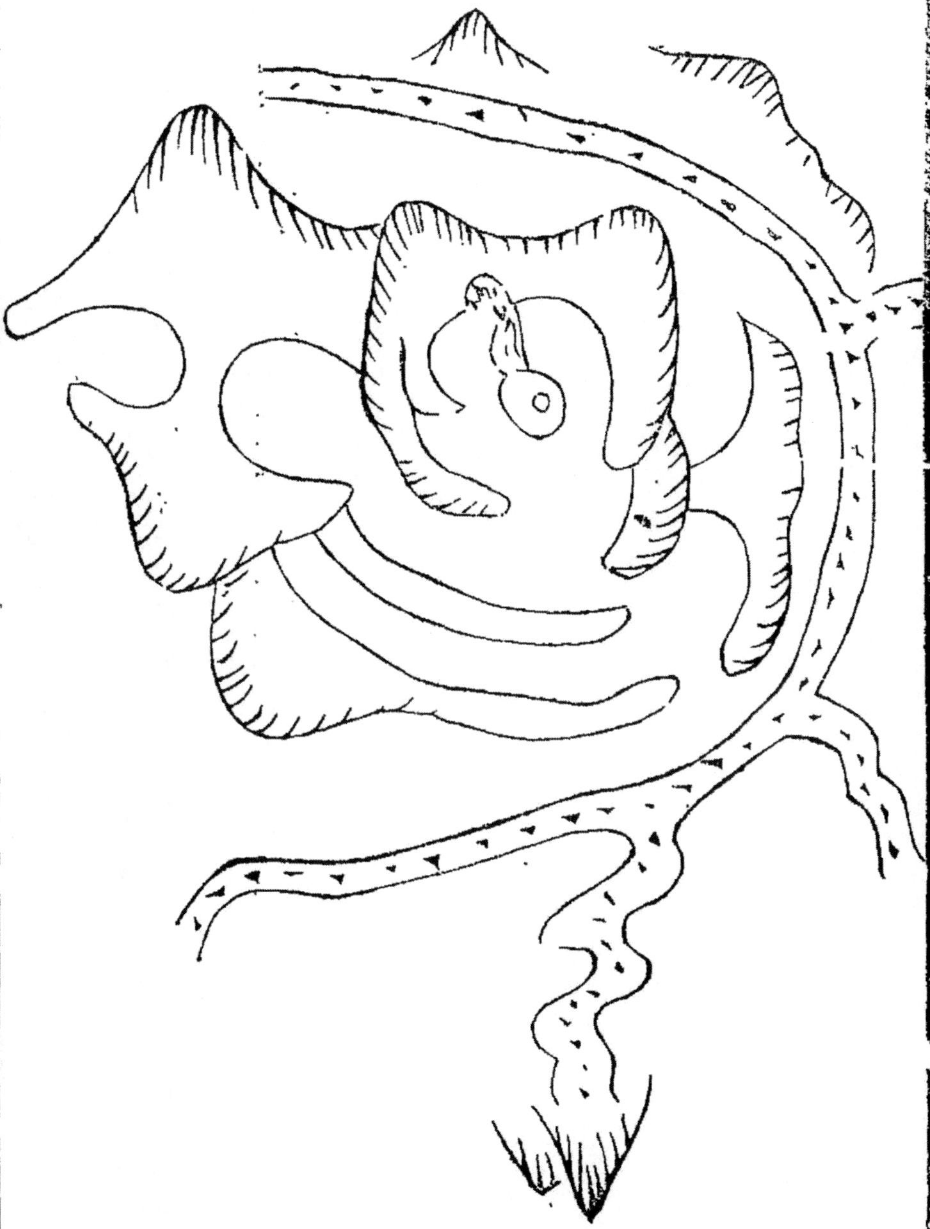

此臯庫偏乳倚粘穴也四山皆土以石爲奇石乳帶殺生氣閃出成左臯庫穴法用倚粘淺葬以避陰殺是亦雄粗帶側尋之一證也

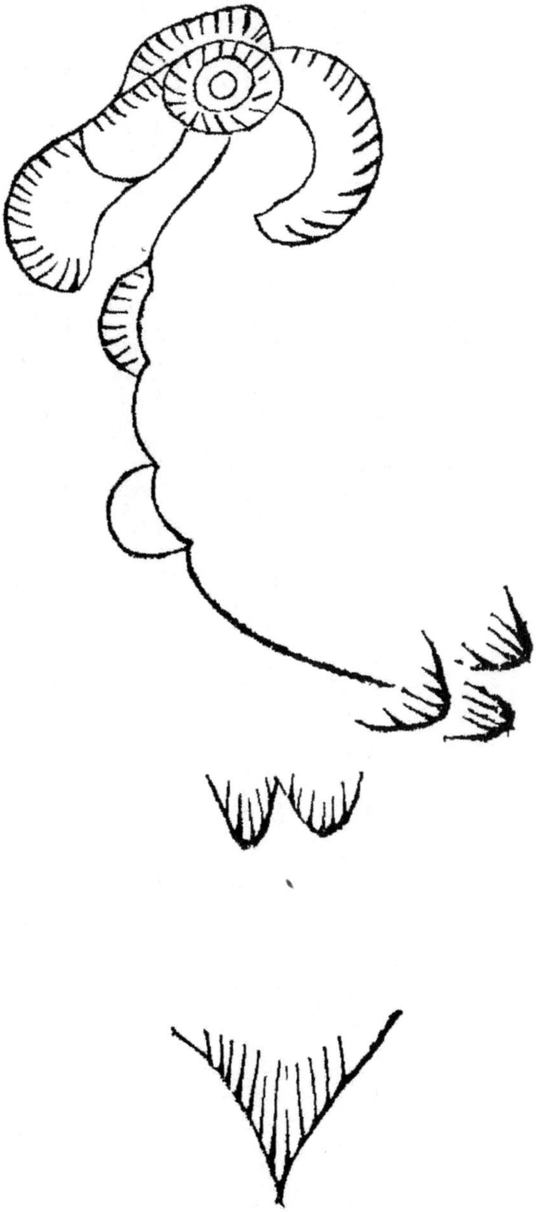

此山頂微突騎龍倒撞穴也大坂平田中忽起矮胖行木數座中抽飛絲生藕節作藕斷絲連度脉頓起高山作蓮花頂頂上開窩窩中生突綿軟平坦下生二簷即其脉之處也作騎龍倒撞穴穴甚隱藏不見來脉但見遠峰献秀高插天外此山美穴雖多惟此得其正氣木花幷蒂亦名奪總天珍地秘固非俗眼之所能擬議也

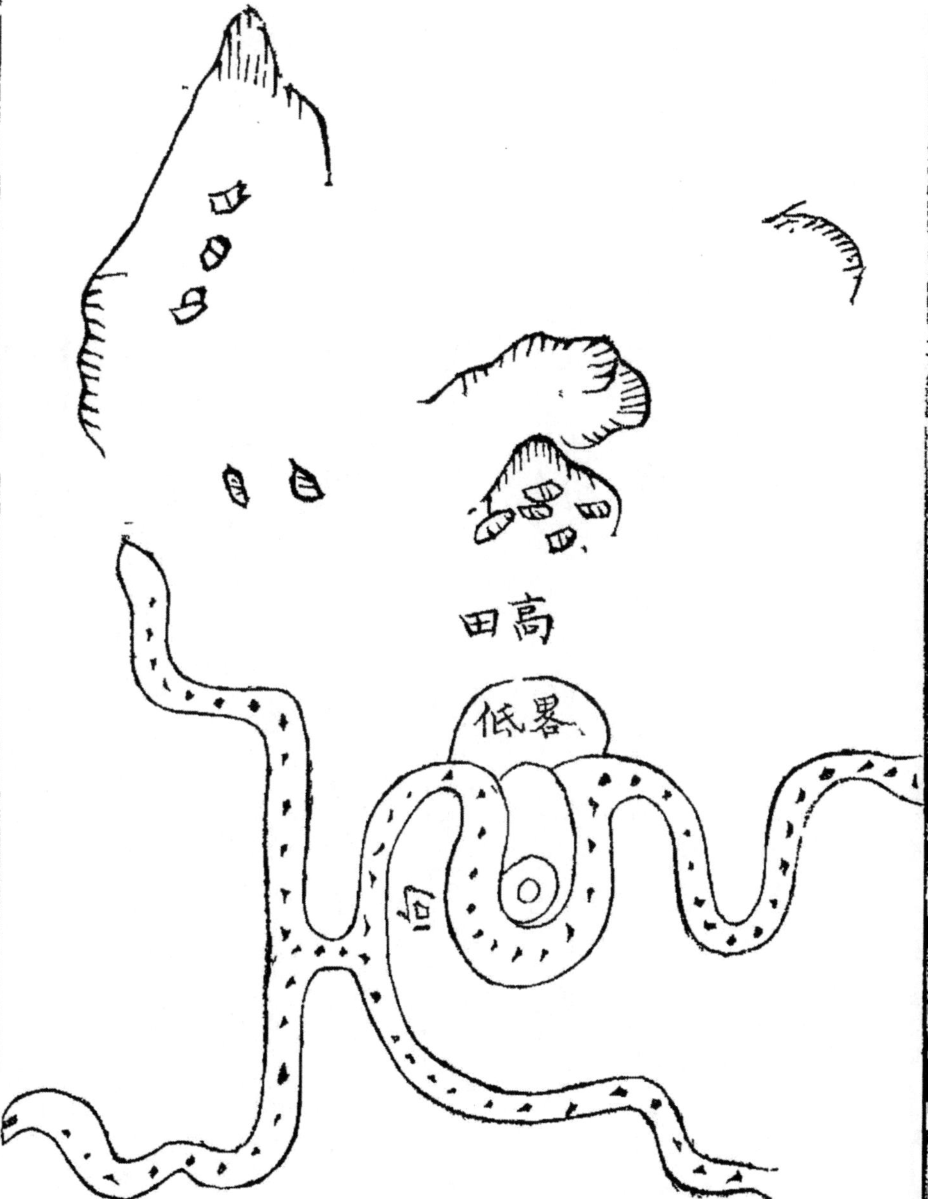
高田
低畧

此倒地木星脫脈倚粘穴也立木撒脈下平湯如落花瓣一片舖氈無蹤可尋坪中忽起水不如意形荒塚纍纍並無是處散抛數泡又落平田無脈可見直至里許方見溪流四聚縈迴如織髙田至此畧低如頸窩中抽倒地木頭分側面穴作倚粘砂抱水環始覺通身靈動故凡有好龍必有好星必有好穴穴不在山必在坪坪又呆板不開局面必臨水際自有天然發露之處苟能勿執成見細心體認則天下自無不可識之穴情舉此以為無脈可追者之一則

蓋天土屏去十餘里

此仰天水窩正蓋穴也盖天土屏橫張十餘里高十五里爲省會之大龍清氣上聚廣平千畝中起秀木出飛絲脉結仰天大窩作蓮座穴穴下石壁卓如雲臺四圍山頭簇擁拱立如金童玉女清秀可愛爲群仙大會格溪流環遶瀉下成珠簾瀑布登穴不見别成一天此誠仙佛之所居非塵客之所得而欣羡者也彼排生旺數山脚者正未夢想到此故寫此以爲高山成穴之一則

堪輿一覽

下集總目 共一百一葉

堪輿一覽

太平山人孫穉玉竹田氏著

東林避暑草 共二十葉

砂說

嘗讀賴公砂訣而悅之如良將用兵智勇貪愚無不並用如老僧說法微塵刹海盡入毫端雖云沙裹揀金卻異注鬚鑿孔是亦堪輿中趨避之一助也而世人每多忽之至比之天星卦例不經甚矣何以言之夫砂者穴之用神也穴即河圖洛書之中也河圖四

正洛書八方俱拱一中然中爲虛位無有定處中復有中而四正八方亦各有其中則又有其中之四正八方焉蓋中之理無不同而中之量則有大小之差此六十四卦之所以同一太極而各一太極也觀砂之義實本于此然所謂砂者非龍虎之謂謂凡城垣中之星峯卓拔而峙立者彼已各成一象有與我相敵之勢相敵則有權權在彼則我將受制我握其柄而驅使之則彼之威武英雄適足以爲我之所用而不能爲害此撥砂之義所由起也撥之之法先觀其

形次審其度凡形宜餓而不宜飽宜嫩而不宜老宜潤而不宜枯宜軟而不宜硬宜肥而不宜瘦宜淨而不宜皺宜明而不宜暗宜向而不宜背宜近而不宜遠山頭宜尖圓方正而不宜崚嶒歪削山腰宜平軟而不宜反突山腳宜拱伏而不宜竄踞山形合此數者則必有精光來照照我則情向我情向我則其權在我矣然峯不宜多多則亂不宜遠遠則疎是以近穴之處若得一峯兩峯開顔相照者必主發速此其驗也又有秀峯端正遠穴三五里許及登穴而如呼

之使來貼照左右者亦有近穴不過里許及登穴而如推之使去背我移形者更有山形粗惡無一善狀及登穴而向我移形端好獻媚者凡此皆爲認穴之外証不可不察也若于衆山環繞之中而立穴者最忌山頭雜亂明暗錯陳或山腳斜飛亂塞堂局故凡好穴必有好砂遮蔽諸山惡形獨獻秀峯以爲穴之證佐如見四山醜惡不可注目者必是山之反面或作羅城把鎖至于結穴之處閃藏在內必然改觀山頭端好堂局寬平如見四山齊整秀媚者則先取諸

近後及夫遠蓋近則親而可接遠則疎而情隔然近者不宜高壓高壓則以愛欺爲嫌遠者宜于秀拔秀拔則以出群爲貴或于衆大之中而取其獨小衆低之中而取其獨高衆動之中而取其獨靜衆靜之中而取其獨動衆濁之中而取其獨秀所宜留心四顧移步察形或左覩于右或後美于前或閃則是而正則非或高則雅而低則俗形既美矣還防暗殺所云暗殺者是于好峯之旁而露一破碎山頭如窺探之狀或于好峯之內而起一崚嶒泡塊如襯貼之形此

之貴。其餘各以五行生克推之。生主貴。旺財主富。兩旺同生。洩爲退敗。殺爲刑傷。而其相兼之處。則以生克互推。而以三合弔沖塡實之年月。斷其吉凶之應。五行俱喜得地。而總不若卦氣當運。則爲得時爲福有力。如見生克雜出。亦以向度撥之。撥砂之法。始于賴公。而張九儀復潤色之。可謂精矣。但以乙辛丁癸爲土。辰戌丑未爲金。寅申巳亥爲水。乾巽艮坤爲木。子午卯酉甲庚丙壬爲火。平分宮位。而不計宿度之濶狹。于理未妥。蓋列宿之度。濶狹不齊。如井跨三十度而鬼止四度斗跨二十三度而牛止六度非可畫一平分彼此撥砂之必從度有斷然者故察形可以定穴凡山之秀特而開顔相照者視其精光所照之處而那前移後以求之則穴情自顯而向亦可知矣審度可以定向取其生旺而避其洩殺則挨加進退之間不特可以定向而并可以定穴也吾故曰砂也者亦認穴之外證趨避之一助也

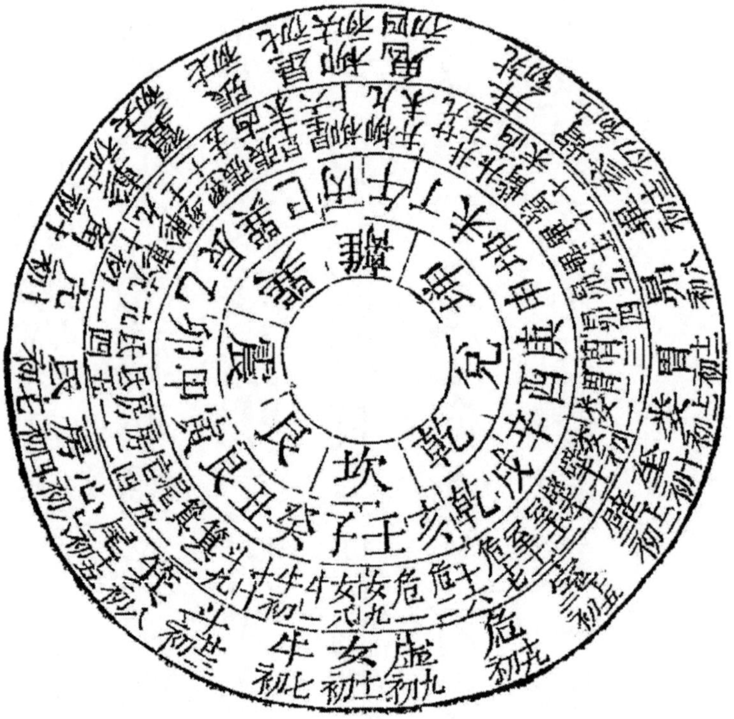

賴公撥砂盤。用子癸同宮看。是論宮而不論度。然撥砂用宿度五行。斷宜論度。而不可但論宮。則盤之子癸壬子。亦置之不論而已。

砂形正面

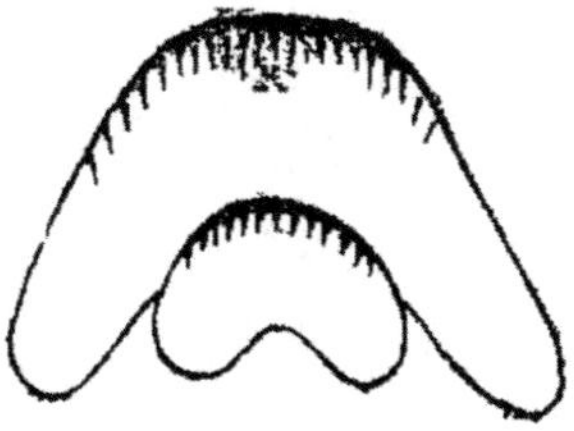

砂形宜餓宜嫩餓要如佛後之火焰嫩要如春草之流光餓則開顏嫩則闓顏而有精光向穴下照自然鍾靈而育秀此觀砂之妙法也

砂有正面有側面正面看要端正拱揖側面看要有拱背凹胸相向之狀又有山頭向內而身脚向外或身脚向內而頭面向外者形不可圖在人意會

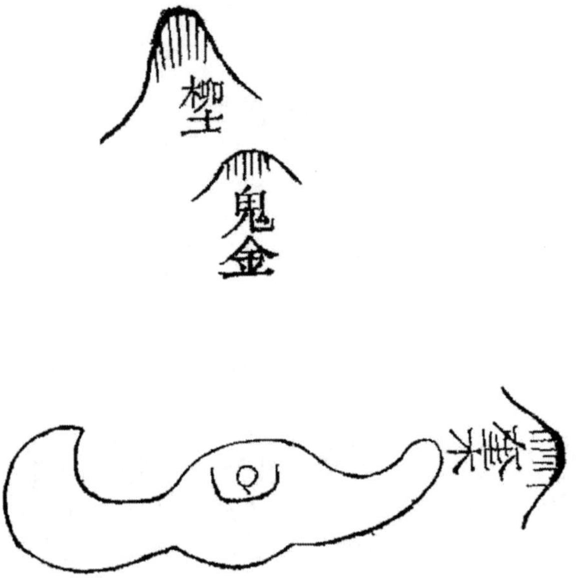

又如有一秀木。本是可向。卻在土度相克。在邊金度。有一小金又來克木。貼身又有一高金在木度。此為金木相戰之局。甚是不穩。惟合高木而向小金。則土木之度。金水之星。俱為助旺生財之砂。一轉移間。化凶為吉。餘以此推之

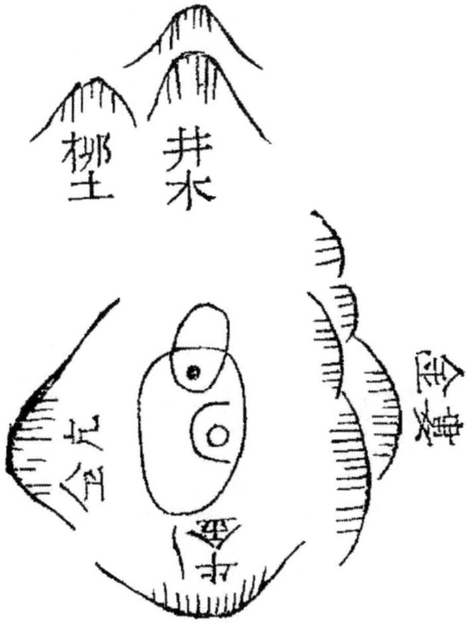

此局落脉分明前朝立木秀美可愛奈因分在井木度貼身有三金伐木滿局帶殺禍起蕭墻誰知脉直穴横本宜向婁金度鍬邊作倚後坐高金前邊横案堂局既緊又得三金並旺而立木亦貼耳獻秀作本局之財神化凶爲吉滿盤生旺穴之外証于此可以類推

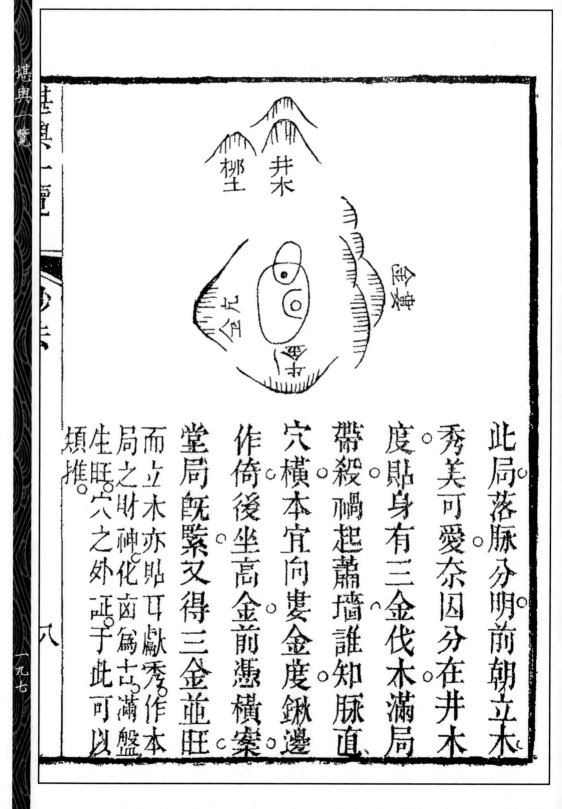

井木

假如滿局山頭矗矗雜亂無次中有一峯挺拔獻秀有俯視一切之槪力能制伏群峯雖生克雜出不能爲害此峯作旺砂固好若撥作生砂更妙此衆低之中取其獨高之一式也

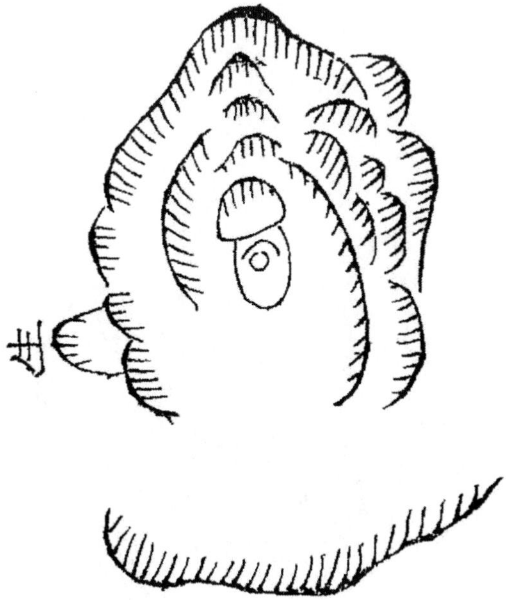

此局滿盤秀氣包裹緊密然山頭俱帶水形流動無疑靜之致惟白虎砂外卓立一峯圓靜秀美情意向內撥作生砂一片流動之形得此峯而大定如中流之砥柱然此可爲動中取靜之一式

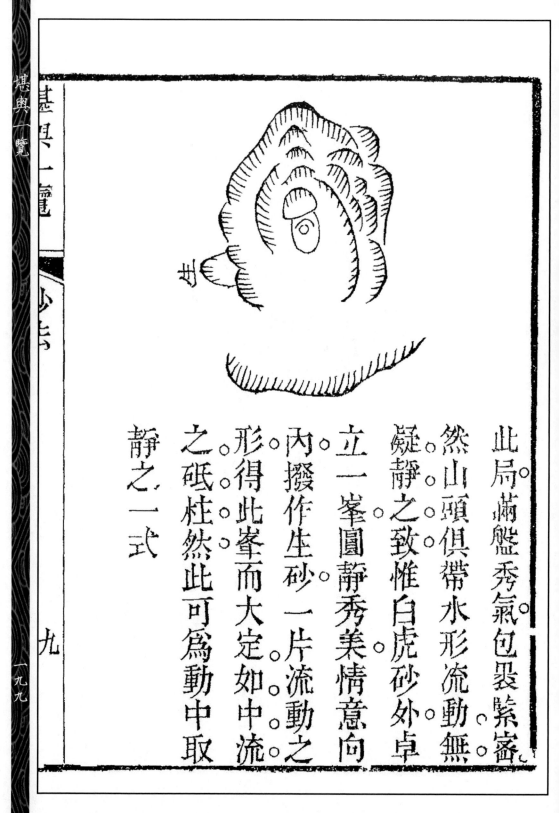

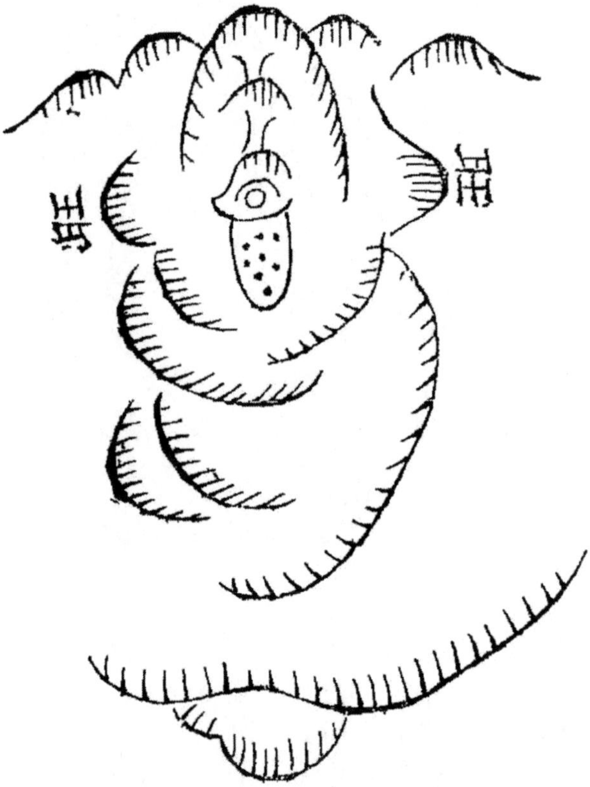

此局。滿盤秀氣。包裹緊密。敗穴俱葬山足。四山高壓前砂逼塞如坐井觀天。無一好處。上穴提高。直扦山頂。左右高峯。緊。緊。夾。輔。作。旺。神。而。前。朝。亦。挺。立。獻。秀。此可爲高則雅而低則俗之一証。

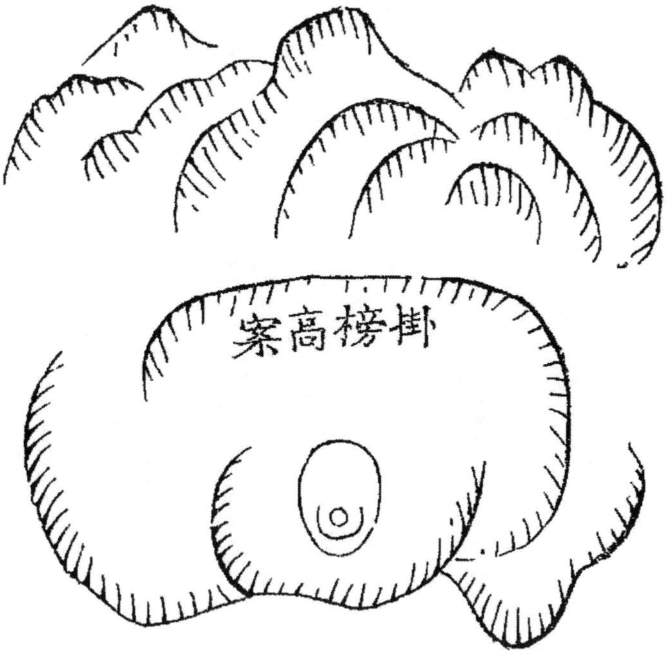

此局外山雜亂。穴中不見主峯。貼身山頭不起。惟前朝一掛榜近案。緊緊高攔作旺神。外山雜亂。山脚斜飛。穴中一點不見。此可爲好砂証穴之一式。

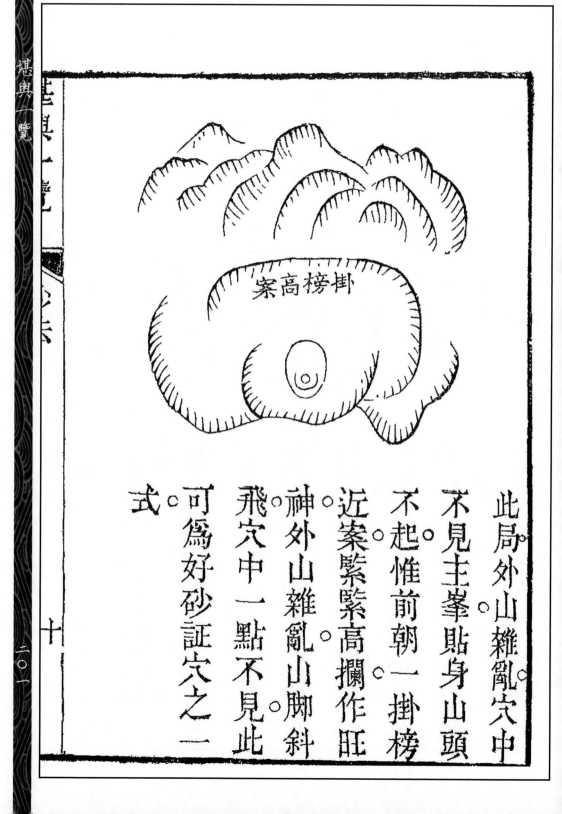

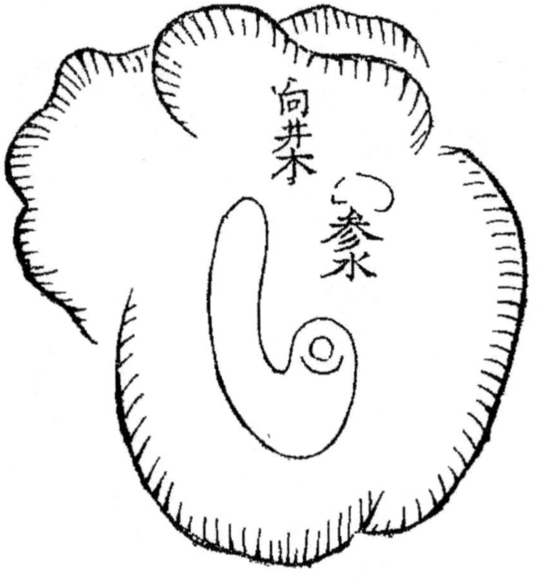

此局四山蟠遶甚是緊密然無一傑出之峯以獻其秀反覺俗而不雅惟右前稍近有一小山圓整秀美情意向內卻偏在參水度不能作朝因虛向井木度將小山撥作生砂則近親切因在右前應三房發此可爲大中取小之一式

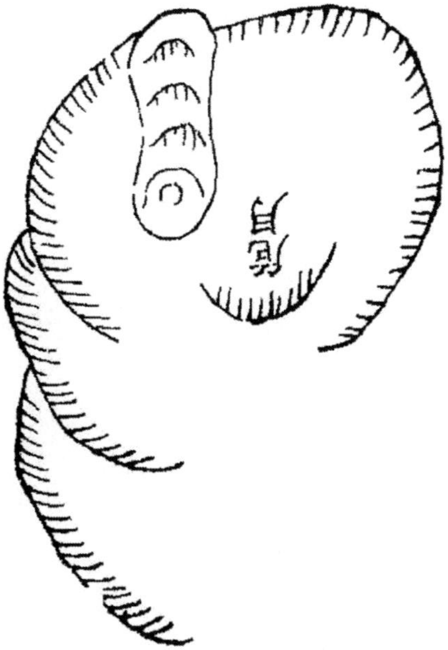

此局平岡行龍。山峯不起。惟于貼身穴左前起一陰金圓靜秀。美却在危月度。不能作朝。因立壬向。將陰金撥作左砂。向穴有情。蓋日月二砂。照穴無有不吉。在左故應在長房發貴。此可為日月兩砂照穴之式。

十七

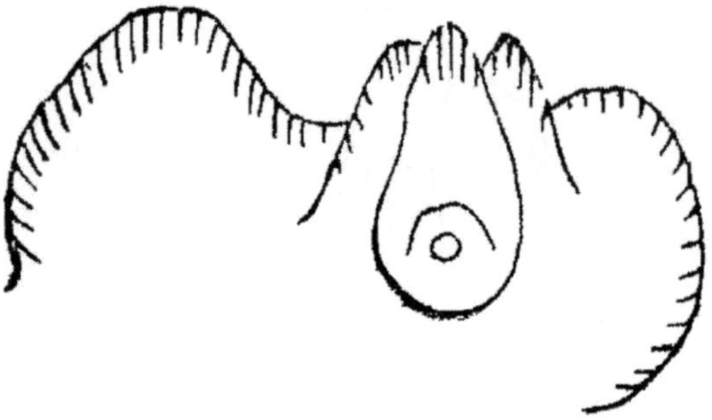

此局無朝案侍衛。惟穴後三峯開面下照。如佛後之火焰。最爲親切有情。力量最大。與他砂不同。坐後卽爲旺砂。不必消撥。此可爲主山開面照穴之一式。

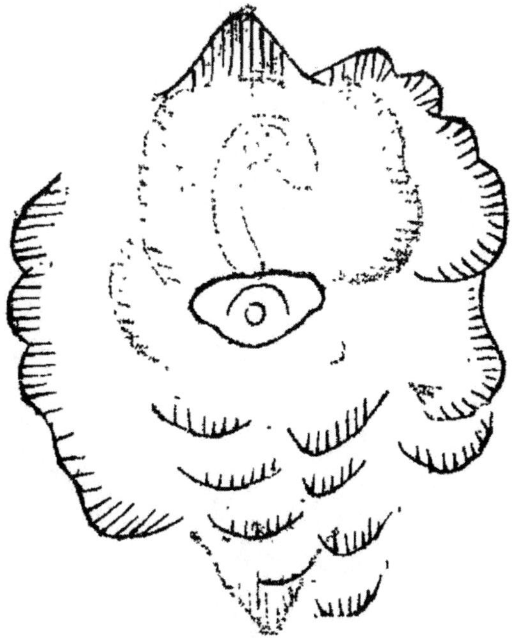

此局滿盤秀美。但無卓拔之峯。惟穴後里許秀木挺立。圓整有情。以其太遠。故至五代而後應。此可爲看砂遠近之式。

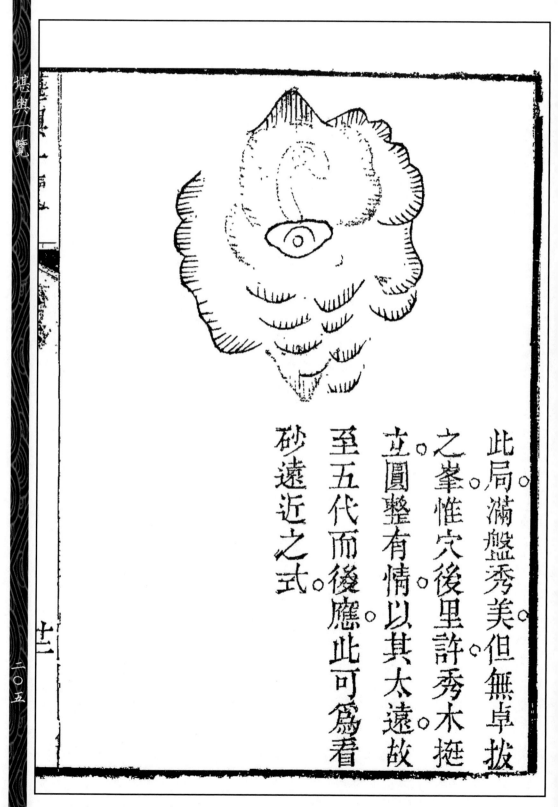

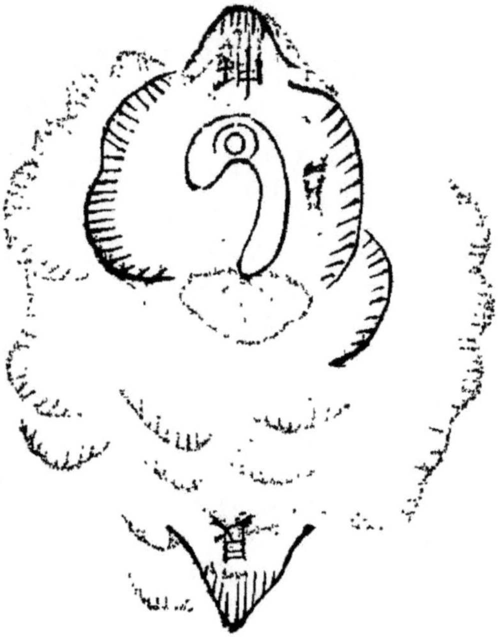

此局朝坐俱有秀峯挺拔○獻秀俱作旺砂論○坤峯作主山開面照穴有情貼身親近故應在丁未年發○艮峯尖秀作朝○去穴遠故應在丙辰年發○此可為遠近應期之例○

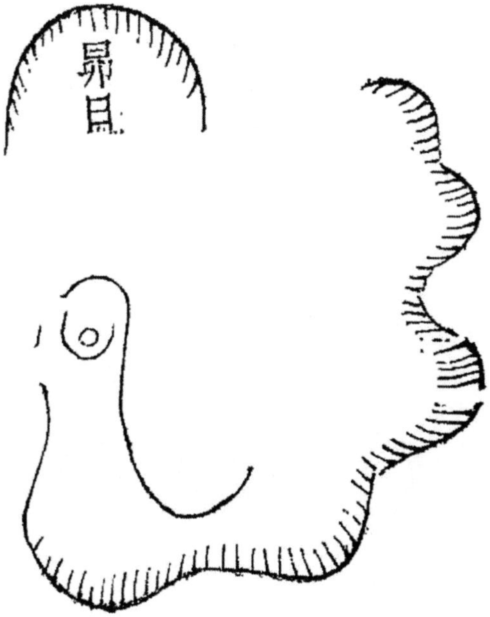

此地龍身活動而不秀惟朝山秀美形如滿月開面照穴爲旺砂又合金居兌位之格故專發女貴蓋龍粗而砂秀則龍之旺氣俱蔭于砂非砂無以發其秀也此可爲砂能助秀之一證

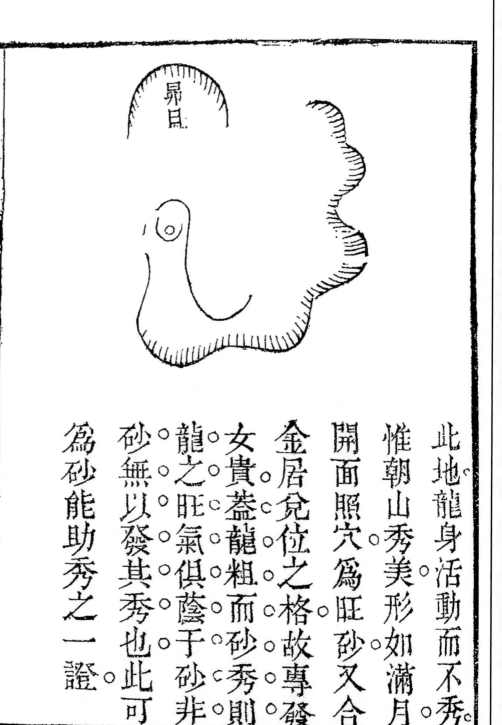

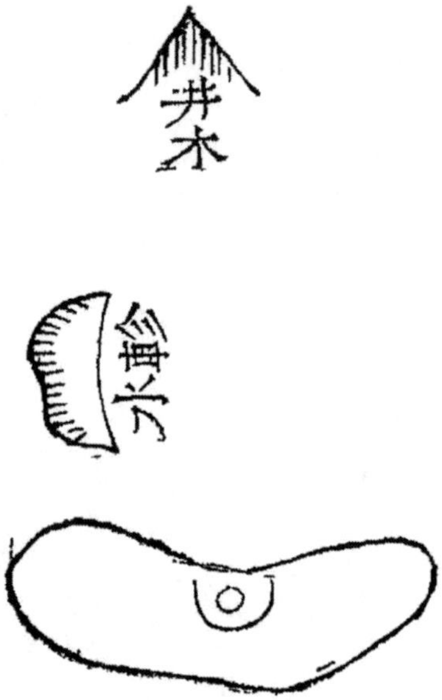

此局朝山尖秀非常固為貴徵而左砂活動秀嫩較之朝山又為親切故應在長房先發二房發遲三房無砂則通身秀旺之氣俱為長二兩砂所弔故敗絕此可為撥砂分房之證

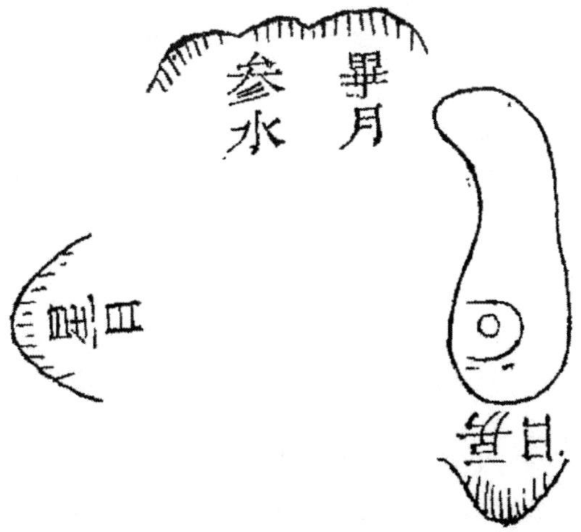

此局朝山星日有太陽金獻秀應二房左砂房日更親切故長房先發右砂活動秀美帶水形故三房小貴而女門最盛可爲全壁此三砂並秀之一式也

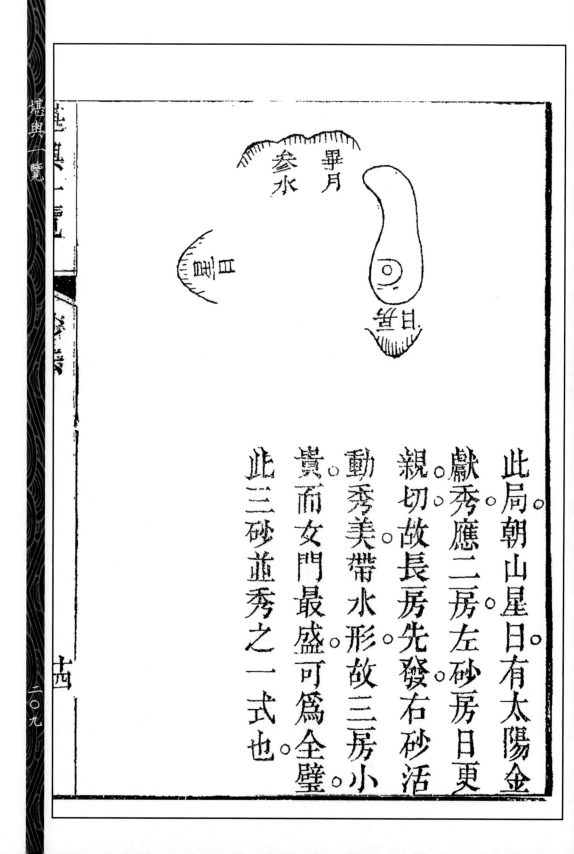

此局朝山漫長而不秀。其右侵入井度。見殺。故三房不利。長房以得生砂而大發。二房以坐山有情。故亦小貴。此可為朝山雖高大而不能為力之證。

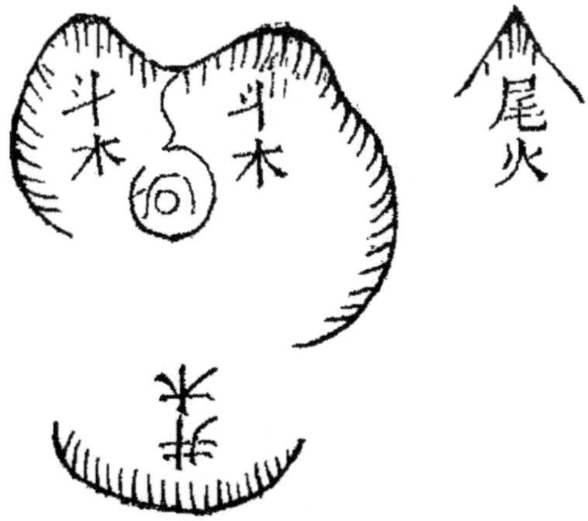

此局三木並旺三房俱有
蔭砂宜平富貴相等而但
發長房者何哉蓋木無火
不秀不得概作洩砂論惟
左肩外有一火星尖秀異
常去穴木有三里許而自
穴中視之如貼身親切故
通身秀氣俱畀入長房而
二三不應此可爲砂遠而
可使之近衆中取獨之一証

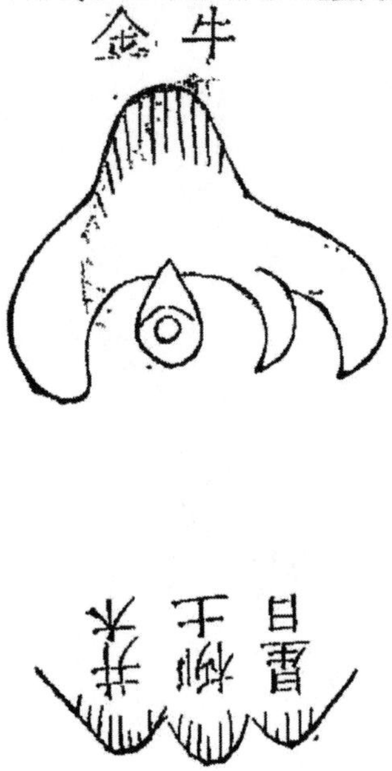

此局朝山三峯並秀。宜乎
取中。然向中土則右木爲
殺。且坐山畧偏在牛金度。
又爲淺。二三俱不利。因坐
正山頭向木土二峯之凹。
鬼金度上。則三房並吉。且
細看穴情。本不對中峯。稍
差則犯貪朝失向之誚矣。
此可爲朝不敵主之證。

此局。朝山翼火獻秀。本是
吉局。奈左有軫水爲殺。若
向水度。則又失穴情。何能
育秀。美中不足。大地亦然。
惟有棄而不用可耳。若貪
其秀美。未有不爲害者。此
亦可爲論砂去取之一證。

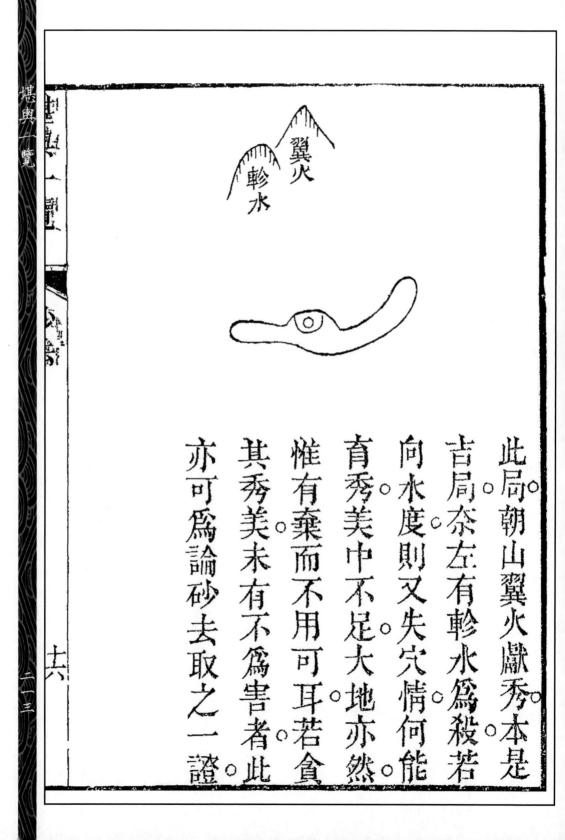

此局水火並秀有既濟之美。無相戰之害。宜立星日度向以全收其秀凡若此類。須以意會。如金木並見。則立水火向以收之。不必以對空為嫌。此又立向中權宜之一法也。

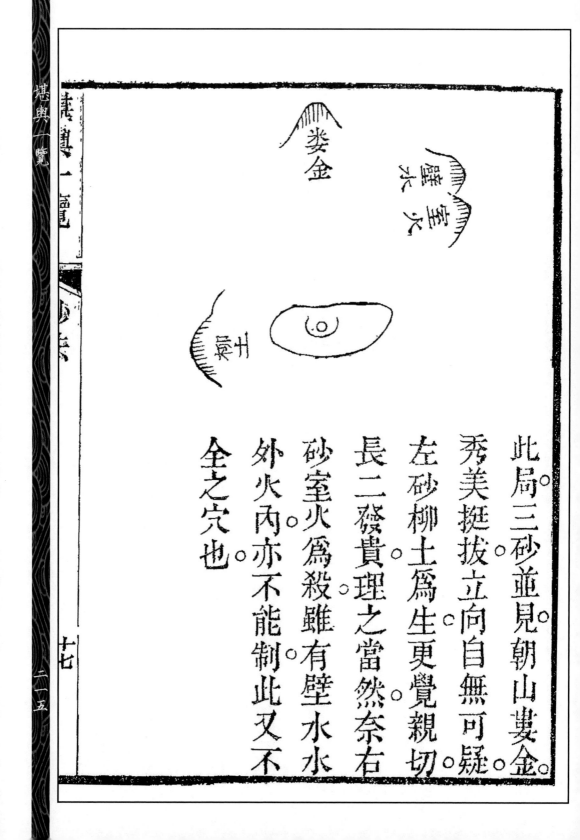

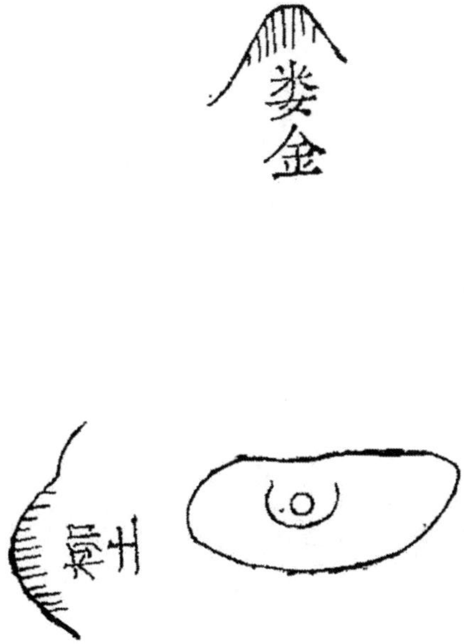

此局三砂並見。朝山婁金。秀美挺拔。立向自無可疑。左砂柳土爲生。更覺親切。長二發貴。理之當然。奈右砂室火爲殺。雖有壁水。水外火內。亦不能制。此又不全之穴也。

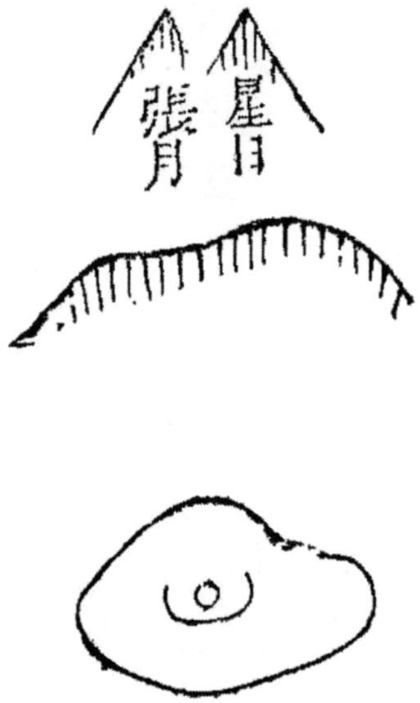

此局日月並秀向取其中。此亦雙峯對空之義也。且近案有橫土高張。兩火出其上。有日出扶桑之象。最爲尊貴。

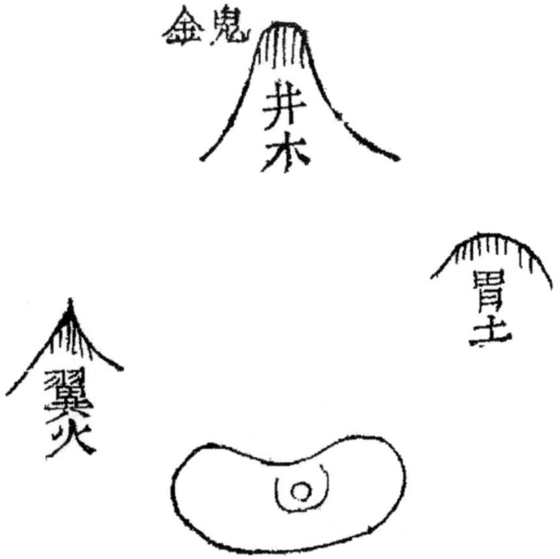

此局。朝山井木秀拔。本吉。奈左肩上。側出一山頭。巉巖帶石。形如鬼臉。又在鬼金爲殺。大凶。殺在外。主有外人暗算。左砂翼火。本爲洩。以能制金。凶不爲灾。右砂胃土生金。爲引鬼入室。故二三兩房。凶禍更甚。此可爲吉內藏凶之一證。

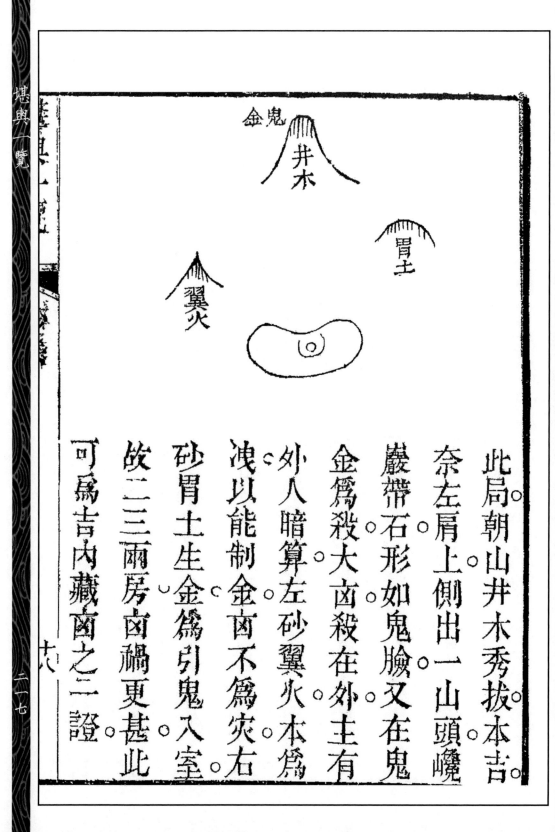

既爲朝山井木秀美本吉。奈左砂有一小山在鬼金。爲殺殺在內主我去傷人。大凶右砂有山作水形又在參水度爲生砂大妙且能通金之氣化殺爲恩則長房人之惡惟三房人能勸化之而長二則不免相關矣。此可爲吉中有凶凶可化吉之一證。

一穴居中前朝後坐左龍右虎此河圖四正之義也加之以城郭周遮則洛書九宮之義也是故認穴之次卽宜觀砂砂也者中極之餘也然而執定此法以求死穴固錯而或者又謂執定此法不得眞穴亦錯執與不執與認穴總無交涉穴猶我也砂猶人也我之不存人于何有有我而後有人知巳而後知彼觀砂之義亦猶是矣易曰崇高莫大于富貴貴莫貴乎乾富莫富于坤以乾求坤地天交泰富貴孰大焉故曰崇高富貴顯中極也統而言之天下一統是爲太

極有君不能無臣于是散之而爲萬則天下有若干之富貴富貴又有若干之等級隨其大小莫不各具有一極之量此卽觀砂之妙義也是以六尺之墳可以爲邀富貴之具確然而不爽穴爲我砂爲人我有我之富貴人亦有人之富貴以我之富貴與人之富貴此絜較量而後應之此之謂禮穴有穴之富貴砂亦有砂之富貴以穴之富貴與砂之富貴比絜較量而後用之此之謂和是故穴不必皆主砂不必皆奴穴爲主而砂爲奴則可頤指而氣使之若穴爲臣而

砂為君穴為子孫而砂為祖父則當察其喜怒好惡而不逆其情意之所向如子事父得其恩養如臣事君得其寵眷砂之為力不綦重乎雖然又有說焉五行一氣本無生克生克者盛衰之謂也如金能克木木衰金盛則木先自餒金又何必以克之哉苟其木盛而金衰則金適足以成木之用而不能為害以此推之而五行之生克可以曉然矣是故撥砂之法觀形為要生克次之姑復記此以補砂法之不逮

堪輿一覽

太平山人孫稚玉竹田氏著

吳下舟中草共三十二葉

平陽說

平陽往來圖說

山龍相生圖說

平陽三法圖說

弔浜　剪水　分局

平陽論

平陽者山之餘脉也天一生水柔而下流地二生火剛而上升水火之氣一升一降相摩相盪而大地以成聳而爲山衍而爲平平也者界乎水火之際者也水火既濟坎離媾精天地之化機乾坤之大用于是乎盡行發露而人物以蕃草木以茂爲生人安居樂業之所英雄豪傑爭名奪利之塲都邑據其勝鄉井盡其利生于斯者葬于斯天地自然之數固當如是乎文嘗聞之須彌山是天地骨尊居中五八面鋪張

而東南最爲卑濕之處古稱文物反推江左想亦地之生才非水不秀也耶然水能載舟亦能覆舟吉則爲膏雨爲甘露普潤萬物而淫雨潰流反足爲害葬平之理無以異此故復有平陽之說焉昔人因其地勢而分之爲三等其在山中落平者爲山地平陽出山綿亘者爲高田平陽汪洋四望水道交流墩圩灘蕩大小相錯則名澤國平陽名雖有三大約山勝者重龍氣水勝者從水法從山從水法雖有異理則相通何則葬者乘生氣也龍之生氣現于脉山勝則脉

現有來有止雖崩洪度水而與受分明其所止處必有穴情之可觀不論大小水纏繞不過爲蔭龍蓄氣而已故其所重在得龍氣水之生氣現乎光水中之地去山已遠其氣下行仰而作息如蔓菁之屬未嘗無根然非目之所能覩昔人有云平陽莫問龍水遶是眞蹤非不必問直不可問耳不可問而强問之曰某來龍某過峽是誣龍矣其徵安在龍不可徵故徵之于水有大水以包之于外必復有小水以界之于內方爲水遶水遶則氣蓄矣以水之遶處爲龍之止

處亦可以水之達處爲氣之生處亦可故曰眞踪眞踪者言其確有所據而無疑也所據在水則其所重不得不在水矣且以五行言之水爲天一以氣上下無不周徧水中有光即其生意之勃然處善葬者因其生意而即以棺接之是以葬乎之法其用在地而其情則在水此水能空龍之說所由來也作法雖多取其適用不過三法足以該之一曰弔浜一曰剪水一曰分局明乎此者路路皆通任意剪裁無不中肯亦可以爲救貧之一助云

陰陽往來交易之圖

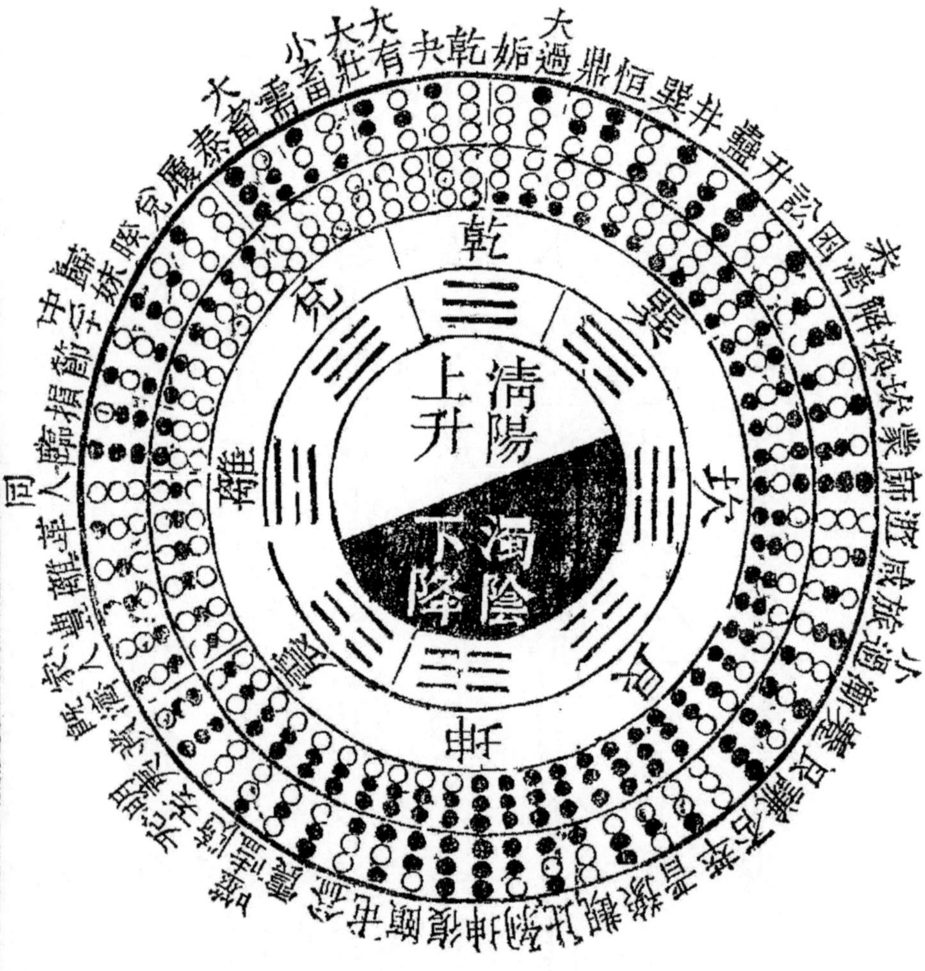

水何以謂之龍曰龍者氣也水有氣至故亦可謂之龍氣何以知其至曰水至則氣至矣氣至則穴在矣易不云乎寂然不動感而遂通平陽之穴多用邊角則感而遂通之義也去水遠者其氣不接名爲死土則寂然不動之義也水何以能感曰陰往陽來屈信相感而利生焉水動爲陽地靜爲陰此以陰往彼以陽來交情見矣交則通通則利生觀之卦象不其然乎乾坤往來而生六子六子往來而生六十四卦一陰一陽兩兩相對明乎此者可以知作平之法

陰陽相生變化之圖

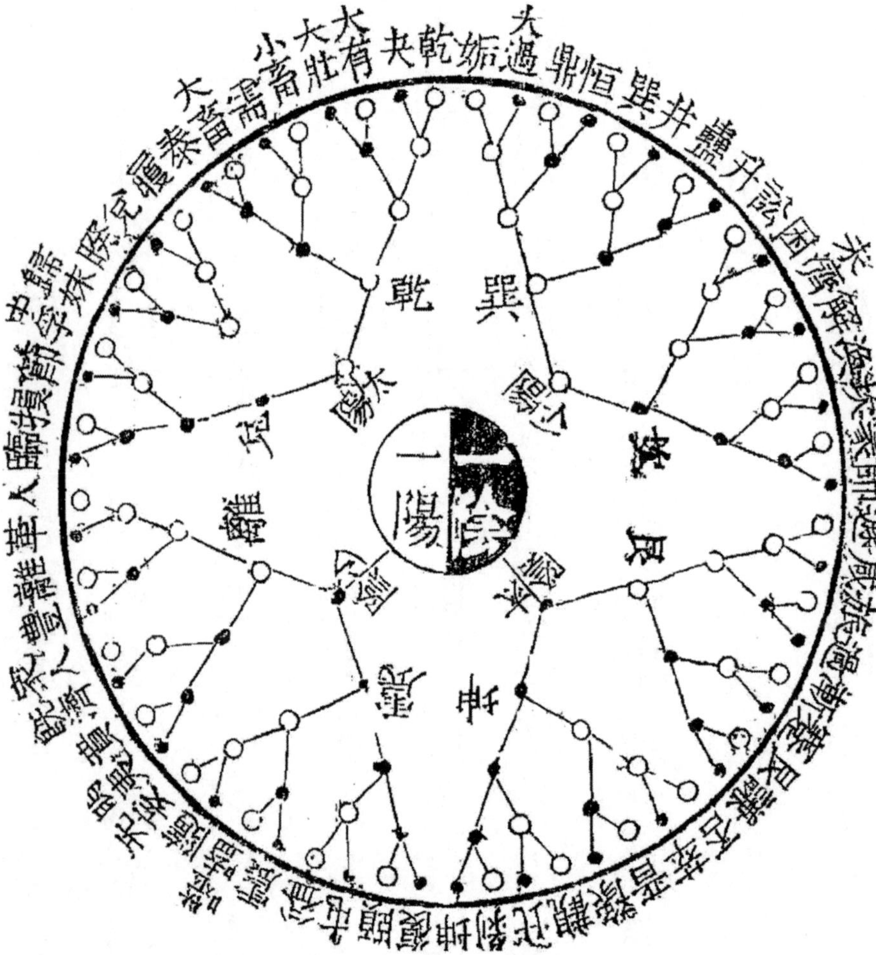

易曰一陰一陽之謂道道無乎而不存道無乎而不通是以序之則若魚貫列之則如雁行節節相生局局變化一可萬萬可一無盡無不盡無初無不初祖與孫隔世而不相識父與子繼世而不同德求其在我勿用依人微乎神乎觀山妙義其如示諸斯矣是豈淨陰淨陽左旋右旋等說之所能夢見哉因論作平之理故并及此以為觀山者升堂之一則

弔浜

弔頂之法以浜頂爲太極而迎其一綫之氣貫入棺中如小兒食乳之義葢平陽之地忌實而喜虛實處爲死土故必于虛處乘之虛則能受水必盈稍水至則氣至矣氣之至處是彼以陽來我則相其地形之遠近親疎而接之是此以陰往陽來爲噓爲施陰往爲吸爲受故曰如小兒之食乳

平陽要大水包小水葢大水爲公爲過客小水爲私爲主人故大水之旁必要一浜揷入活動有情水自

外入則氣亦自外至至于浜頂則必廻旋而欲止是以浜頂要圓廣而深使水有蓄處有蓄則如人之有家室安頓大河之水猶如外客呼吸相通可以招攝而爲我用故謂之太極浜短而淺則氣不蓄矣如鼠尾則氣不注狹而直則帶殺不可用也浜太長則要有曲有蓄有小水分枝曲處有情爲龍腹穴則爲龍水中有小洋水于此蓄亦爲龍腹則爲分局小水之中又有小水分枝界限此地最靈用浜剪水皆可取用長而直則爲無情不可用也

弔浜圖

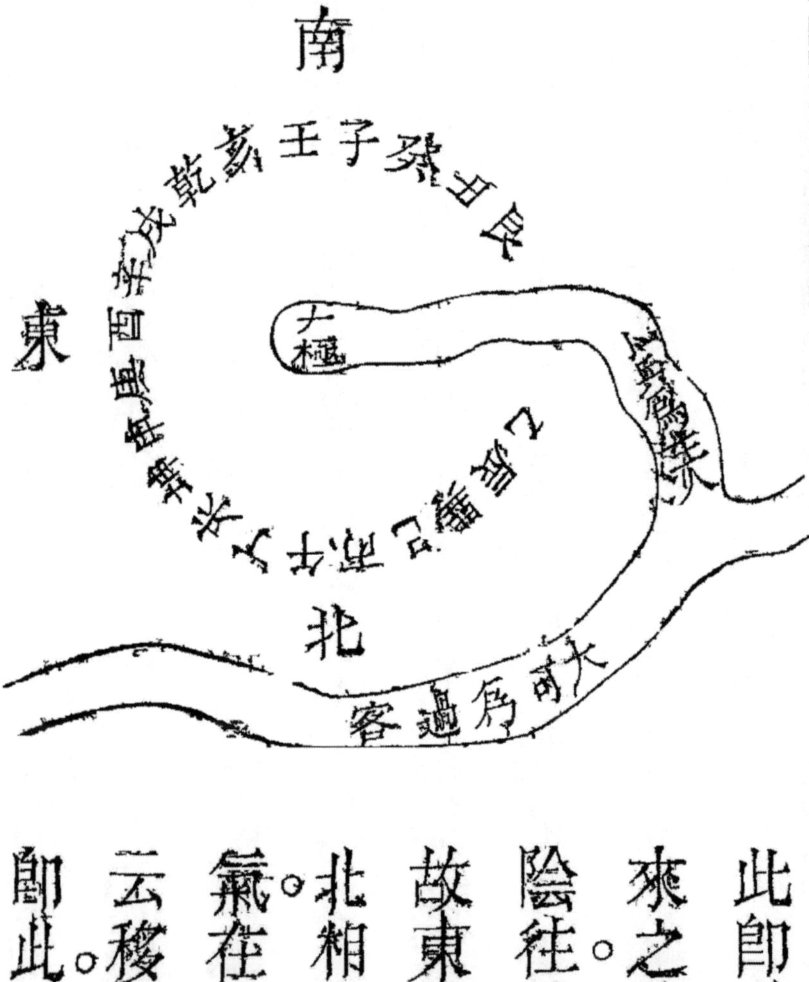

此即前陰陽往來之圖也○此以陰往○彼以陽來○故東西易位○南北相反○二十四氣○在在可通○所云稜步換局者即此○

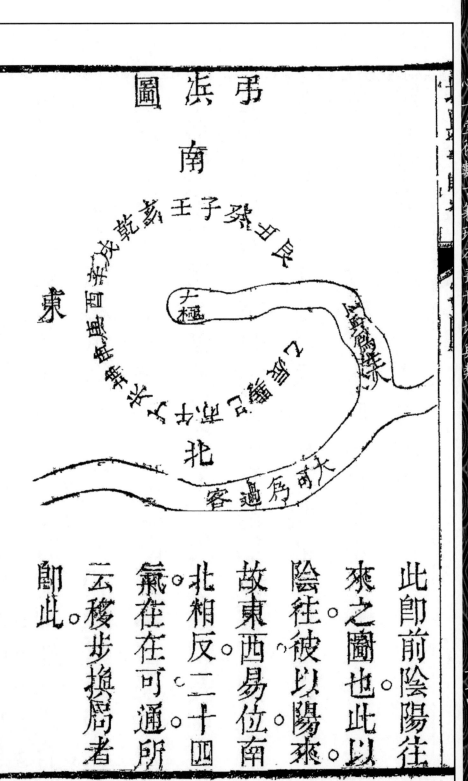

南

正穴坐水弔庚氣
借穴朝水弔庚氣
旁穴朝水弔艮氣

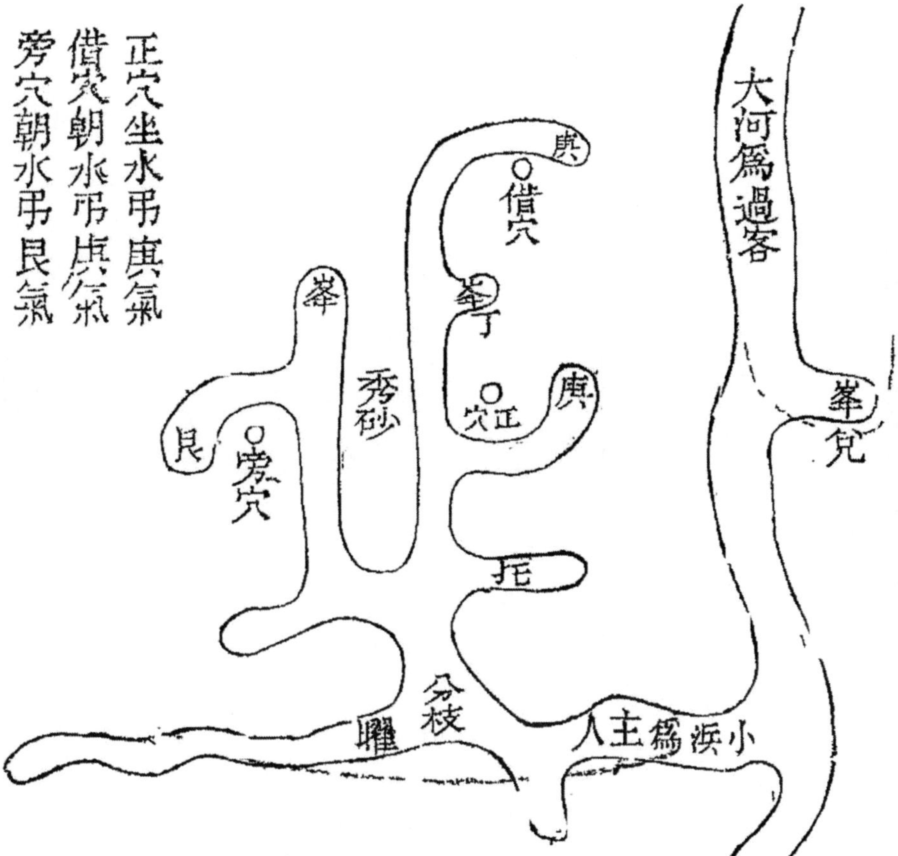

一浜揷入分枝。靈動弔得浜氣。全局俱收。此可爲長浜分枝之式。

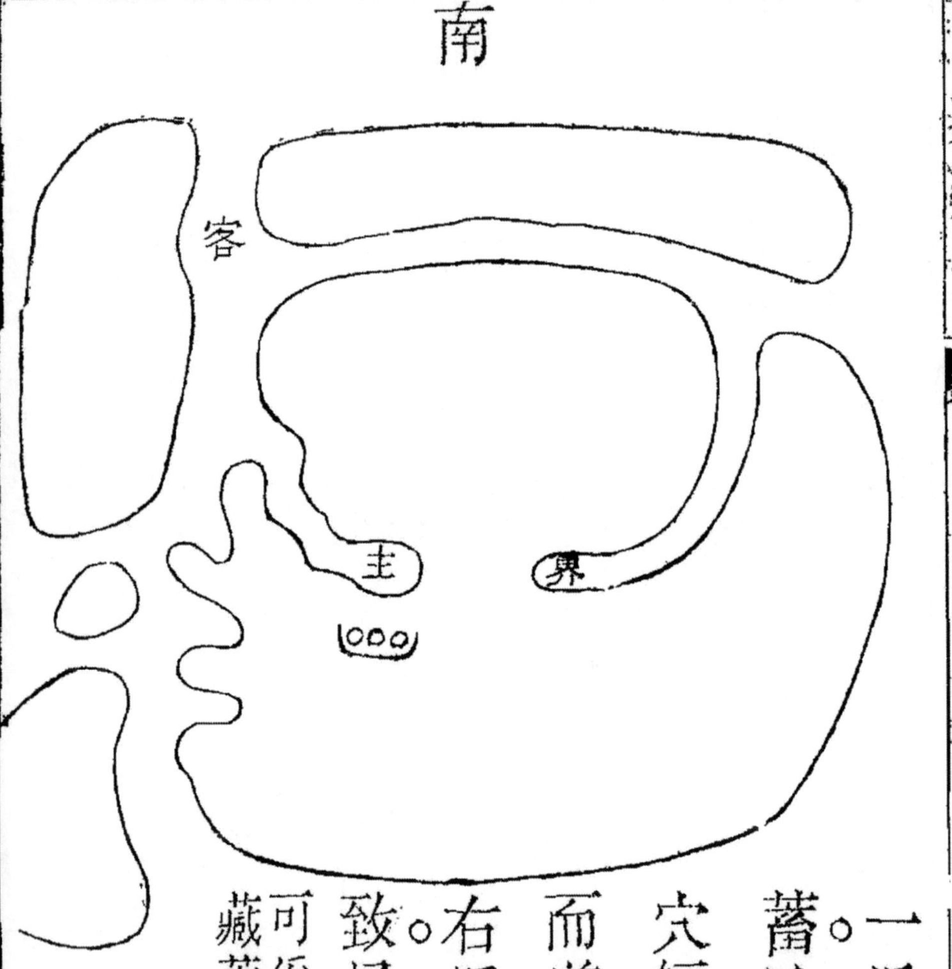

一浜插入。圓淨有蓄。地甚寬厚。而立穴偏在邊角。此感而遂通之一證也

右浜雖長。死直無致。只作分界論。此可爲短浜要活動藏蓄之式

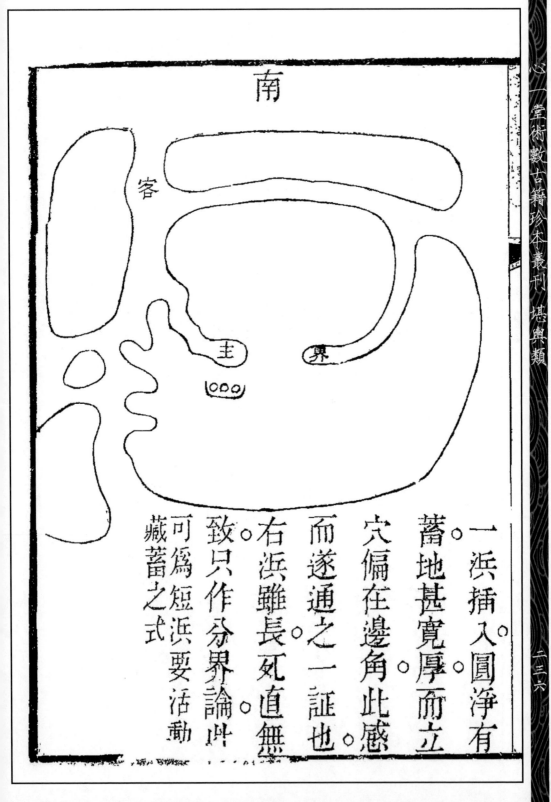

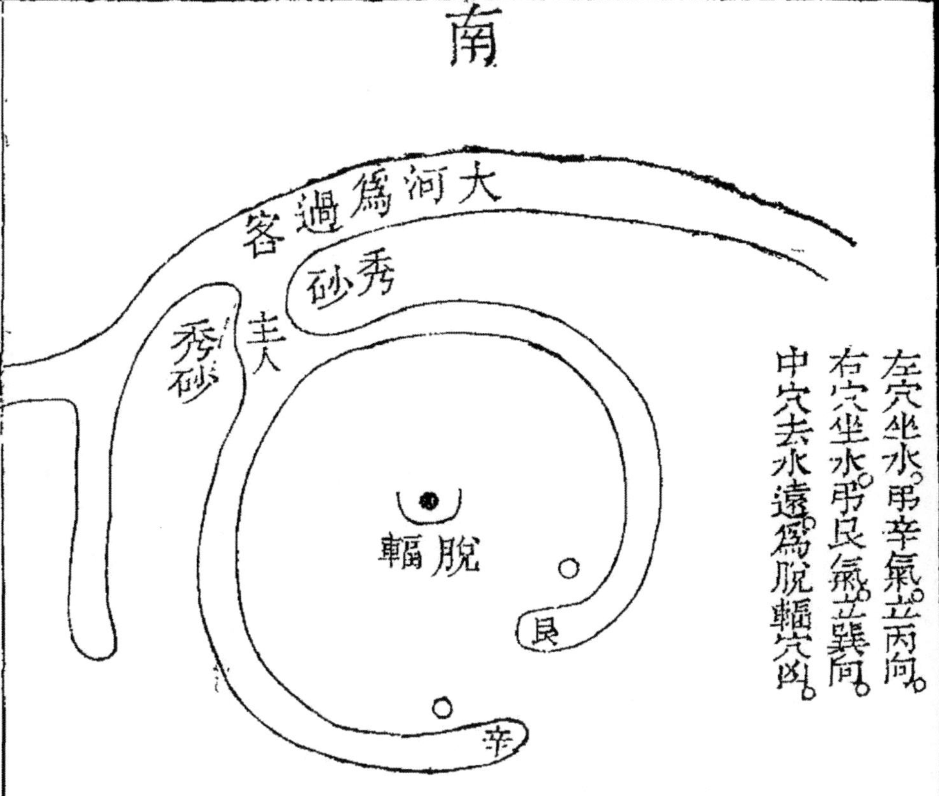

左穴坐水。弔辛氣。立丙向。
右穴坐水。弔艮氣。立巽向。
中穴去水遠。爲脫輻。穴凶。

凡兩浜並插之地。地形小者。方可居中下穴。若地勢濶大。只宜倚水。作飛邊弔角之穴。如左右二穴。有艮辛之氣爲主。方能招引客水。爲我用神。如車之有輻而後能行也。中穴無主。故曰脫輻。此可爲中邊虛實之式。

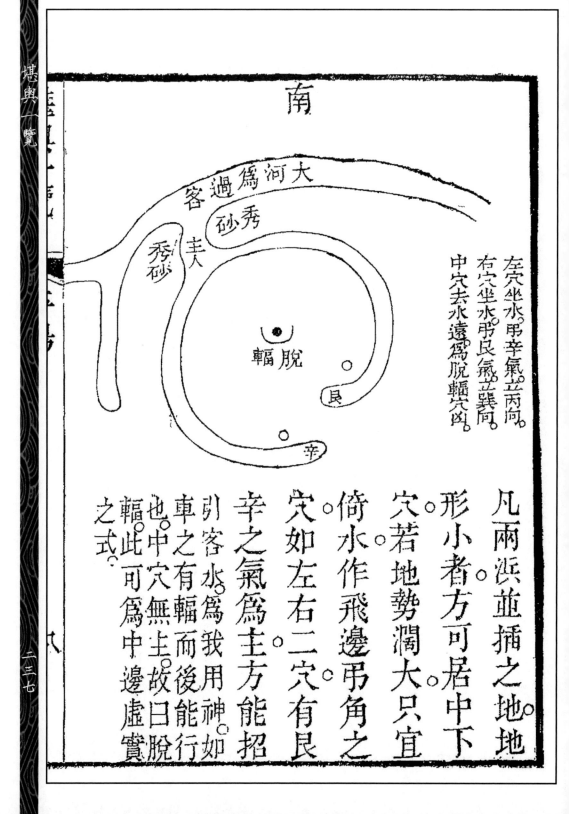

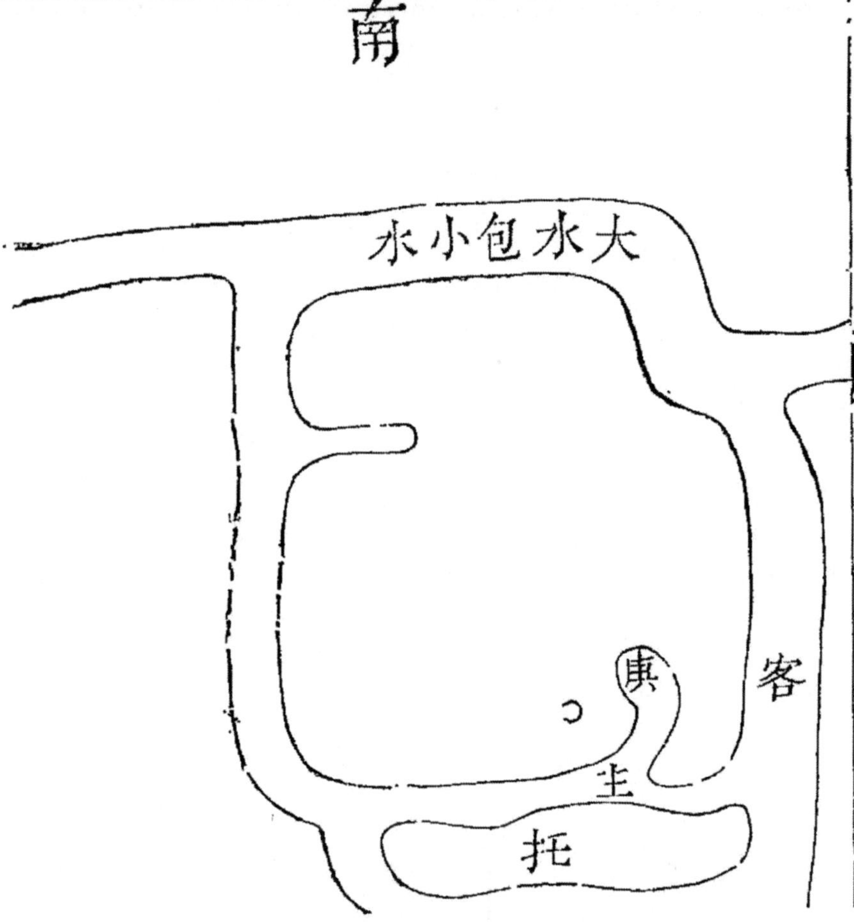

呆板大地。一浜插入。通身靈動。此可爲地大尋邊角之式。

南

一穴雙受巽辛之氣。辛親巽疎。親者權重于此。可以知雙受親疎之法。

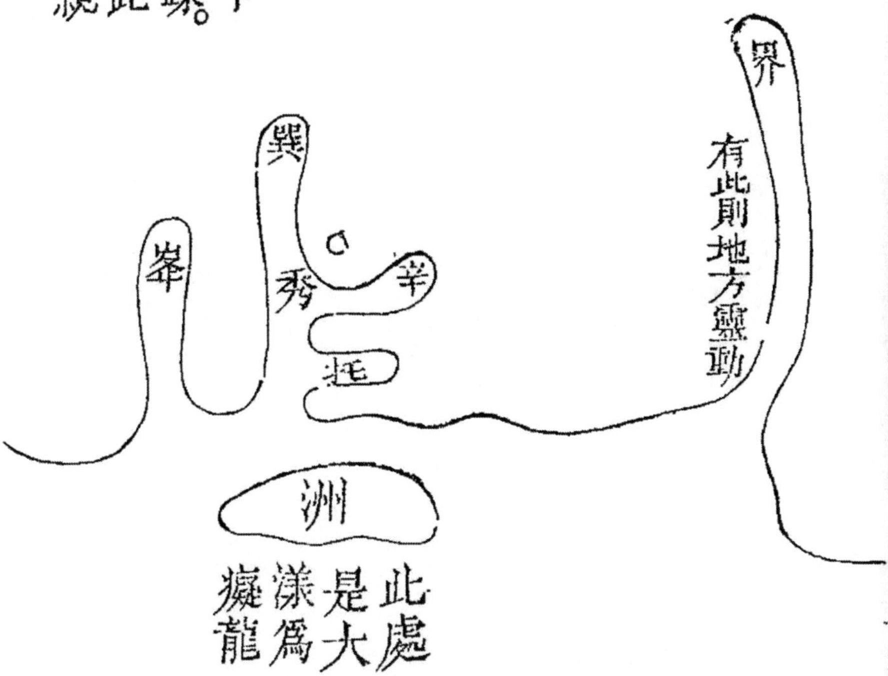

凡湖蕩之間。水面太大。氣散不聚。號為癡龍。不可立穴。必得一浜插入。則立穴有倚。名曰癡龍出秀。反主發福綿遠。天元第三歌言之最精。此可為大水旁立穴之法。

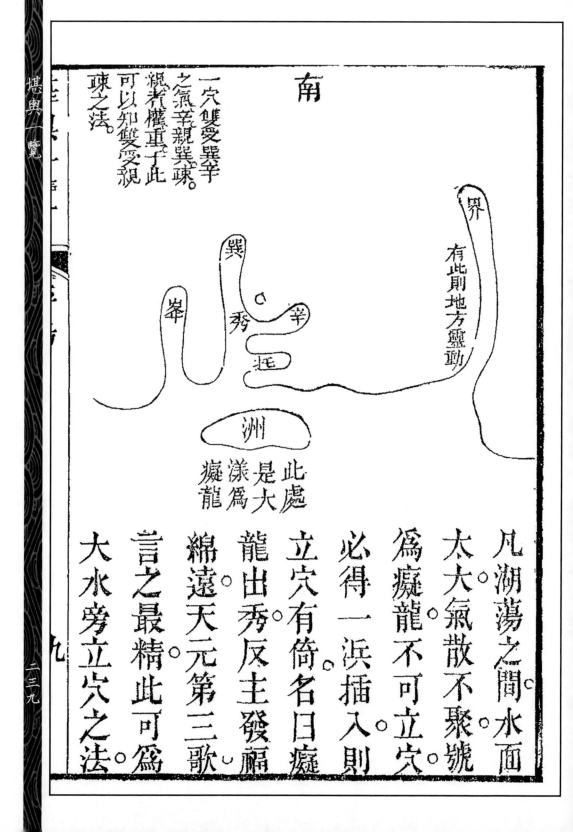

千畝汪洋。一浜插入。此誠癡龍出秀之至美者矣。因湖光照入太大。浜氣不能作主。又不可作弔浜論。而作分局論矣。于此可以想通變之法。

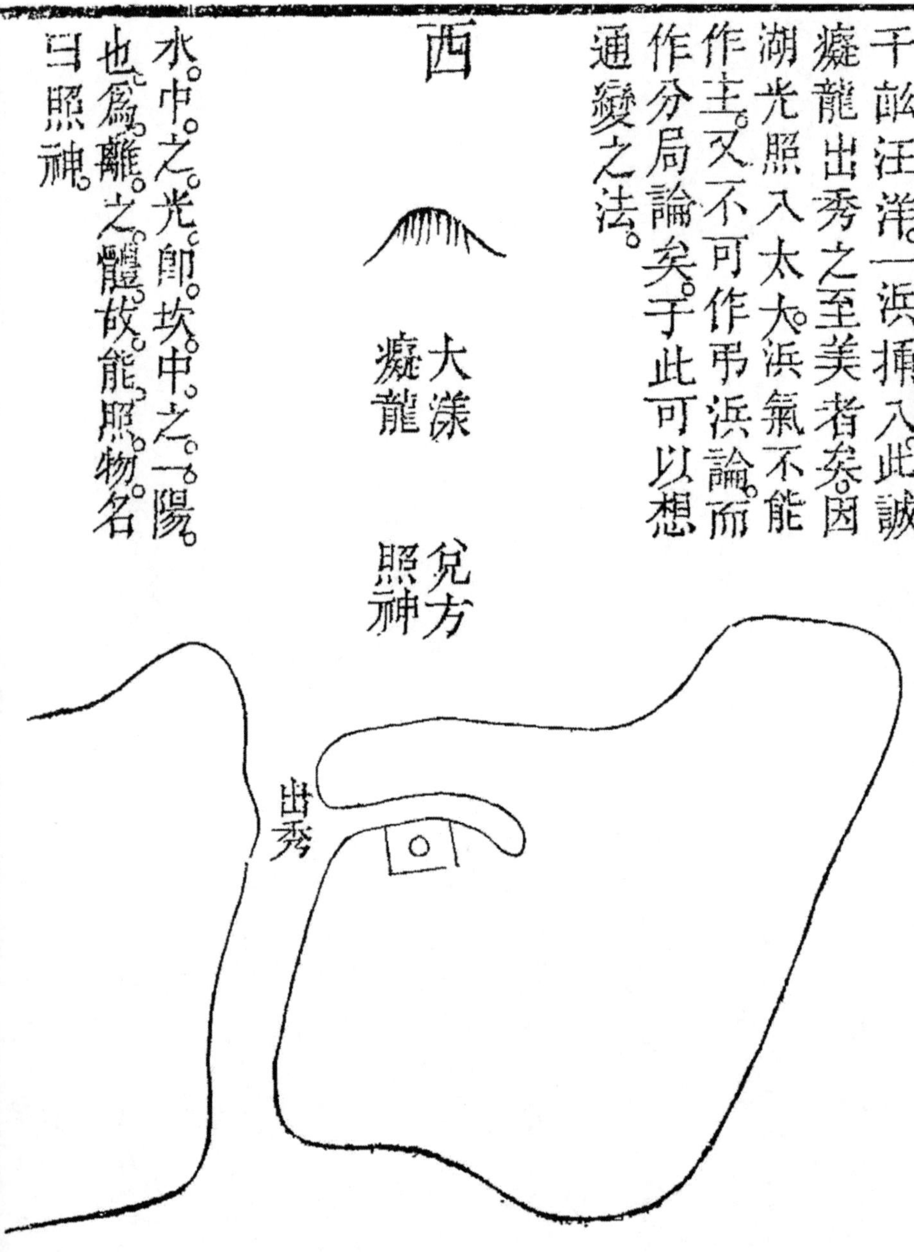

水中之光。即坎中之一陽。也爲離之體。故能照物。名曰照神。

二穴俱藏俱秀。上穴坐水弔辛氣。本吉因漾在乾方凶神照穴破局奪辛之權。吉反爲凶。下穴朝水弔庚氣。立辛向合生成之局。本妙。又漾在兌方助局之旺更吉。于此可以知移步換局之法。

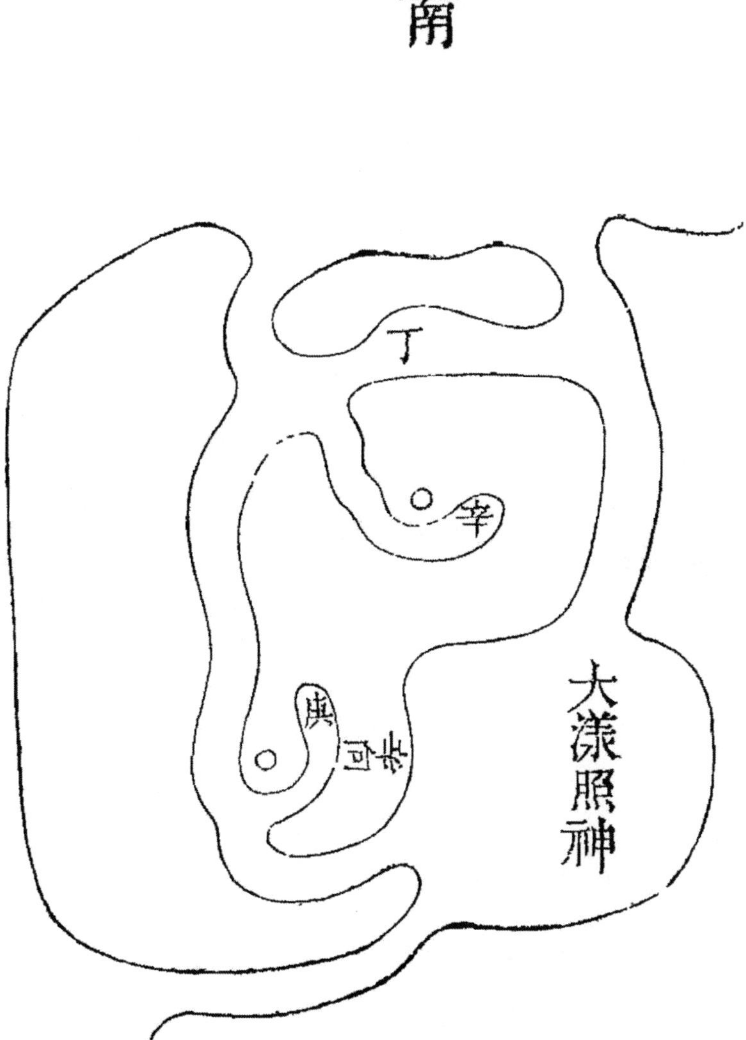

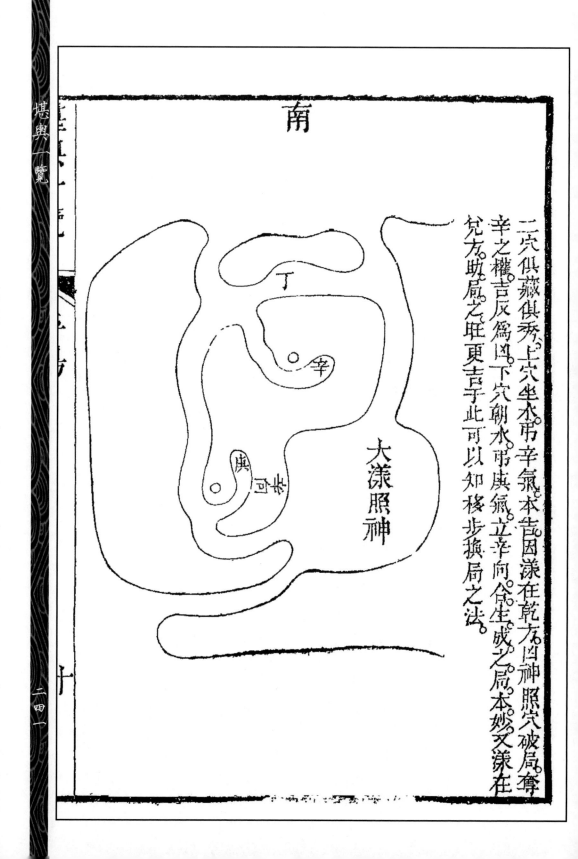

此處坤方大漾照神

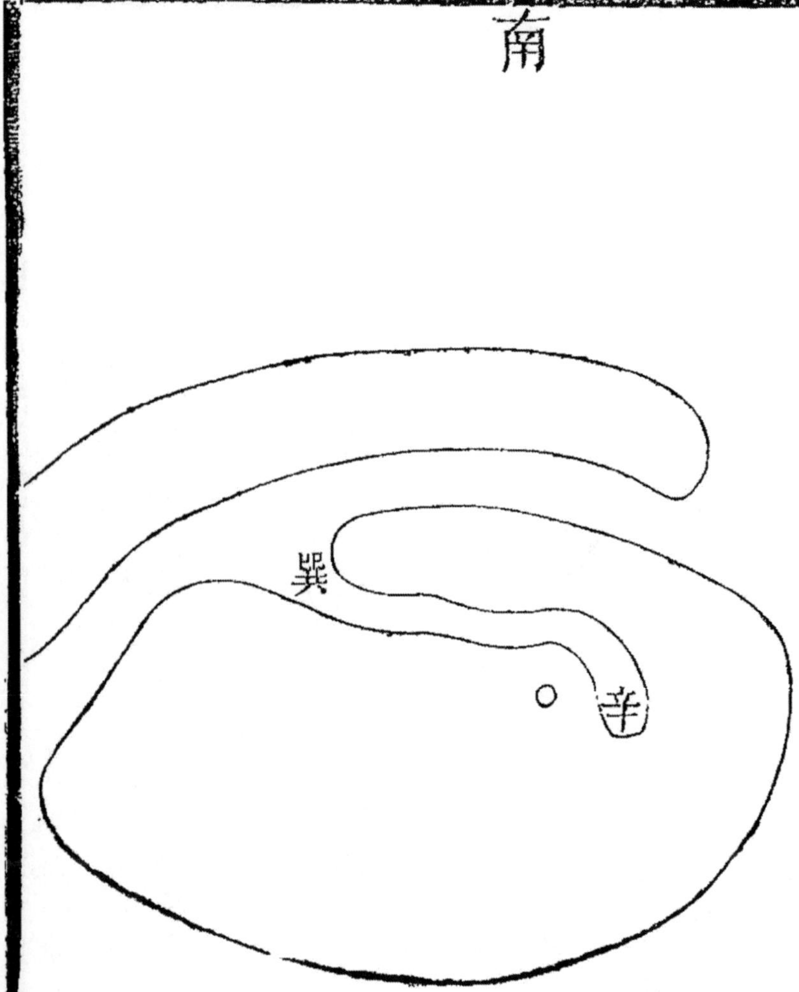

朝南倚水。另辛氣受巽氣合辛納甲局。大妙。坤方有大漾。水光照入為凶神破局。因穴藏砂。厚有力。辛氣。入深。又有巽以納之。力。大。有權。坤水雖照入。無害也。于此可以知凶神不能破局之式。

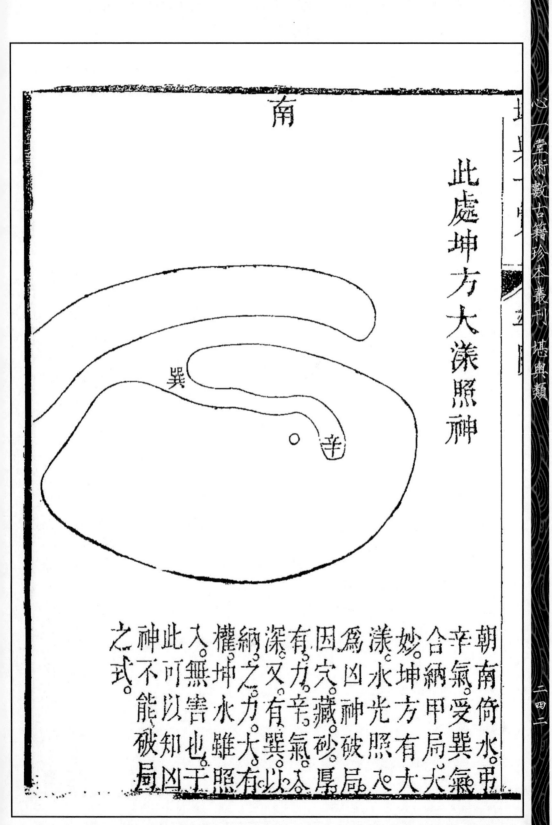

平陽多東氣之穴以地之靈動在于薄處故也
平陽之地宜于厚實厚實則龍氣足而立穴則
必在于薄處于此可以類推

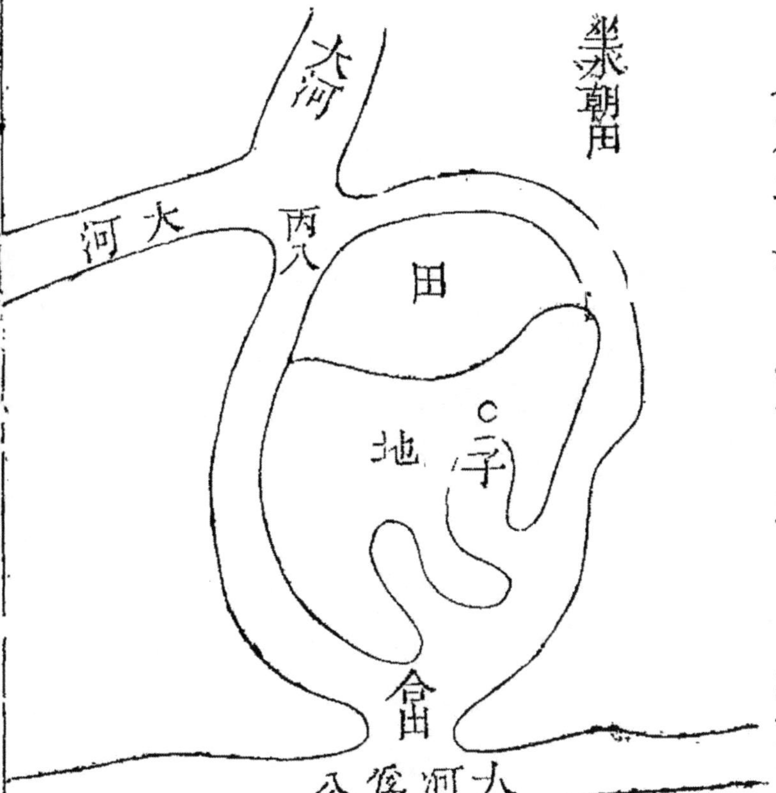

南

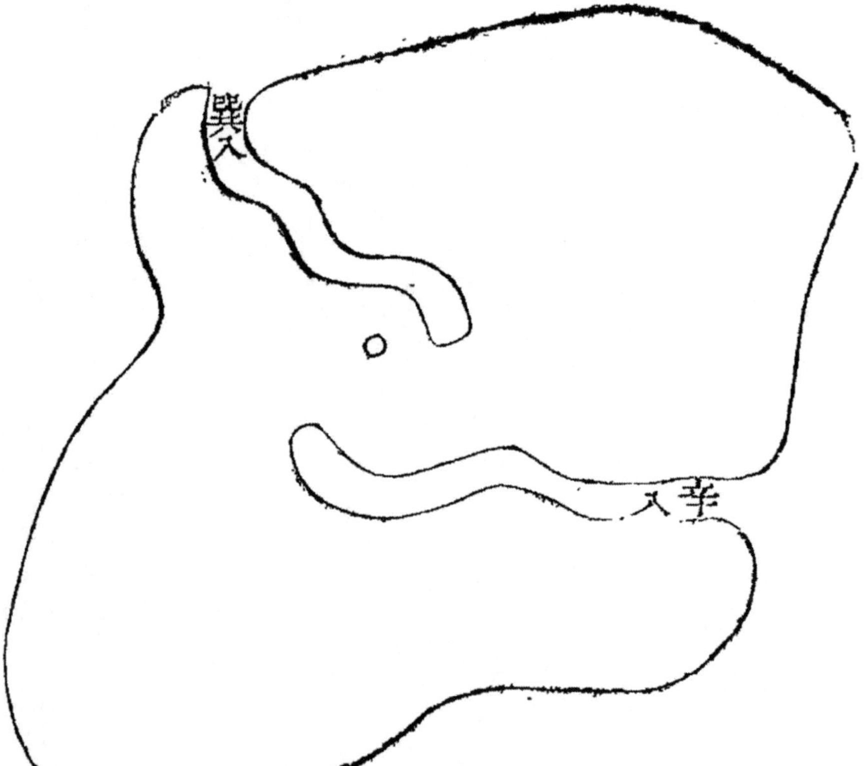

此地最厚實氣足兩浜插入靈動極矣然而靈動即在兩浜之間求氣之處合此則兩頭俱呆板不可用矣故謂之束氣穴即山龍騎龍斬關之側也

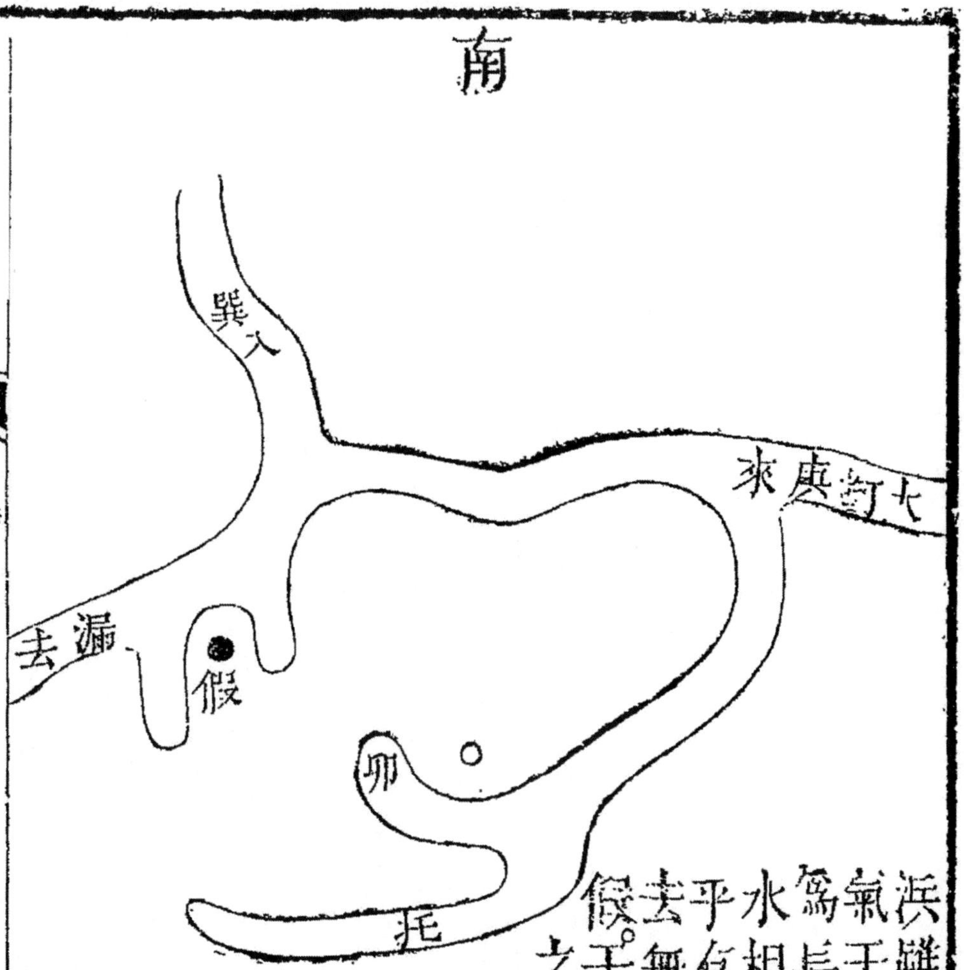

浜雖長而活動有力。氣于此息。而餘氣拖爲長砂。故古外宍兩水相夾。後水爲托似水有情。然左水已漏平無關。氣不能息。故去于此可以知漏道假之害。

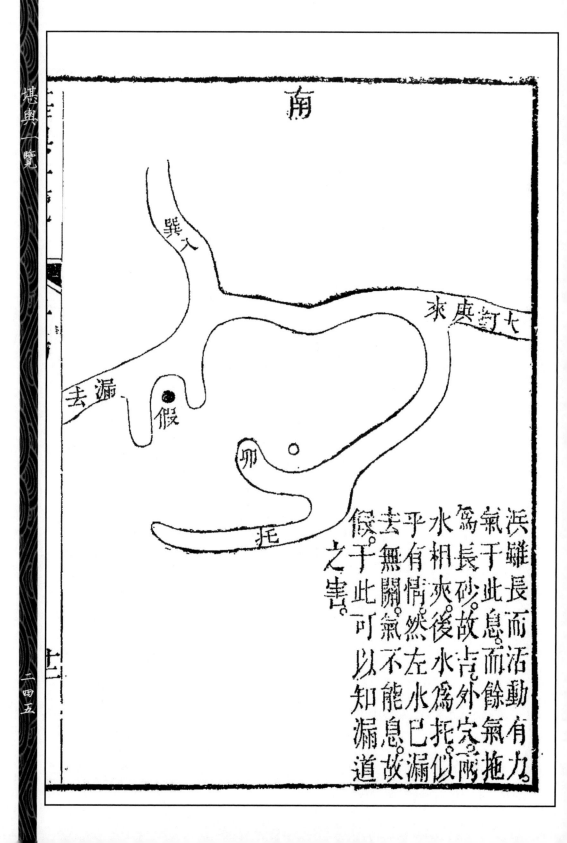

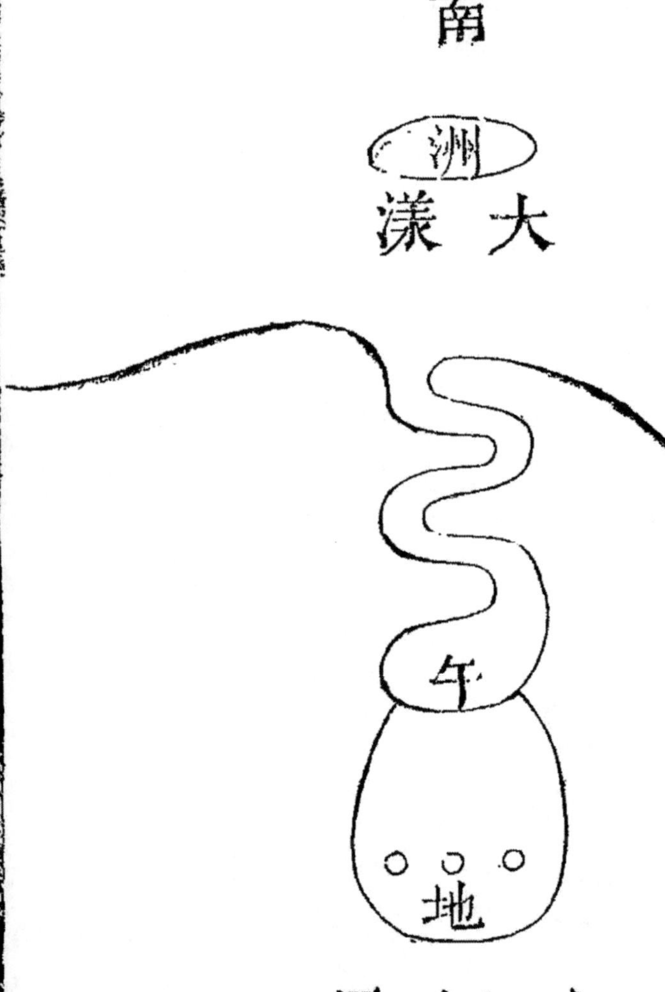

大田之中。絕無動靜。惟有一浜插入灣環注蓄。外朝大洋。水光動天。因坐進作穴。以避其鋒。形如魚脊。四面低田。一望無際。亦奇穴也。

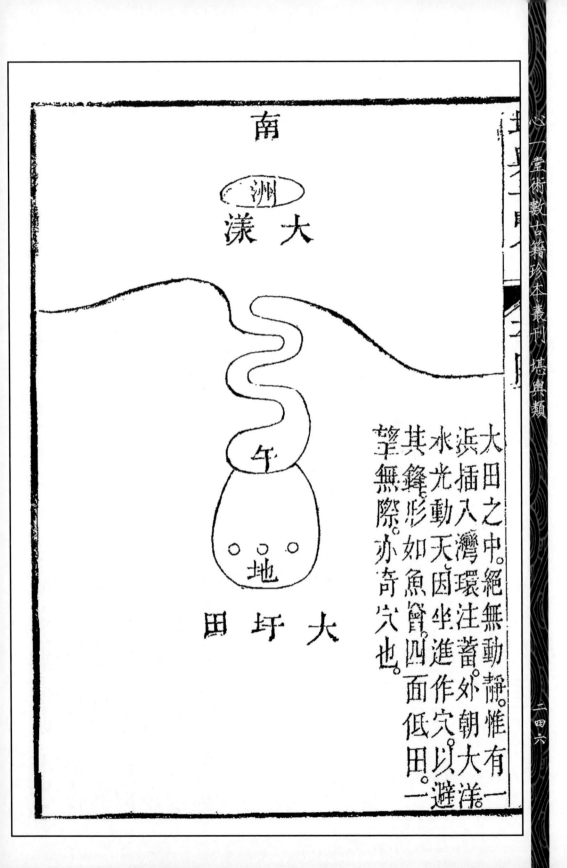

水鄉每多開塞之
患。若一向平塞。不
肯妄動。故引此二
條以爲前鑒。

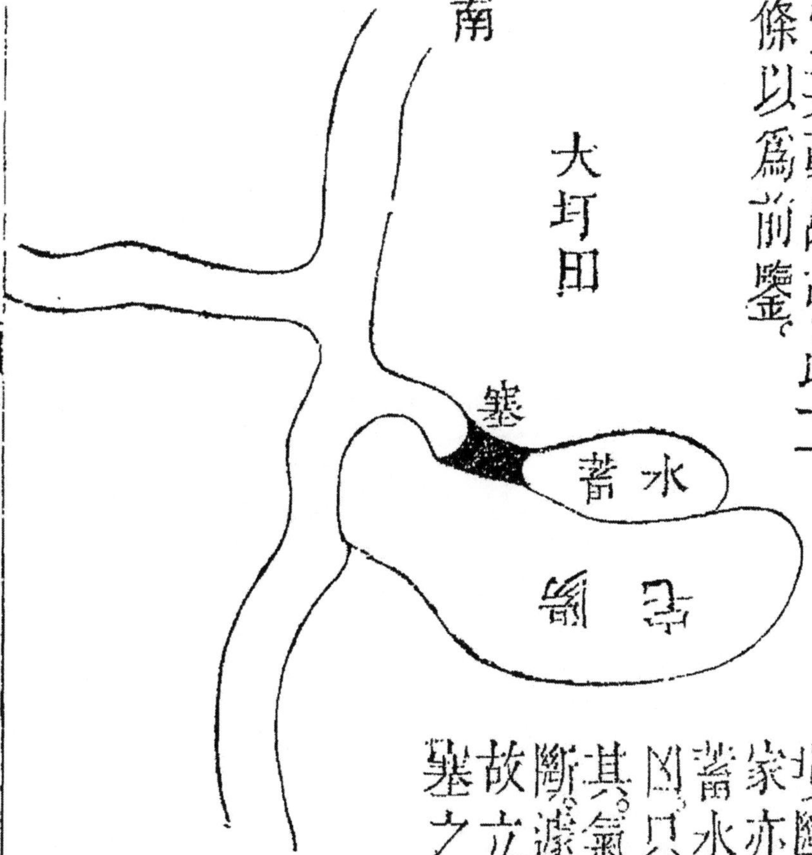

此地。居入木當秀。前一
時師謂犯黃泉水。令眞
塡斷水路。即連喪數丁。
家亦隨敗。若論離方消
蓄水。作坎局論。亦不爲
凶。只因巽水一向流通
其。氣。呼。吸。相。接。忽然塞
斷。遽。令。氣。絕。而。爲。死。水。
故立見凶。此不當塞而
塞之一證。

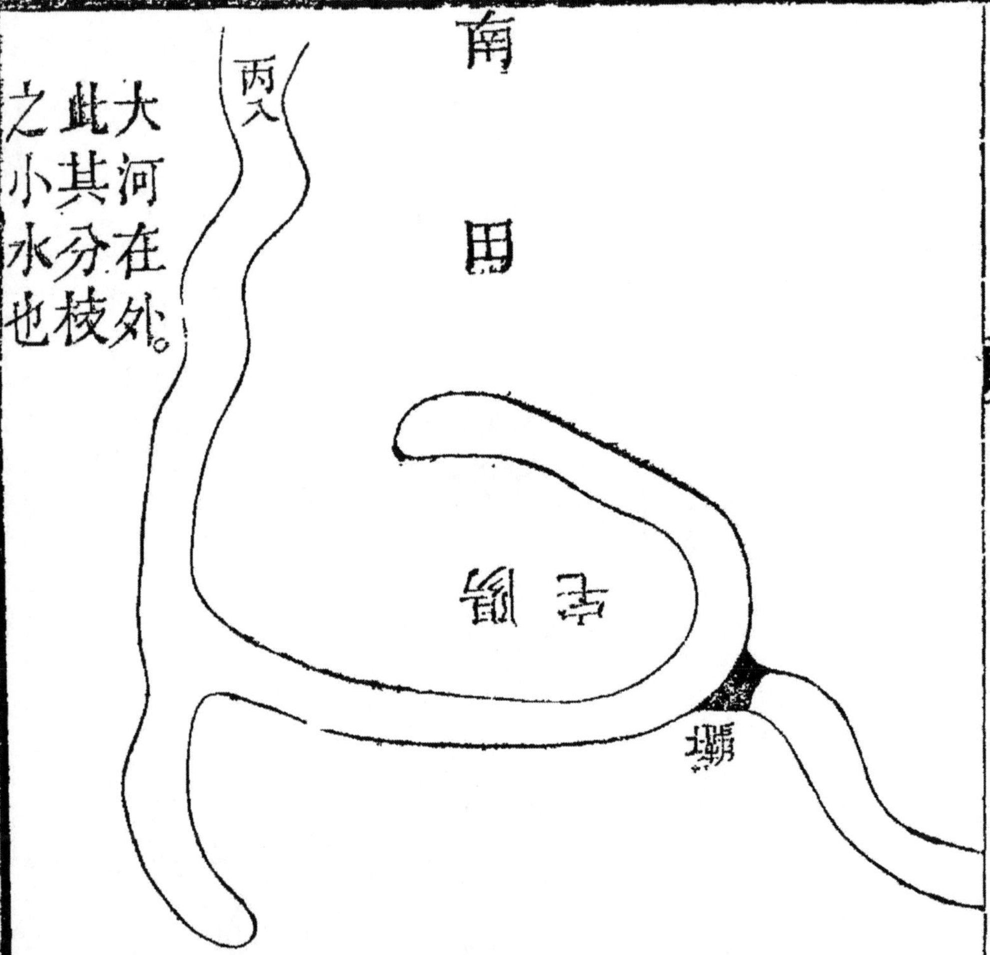

此地。去水原有一壩。居人富應。有一時師。善談三合。謂水不歸庫。令掘通水口。作寅午戌局。殊不知此壩一開。已犯。瀉道正。氣洩。盡。而不可救矣。其村立敗。西北居人尤凶。因復塞。斷數年乃安。此不當開而開之一證。

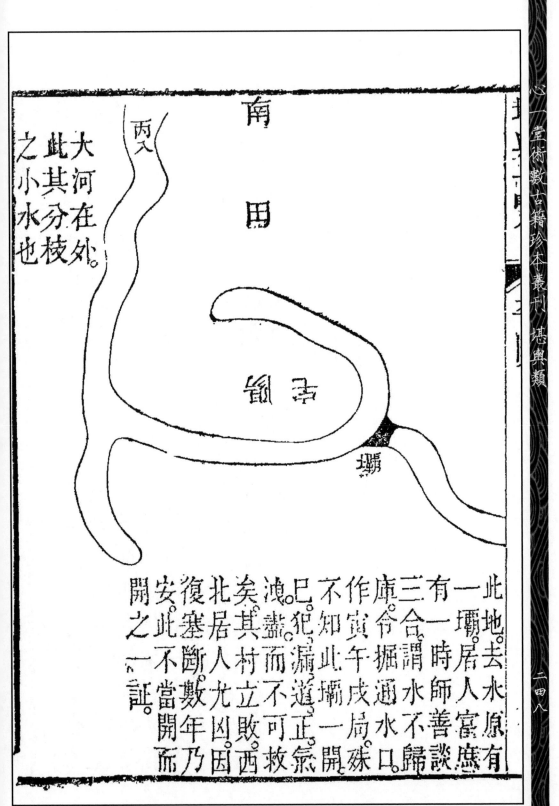

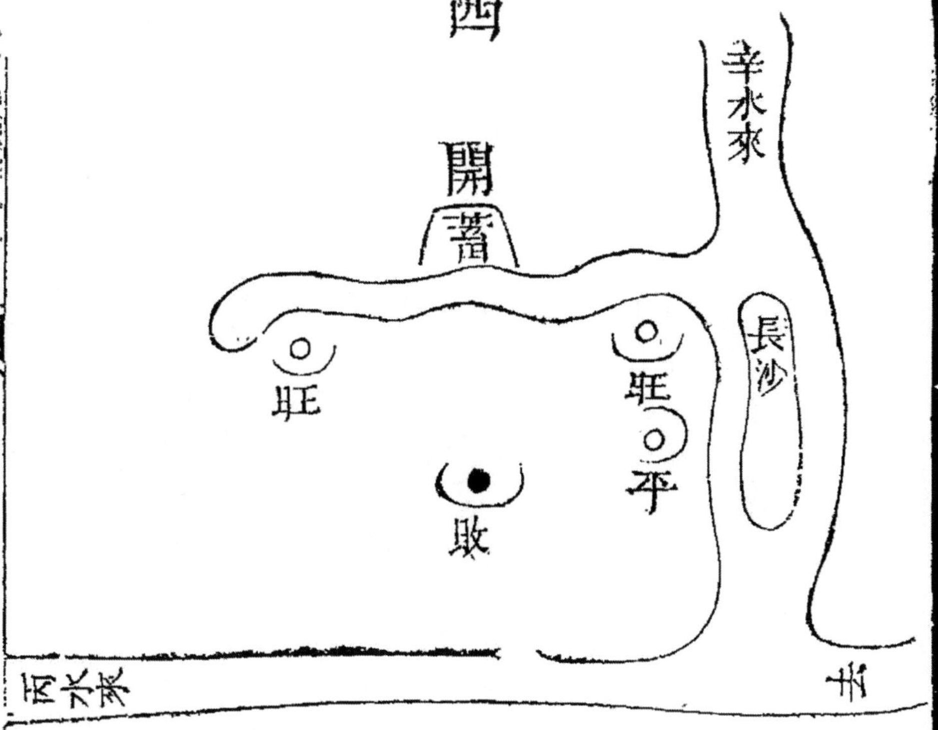

左穴飛邊用丙浜法
受丁氣立庚向右穴
丙角用剪水法左引
丁氣前逆辛氣立辛
向俱富秀後有時師
于正中下穴前開月
池引水注蓄甚是偉
觀奈穴犯脫輻生氣
不接漸至敗絕而自
左穴視之則爲辛水
右穴視之則爲庚水
各合生成之妙二穴
愈加興旺此可以爲
開塞之一証

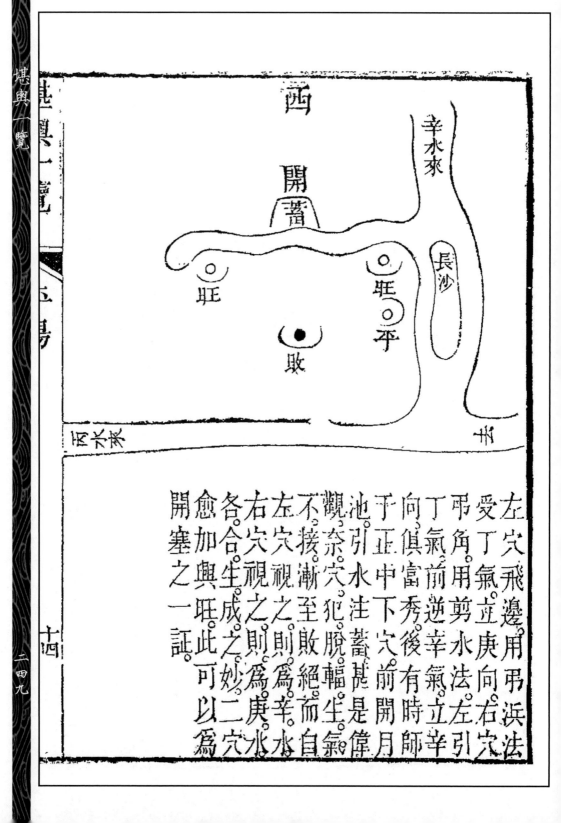

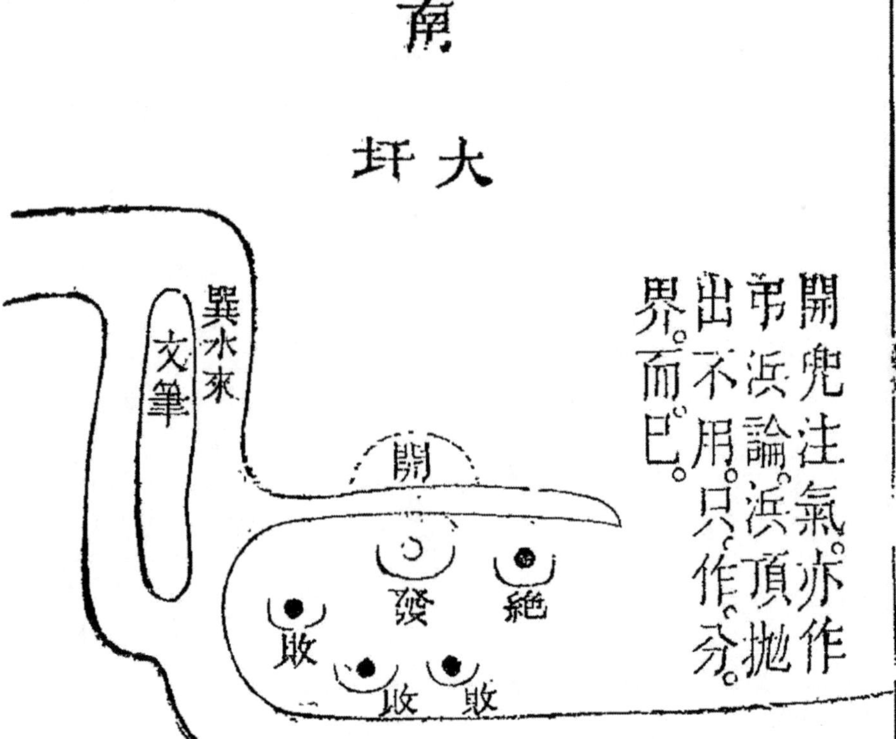

開兜注氣。亦作予浜論。浜頂抛出不用。只作分界。而已。

此地本活動秀美。而插浜直長。浜頂淺狹。不能注氣。前朝大圩。曠蕩無收。葬者皆不發。後有一師照定巽峯。臨兹立穴。前開一兜。蓄水注氣。而外氣于是乎引動。內氣隨收緊。而外堂之曠蕩。反所以助旺。而益以見其力量之大。于此可以知轉移之法。

剪水

凡大水之中。分出小水。活動有情。而來往通舟。無浜之可取。則用剪水之法。剪者。剪裁之意。散中剪其聚。直中剪其曲。曲中剪其蓄。亂中剪其整。大中剪其小。小中剪其大。順中剪其逆。或剪之于二水分流之首。或剪之于衆水合流之中。或取其藏。或取其驟。但看一節、俱可取用。而要之以得旺運為主。來水宜朝。去水宜坐。因地而施。法在挪移。取效最速。此亦救貧之一助也。

南

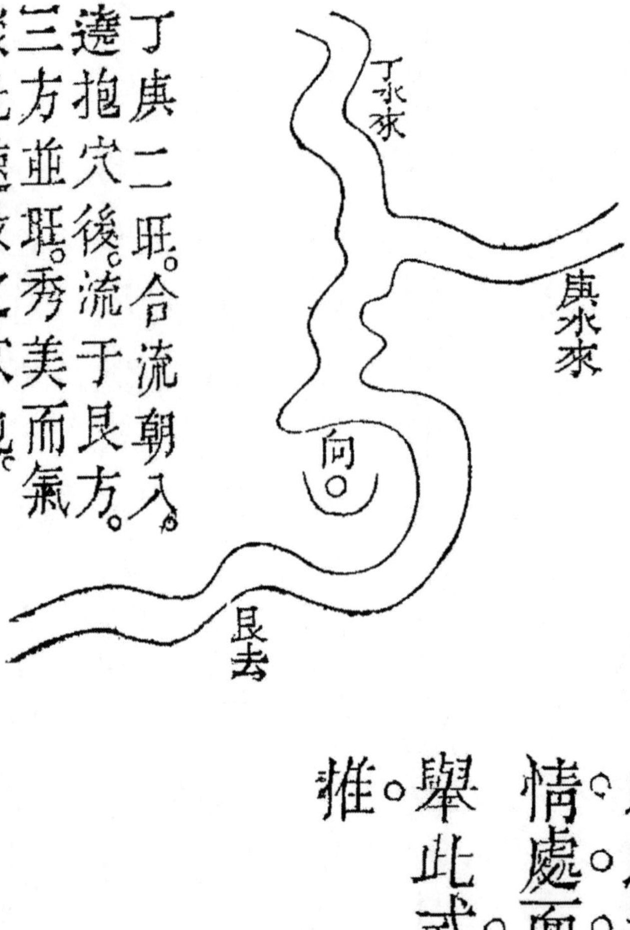

丁庚二旺。合流朝入。遶抱穴後。流于艮方。三方並旺。秀美而氣聚此速效之穴也。

凡剪水必取旺。運之水曲折有情處而剪之畧。舉此式餘可類推。

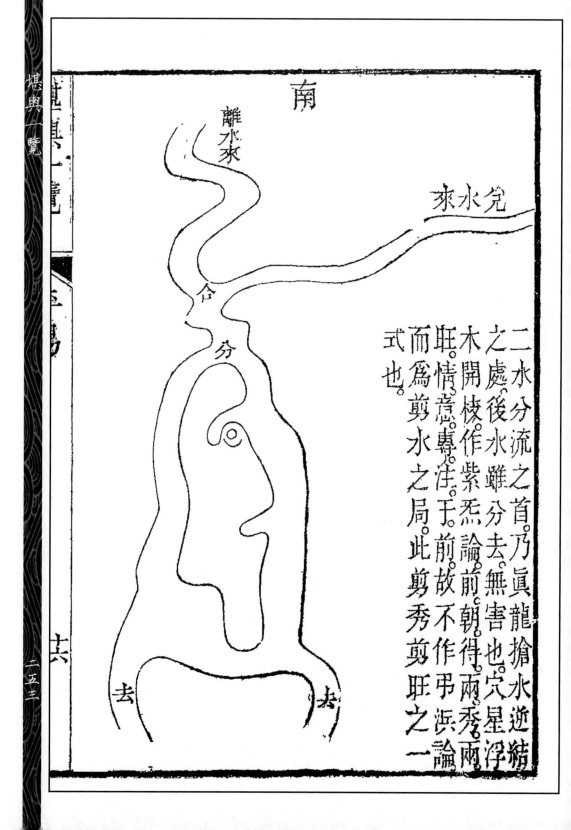

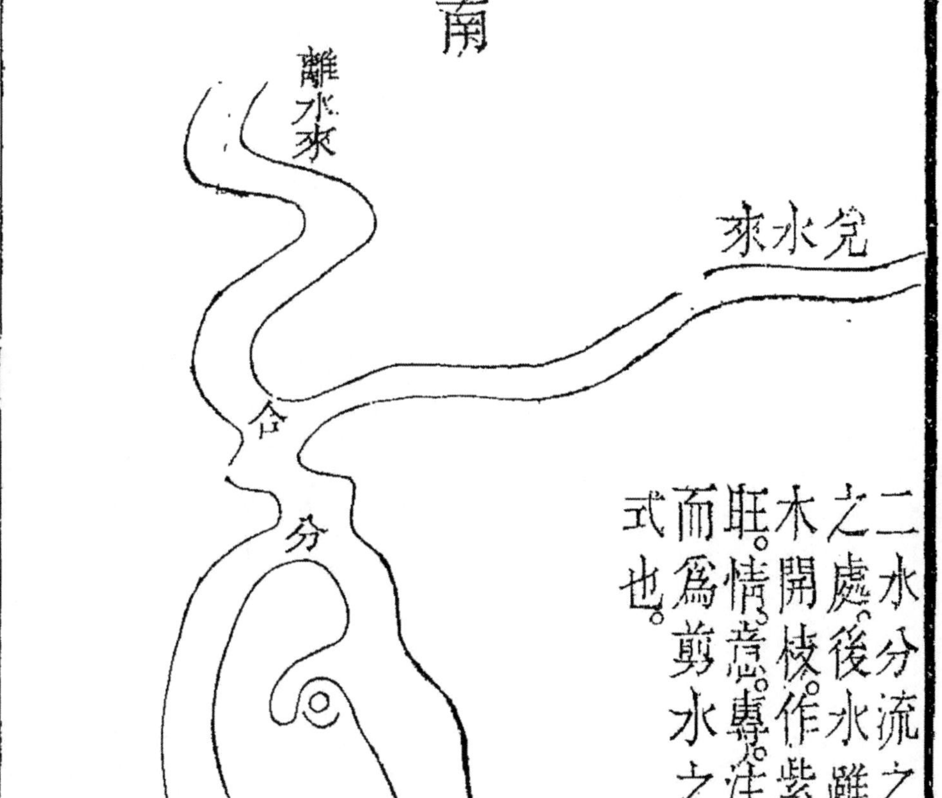

二水分流之首。乃眞龍擒水逆結之處。後水雖分去。無害也。穴星浮木開枝。作紫炁論。前朝得。兩秀兩旺。情意專注于前。故不作弔浜論而爲剪水之局。此剪秀剪旺之一式也。

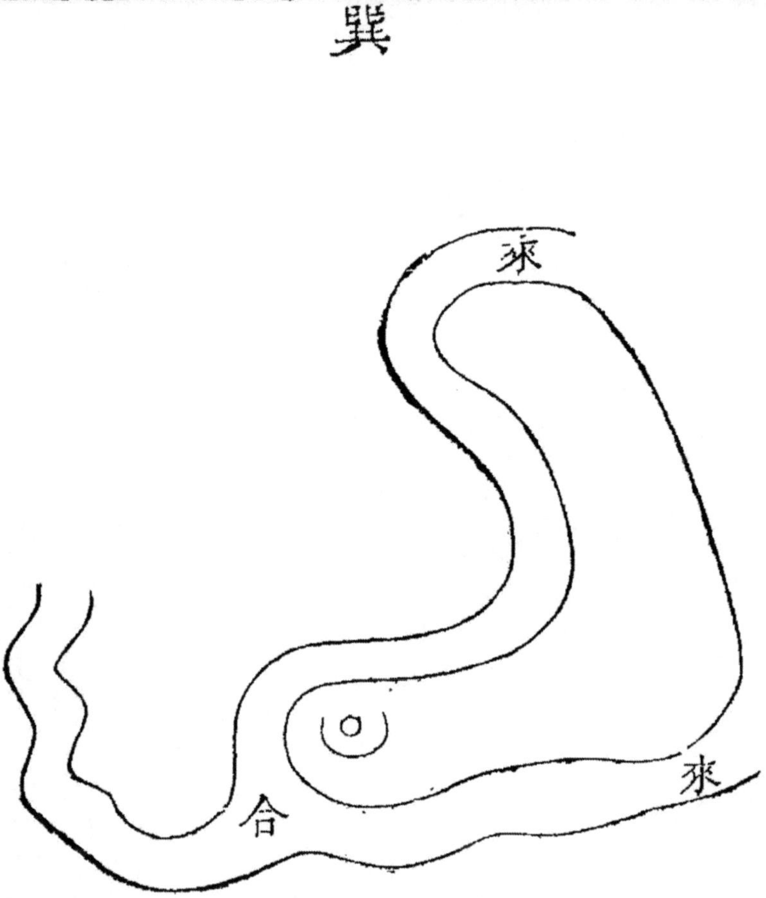

昔人有言。二水合流。此處可來。此地二水相合。活動有情。下砂關抱。局緊。氣聚。可爲合流剪秀之一証。

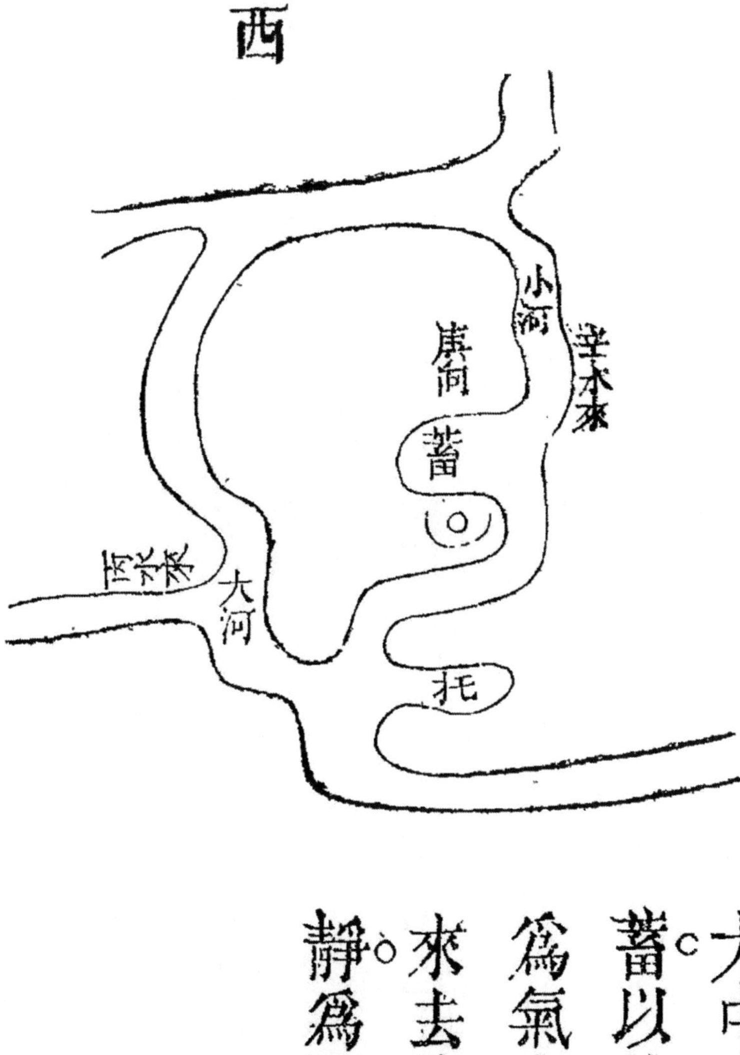

大中取小。小中取蓄。以其寬而能容。爲氣之所注處也。來去皆動。中蓄其靜。爲腰腹穴。

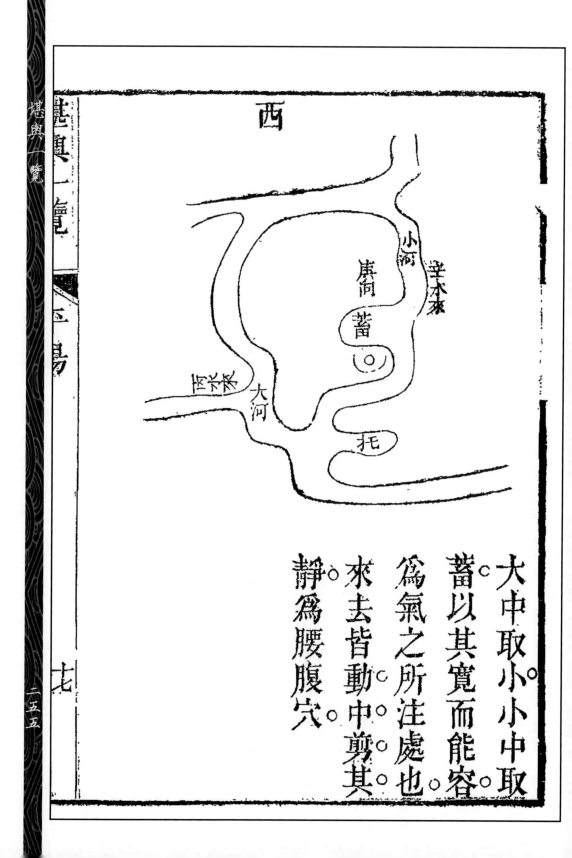

浜頂尖小而氣不蓄故棄而不取前受堂氣取其蓄也不取濶大旁就邊角取其藏也左穴露而水漏故假

直中剪曲二式

此峯在上穴有此則地形活動下穴有此冲穴則活動而秀

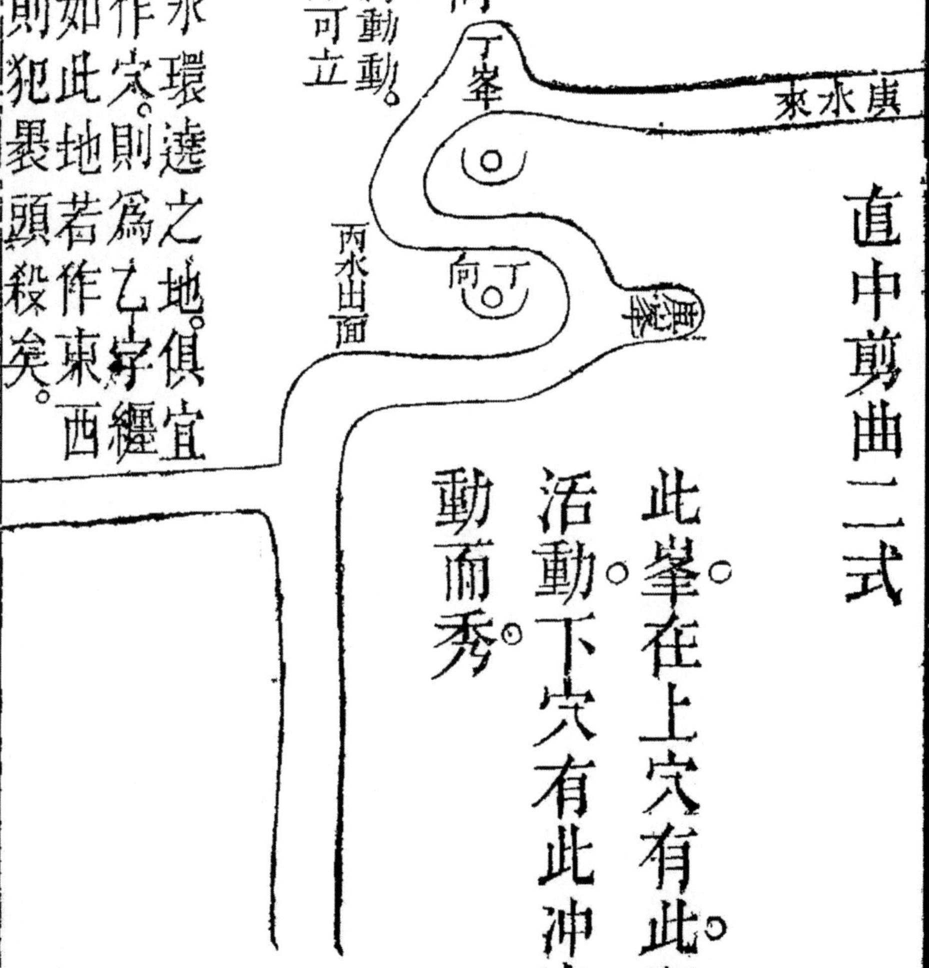

有峯則爲動動則爲生方可立向

凡一水環遶之地俱宜橫坐作穴則爲乙字纏身吉如此地若作東西兩向則犯褁頭殺矣

右八云。百里直來臨有曲。此間必定隱眞龍。蓋水直則情意不留。故以曲處爲生氣。此剪秀之法也。亦宜兼旺。蓋秀旺二字。處處不可離也。

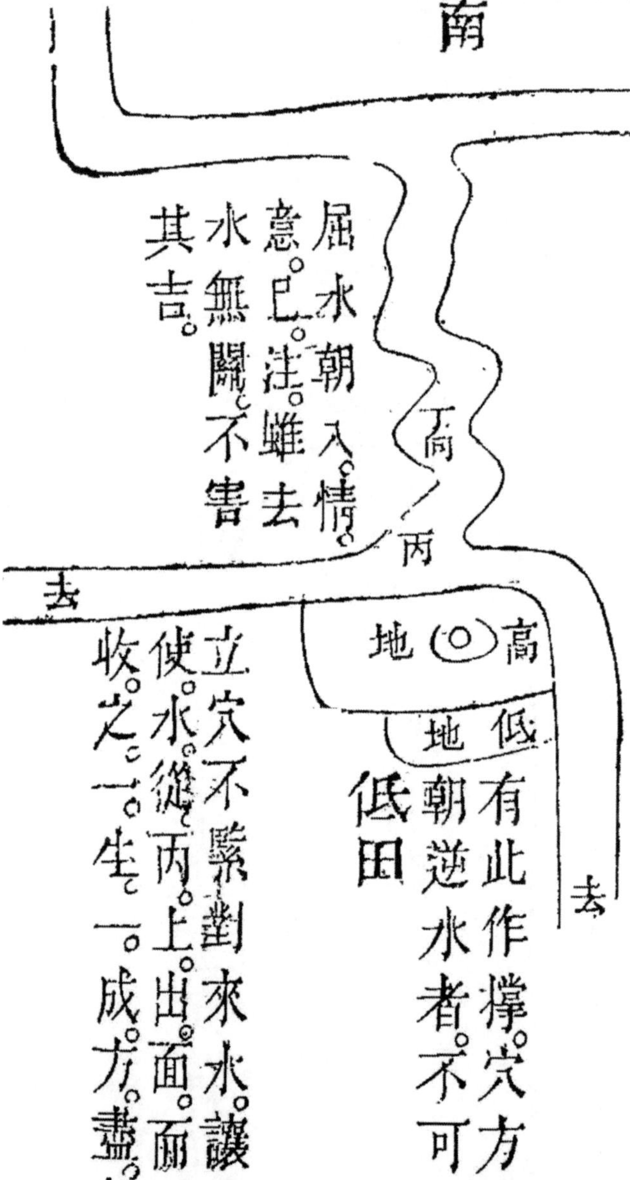

屈水朝入。情意已注。雖去水無關。不害其吉。

有此作撐。穴方有力。朝逆水者。不可不知。

低田

立穴不懸對來水。讓過一針。使水從丙上出面。而以了窩收之。一生一成。方盡其妙。

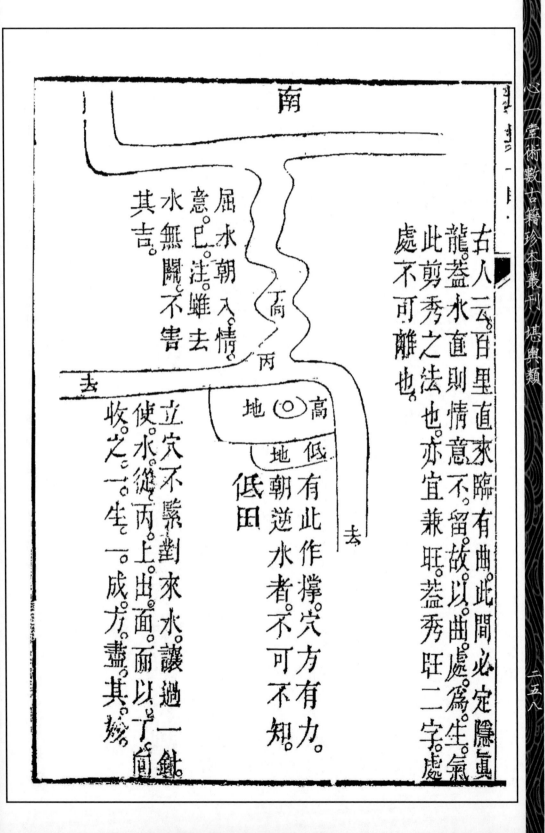

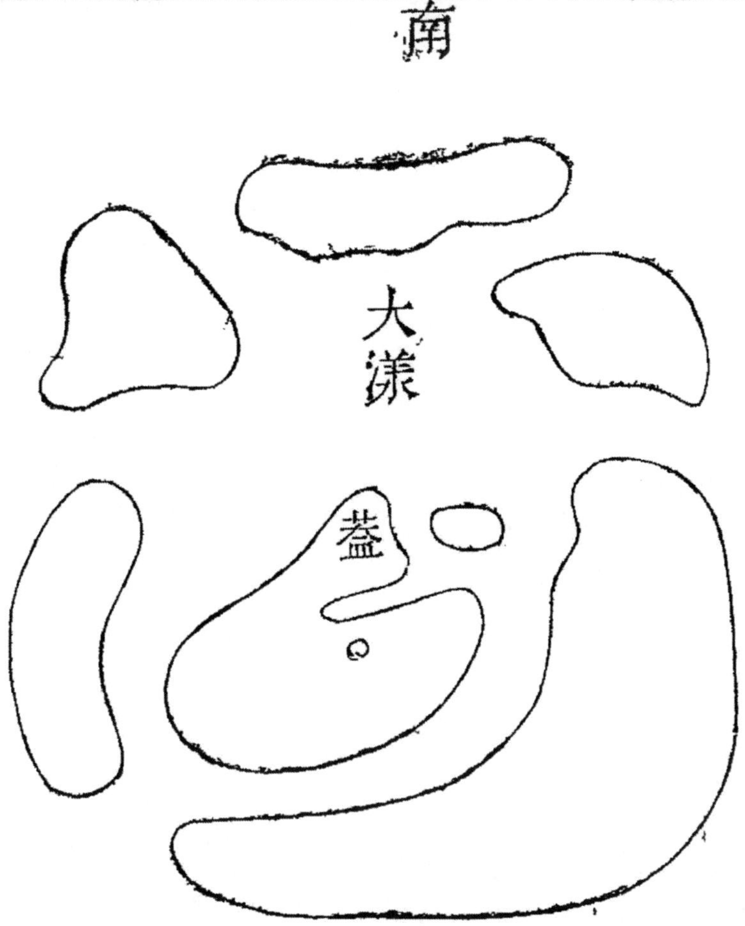

大水之旁不分來去立穴惟以藏爲貴藏則局緊局緊則氣聚每見鄉村小多因在大水旁立穴拋出致敗者昔人有言大水旁邊莫下穴下後人丁絕正是恐人不知閃藏之故耳故舉此式以爲大洋剪秀之一證

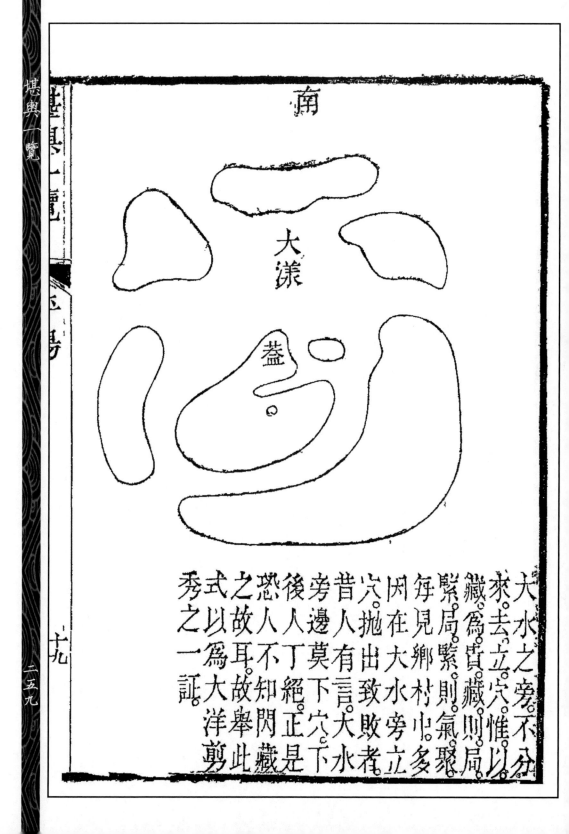

此地○水雖亂而猶有情○致法宜剪裁○三穴俱吉○人財並旺○下右一穴獨絕○以犯直受坤水冲穴故也○左穴○丙○艮○氣○盛○而○親○切○且坤水稍移入申庚之界○故不爲害○此可爲那移進退左右之式○

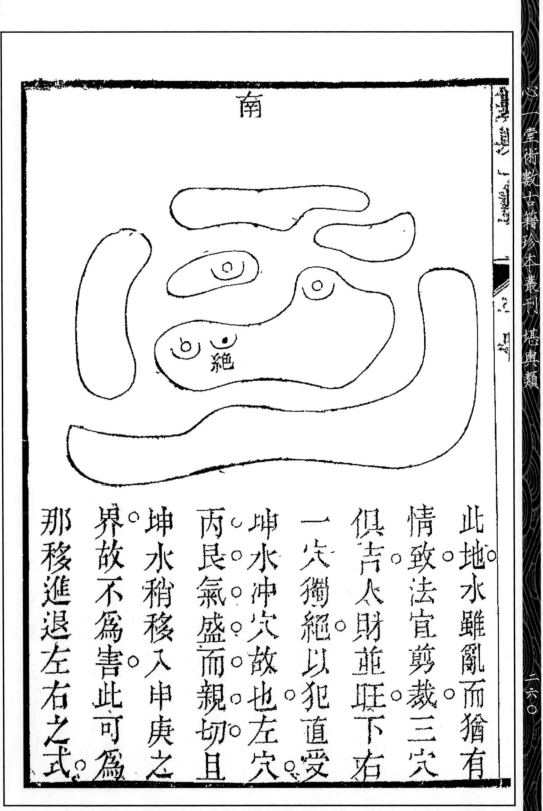

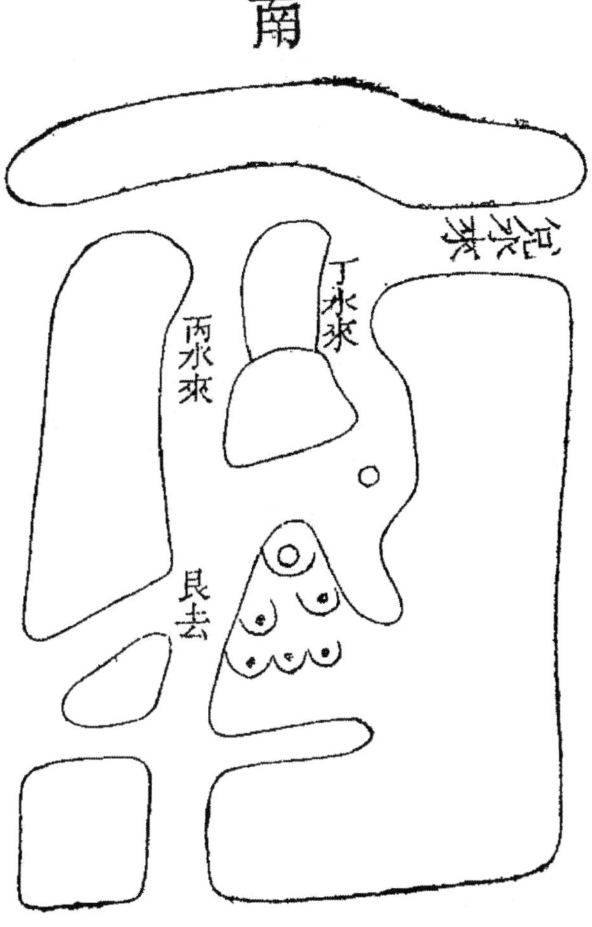

地甚厚實。而其穴靈處。但聚下角。秀旺全收。通身靈動。剪水中之至美者也。後穴皆呆板。故不吉。

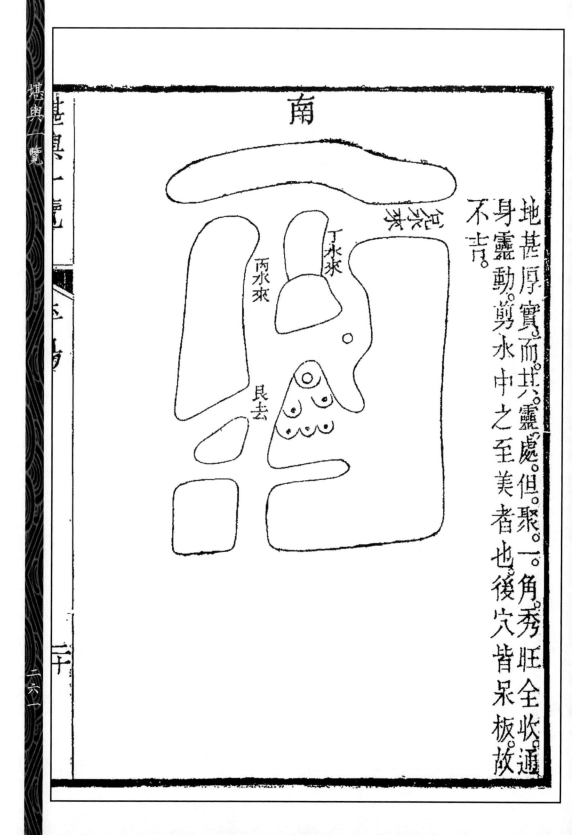

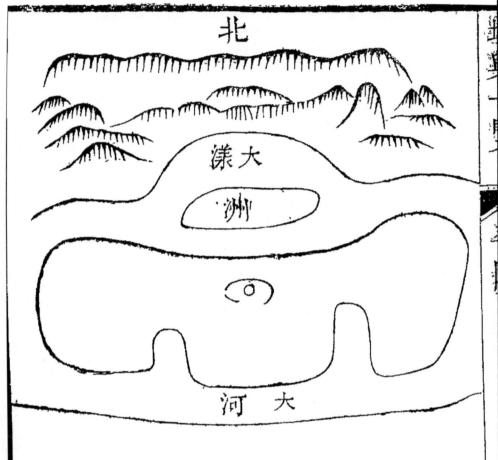

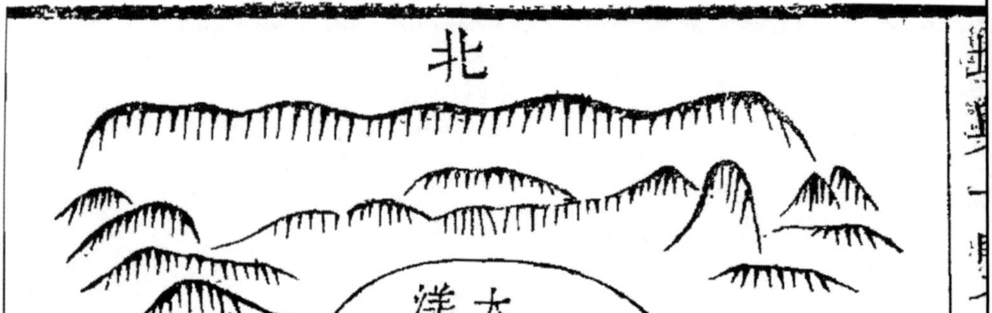

平板大地中開兩浜短濶散漫居中立穴平陽所忌前朝大河横直無味詎知秀氣鍾于穴後向頭一望長洲爲托湖光接天與疊翠層巒相映如畫此穴領其全勝乃知板地模糊正以見其力量之大而不在于區區一勾一插之間也此可以爲剪水中格外之一證

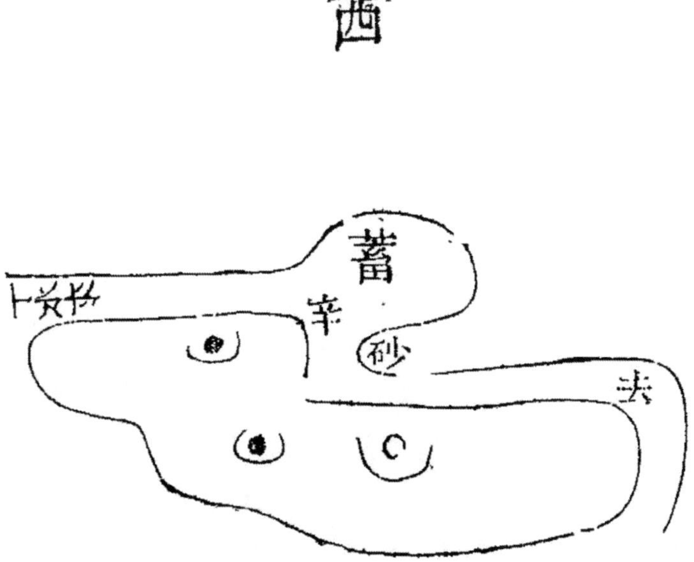

此地。一水橫過。畧作小折。本無奇處。然即小可以觀大。其理則一也。右穴前對辛水。一蓄辛砂作進神。丁財兩旺。左穴斜視砂水。俱在戌方侵入乾氣死亡。畧盡前穴正乾。人財兩絕。即此亦可爲剪水挪移之一証。

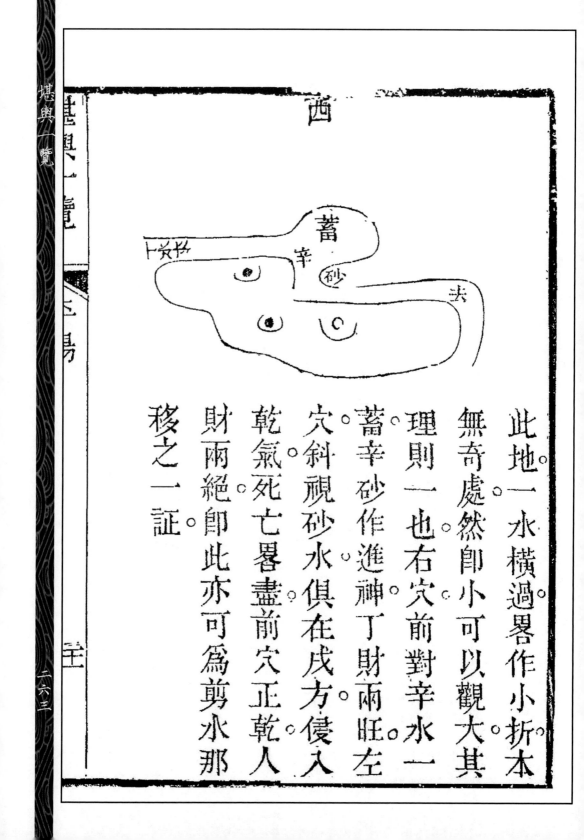

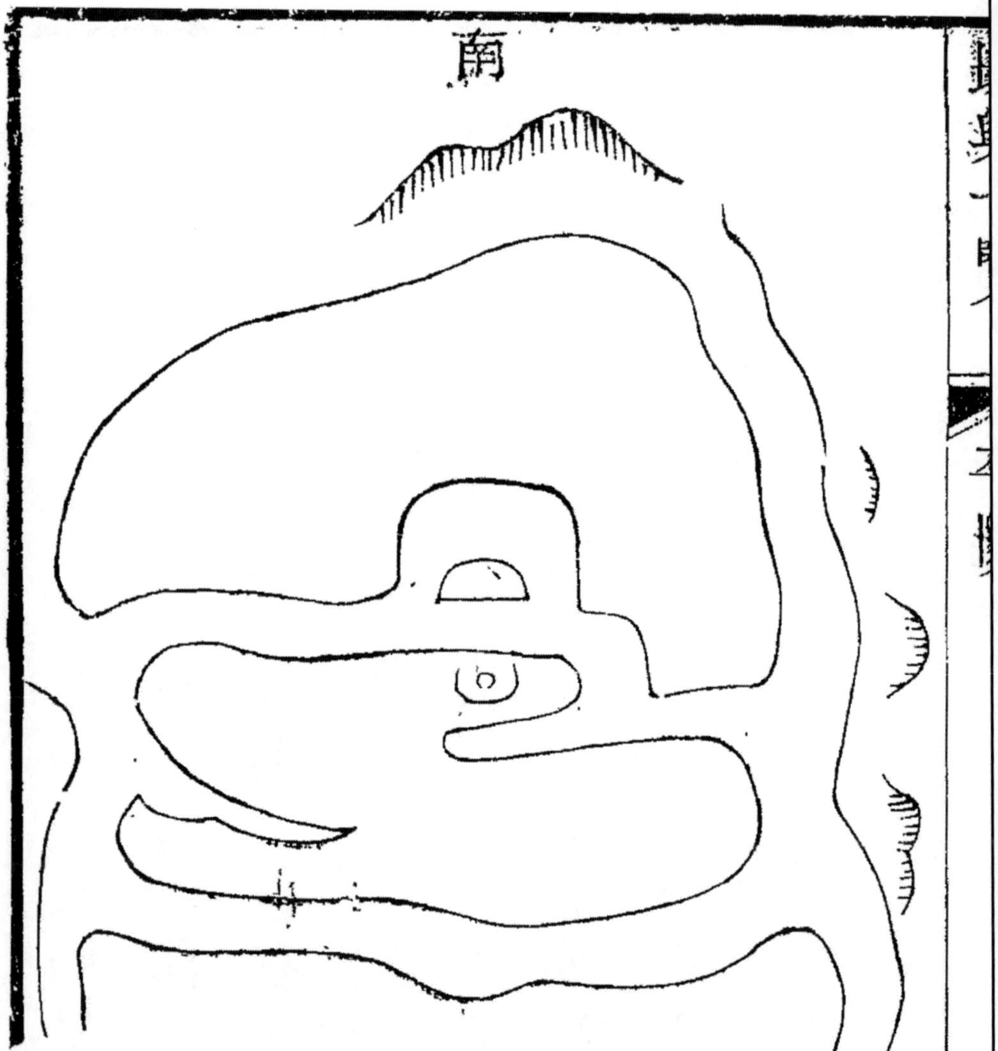

此平陽大圩包小圩式也水秀而浜直故只作剪水論剪水之法多是以穴迎水此地是水來纏穴通身靈動所以為美

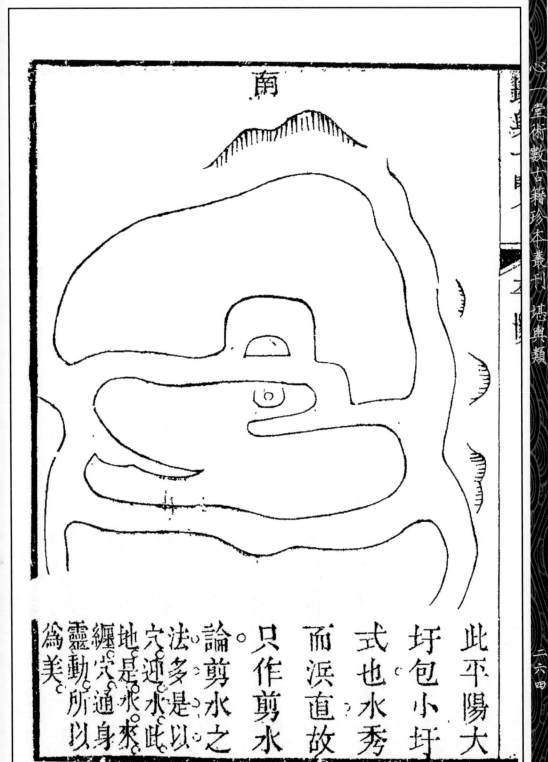

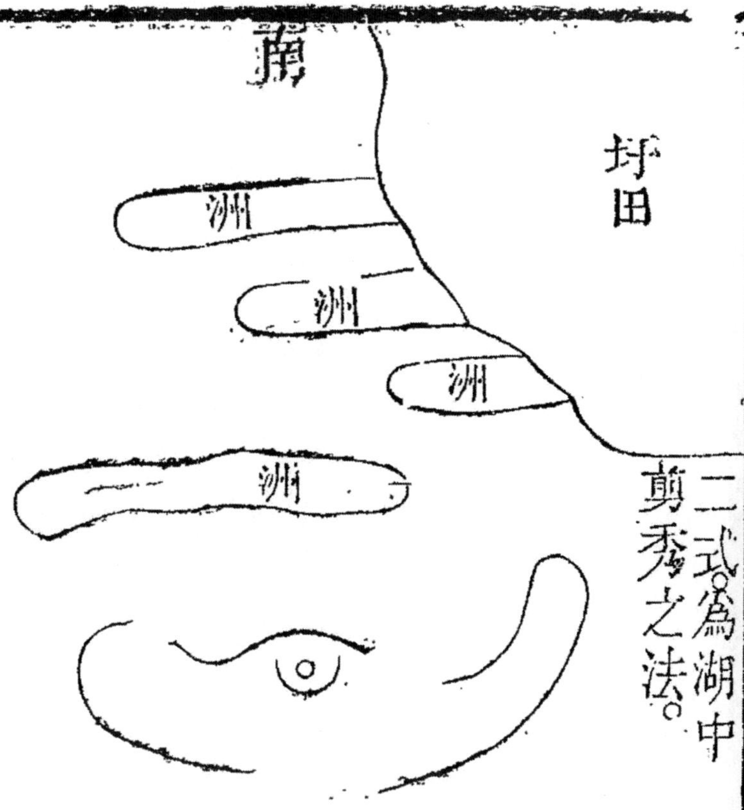

二式為湖中剪秀之法。

湖邊浮洲。形如排木。湖光漸斂。局緊。氣聚。亦作剪水論。浮洲前朝。即其獻秀之處也。

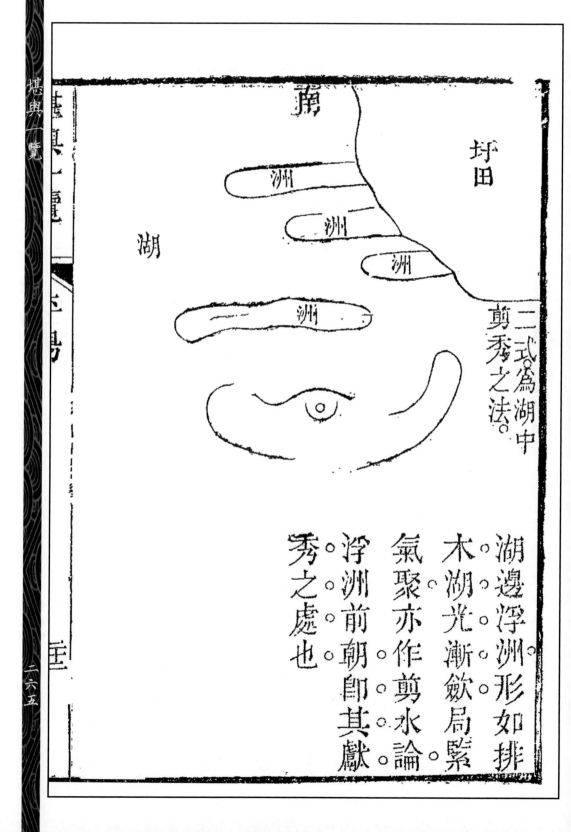

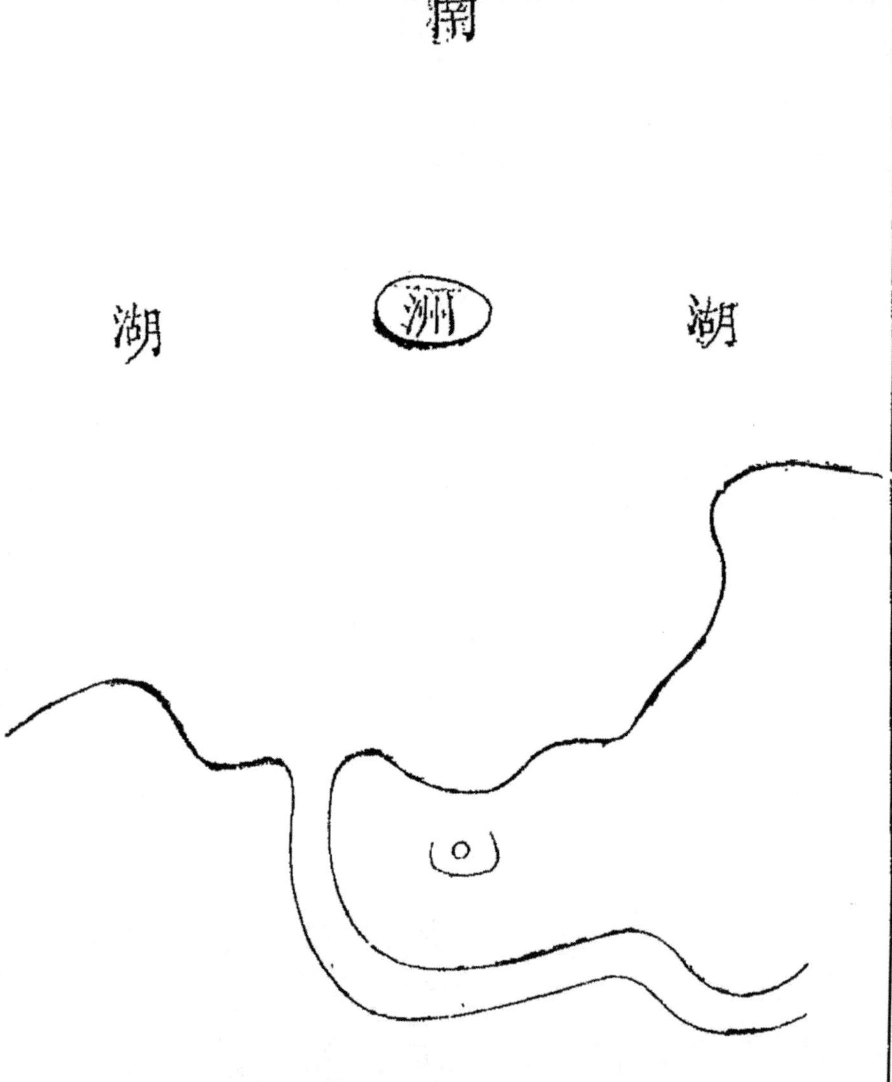

大水之旁不宜立穴又有散中取聚以小河插入爲秀小洲作案爲緊湖光亦漸斂可以容納因其凝龍出秀故作剪水而不作分局

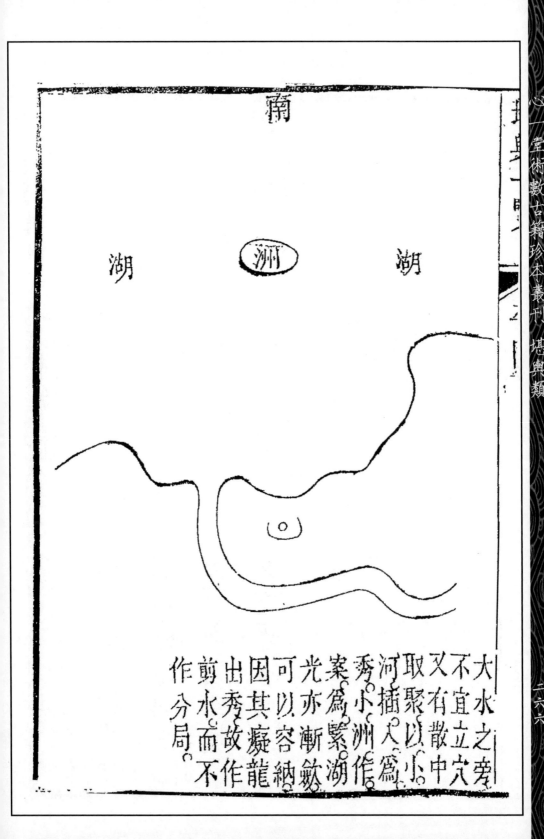

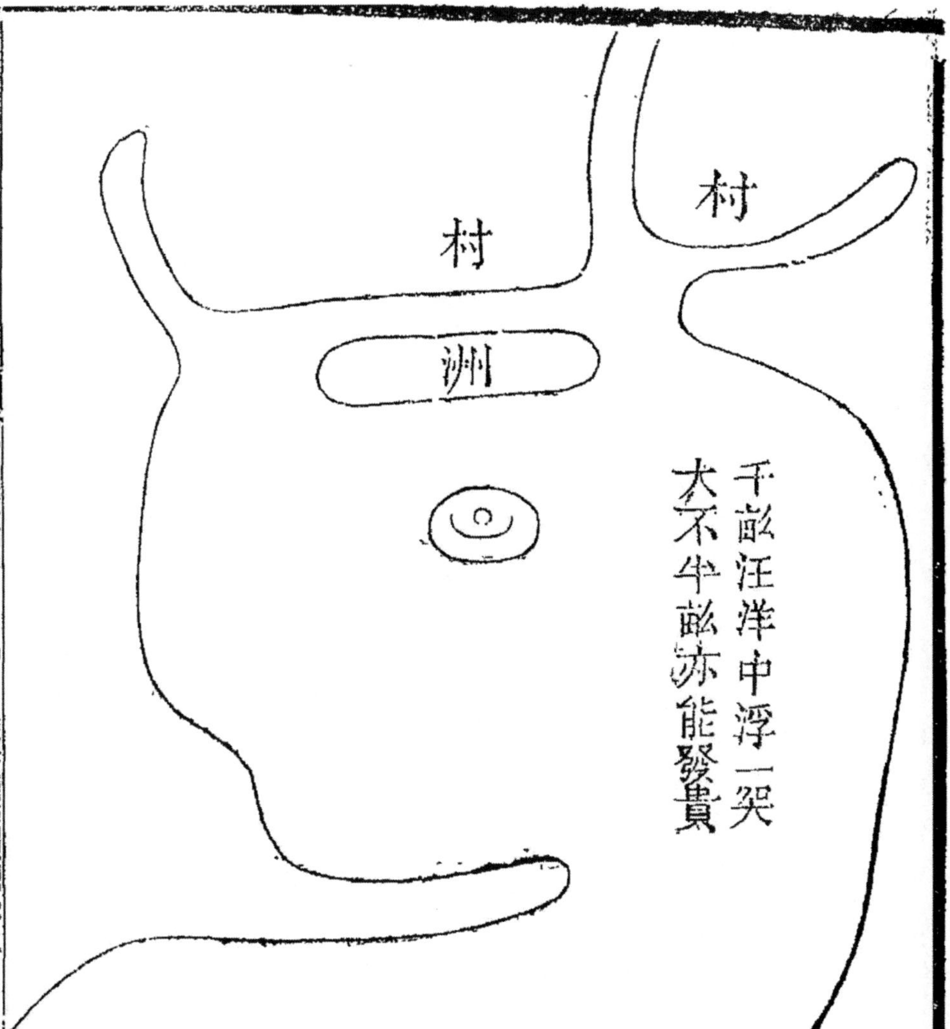
村
村
洲
千畝汪洋中浮一突
大不半畝亦能發貴
村

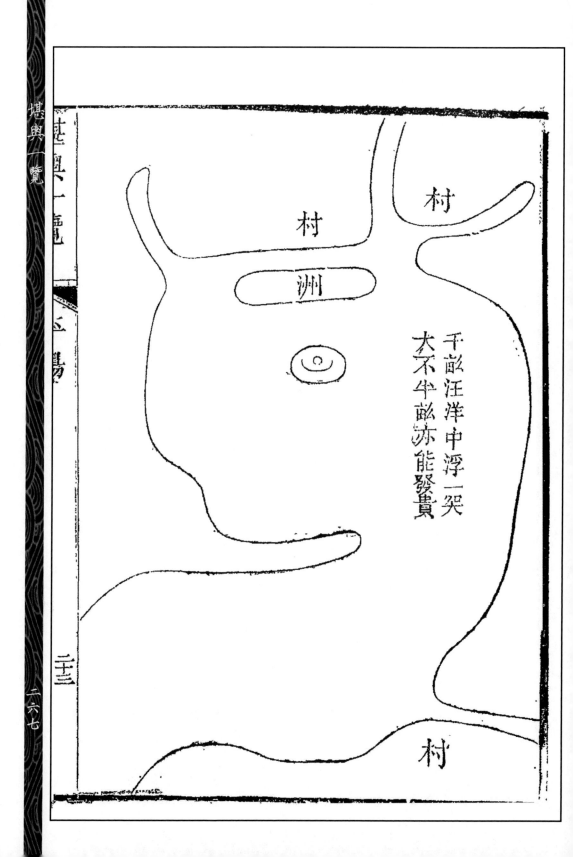

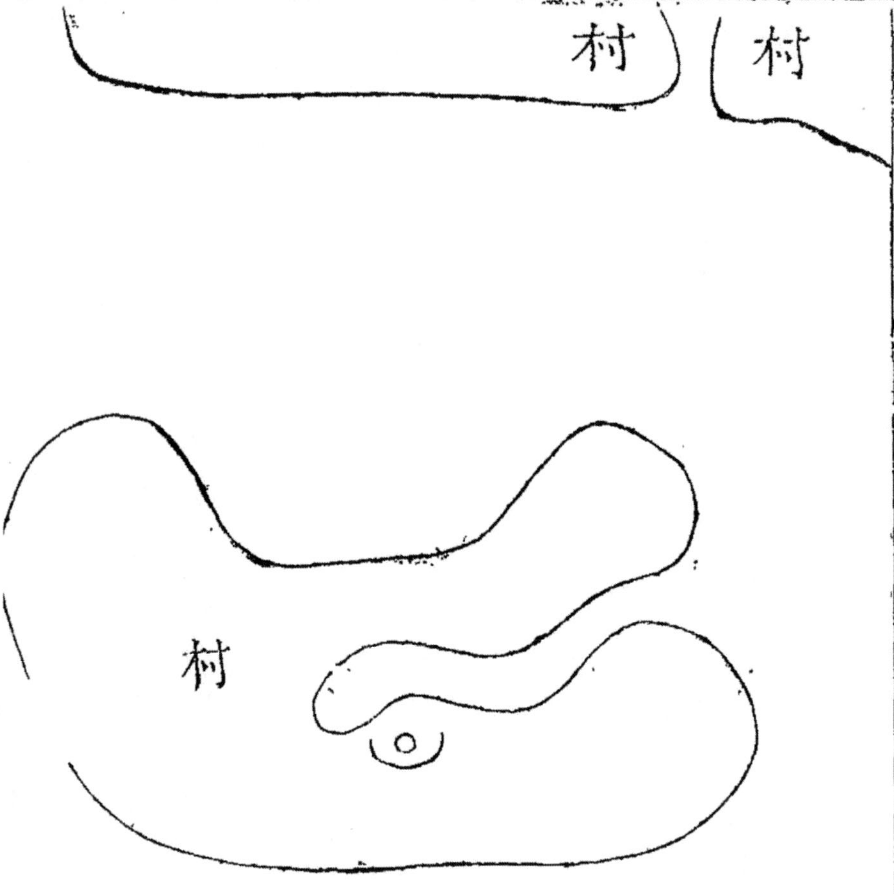

四水汪洋中浮一洲大百餘畝因地大故又插入一浜以破其板便覺靈動

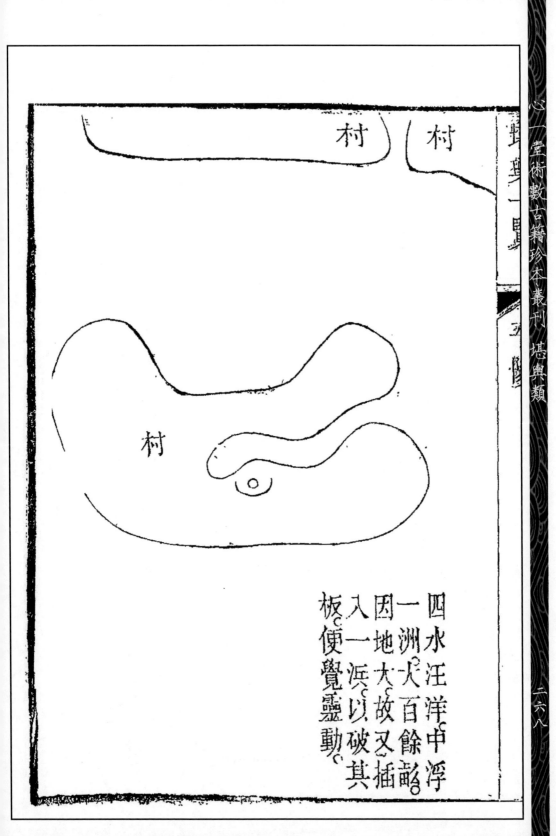

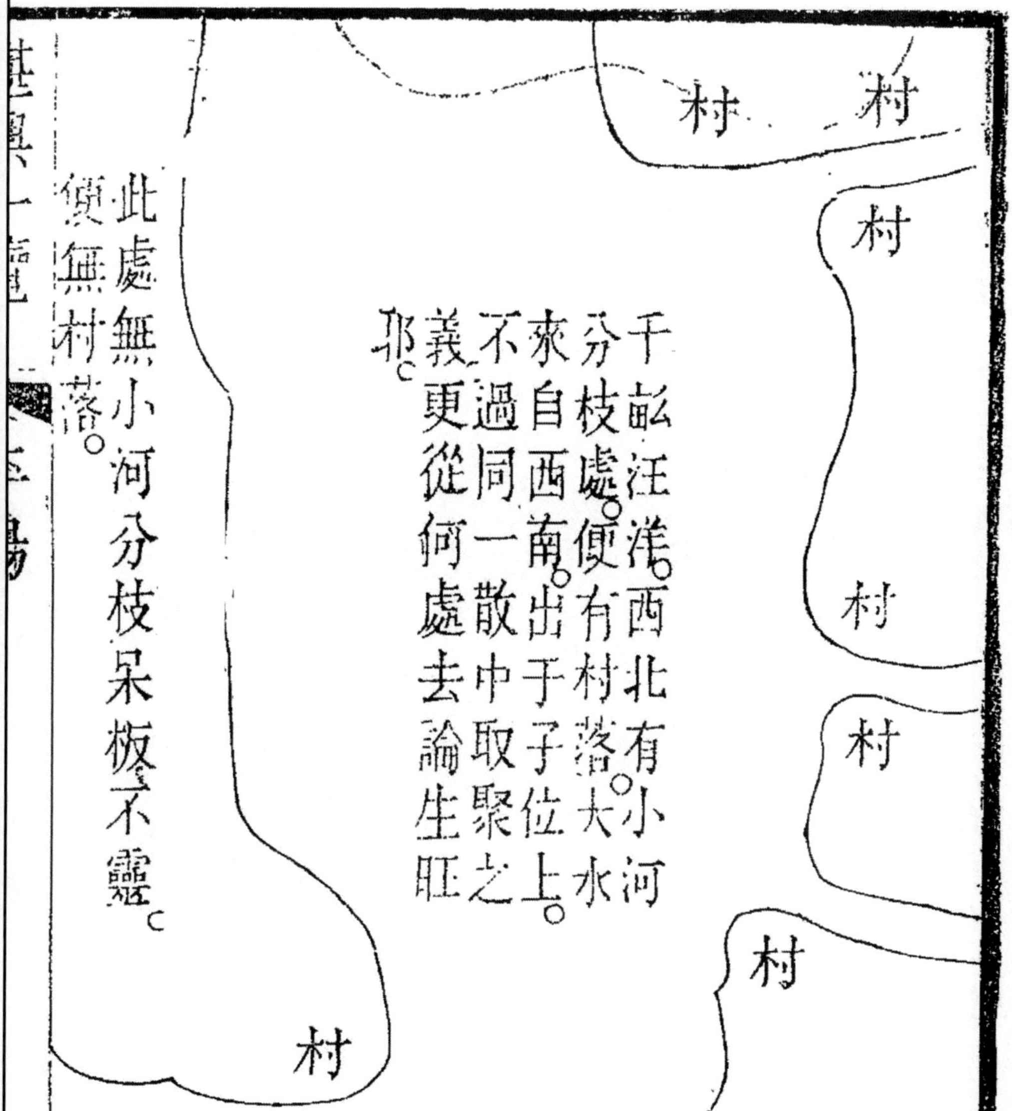

于畝汪洋。西北有小河分枝處。便有村落。大水來自西南。出于子位上。不過同一散中取聚之義。更從何處去論生旺耶。

此處無小河分枝呆板不靈。便無村落。

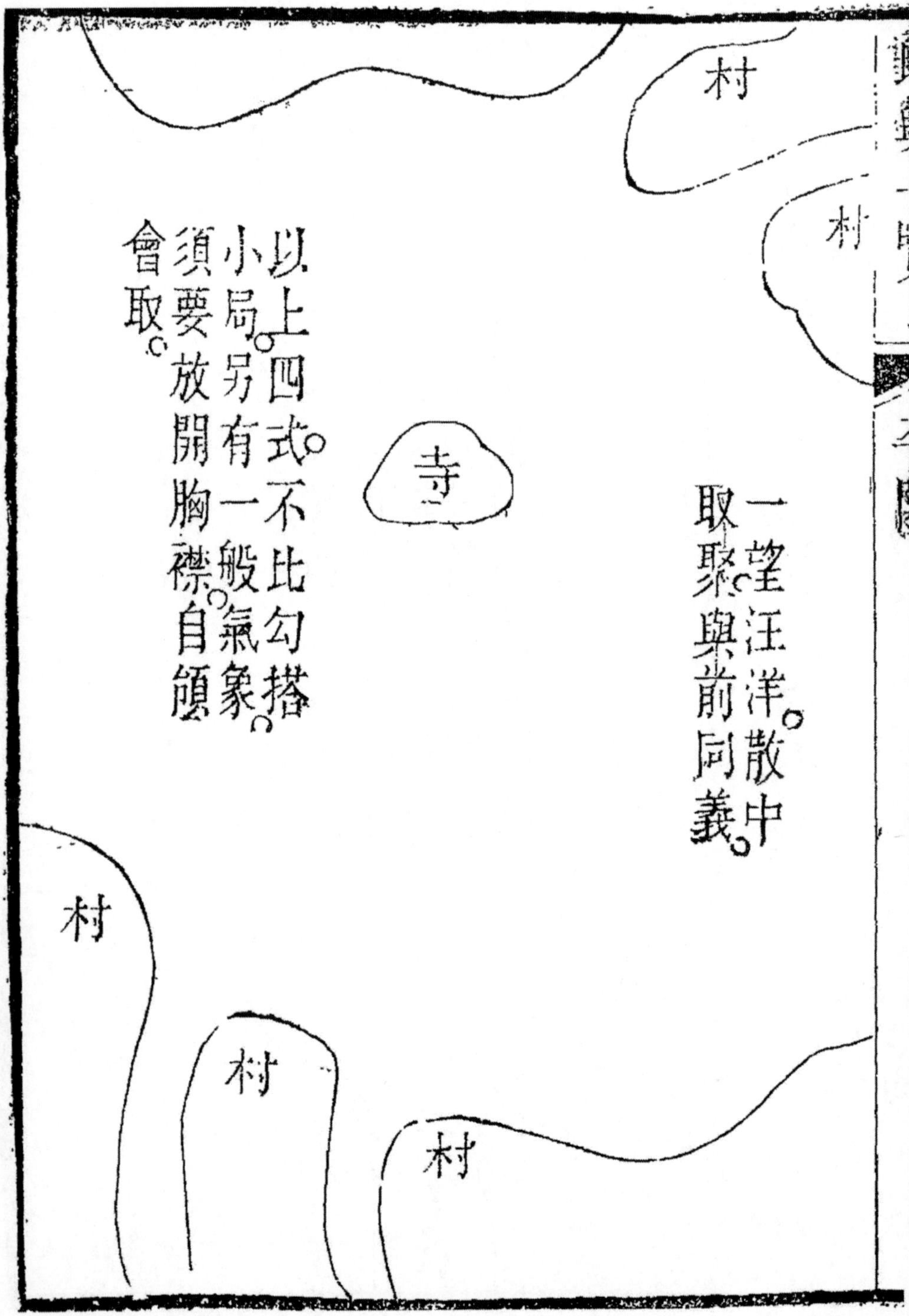

一望汪洋。散中取聚。與前同義。

以上四式。不比勾搭小局。另有一般氣象。須要放開胸襟。自領會取。

分局。

局因水而分無水則以田地之高低分之法依九宮。棄衰就旺有單局有兼局要看地形活動實有生意。而無浜可用無水可剪則因地勢之自然而用此法。以圩之大坪之中往往有此此亦乘生之一法也

方地四面皆水因水立局之式

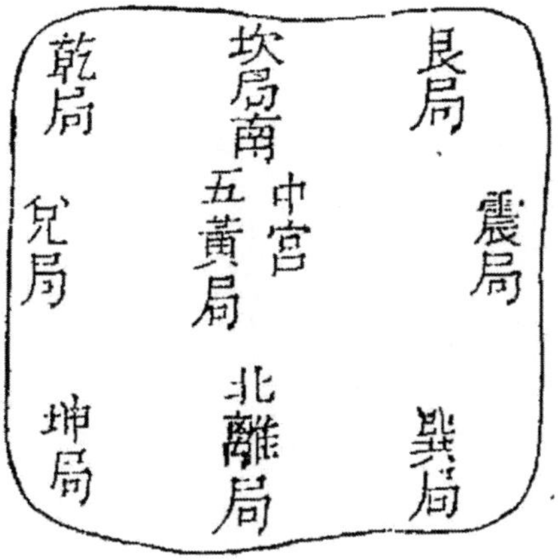

凡平陽三法但用飛邊另角不宜居中立穴者以犯五黃局故也歷驗舊坟自明此意。

假如二式

南

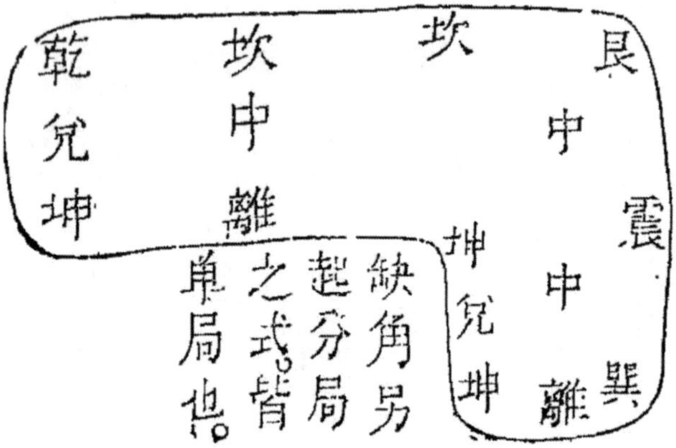

缺角另起分局之式，皆单局也。

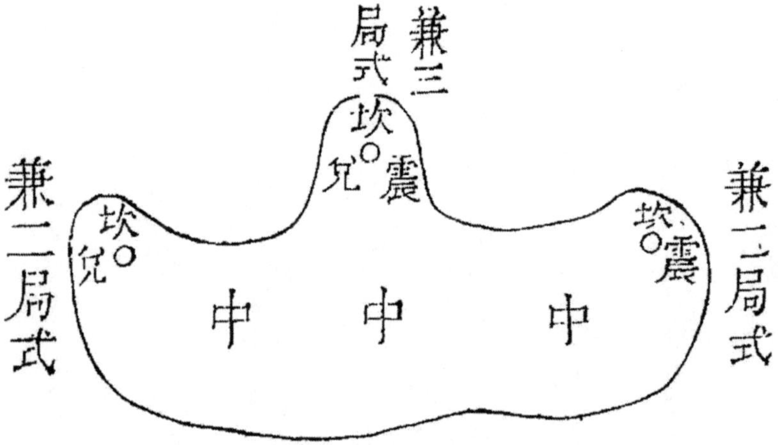

前一穴，因地狹，故可居中作兼三局。若濶大，則又作中宮論矣。

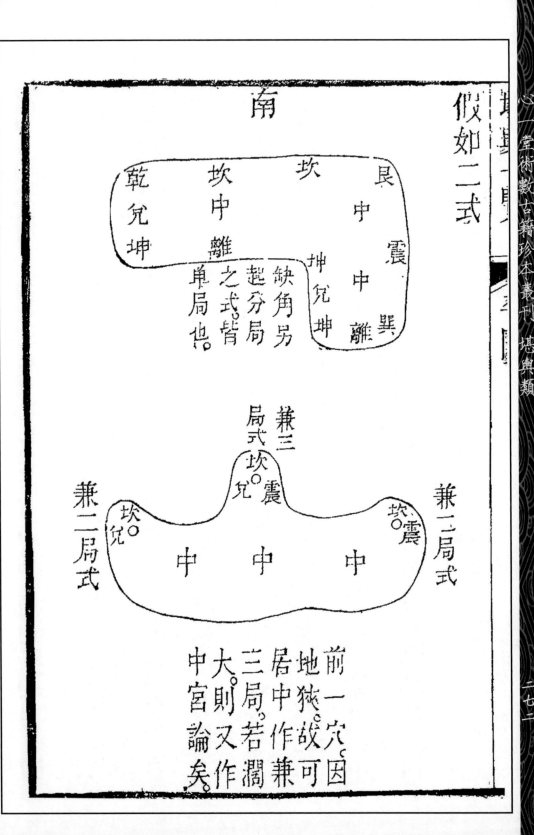

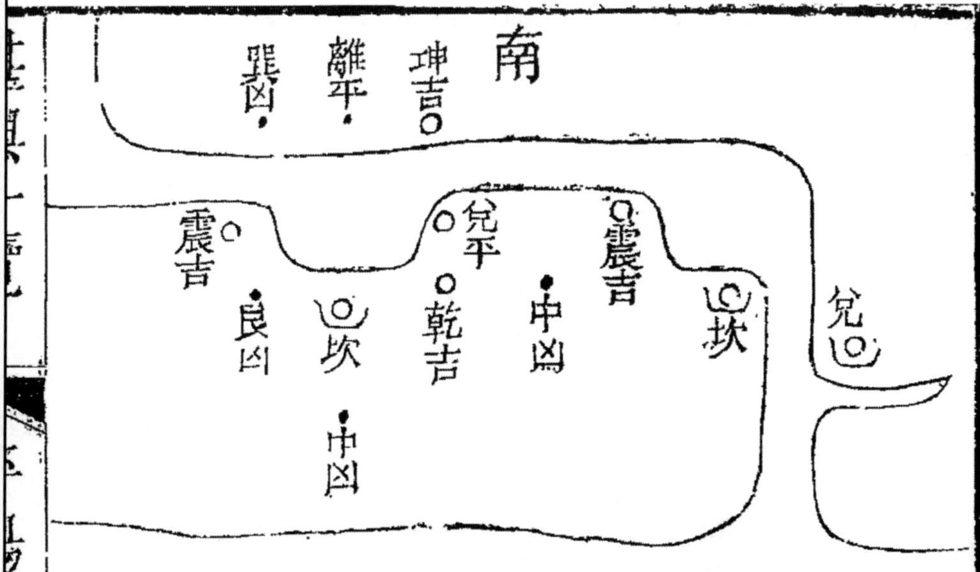

如此地弔剪二法俱用不着而地形活動下穴將以何爲憑據故復有分局之法其間兌坎三穴爲正故旁用一勾凡一勾不可作羅城看所以辨其正附及朝向耳兌穴坐浜長直不動只作界氣水論故不作弔浜而倚外河立兌局坎穴一正一偏力量相等右坎雖弔角因離水光大非旁河之所能敵故不作艮局論餘附穴俱依大水立局分其吉凶亦是此意餘以此推之

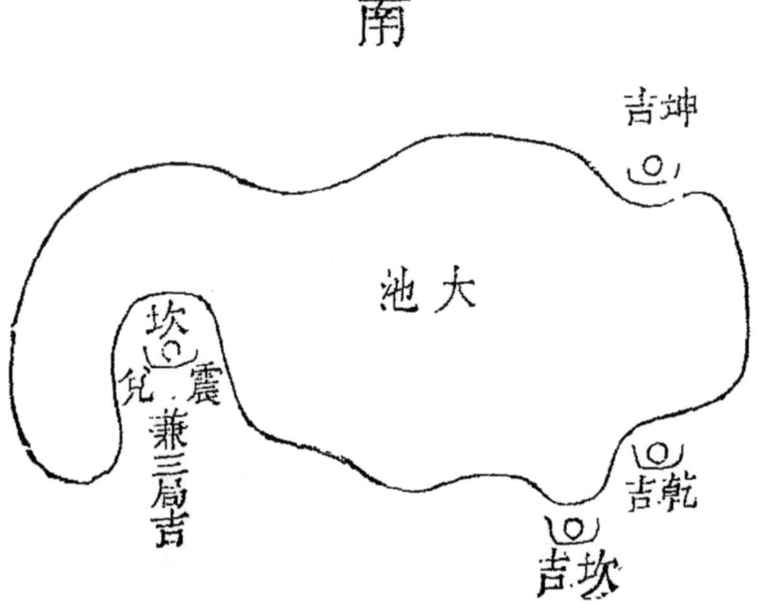

凡大池有數畝○或數十畝雖不通河○亦作活水論○池要深○要廣○則水光自大○屈曲之間○俱含生意○即以分局之法推之可也○

大洋之旁○分局依此○

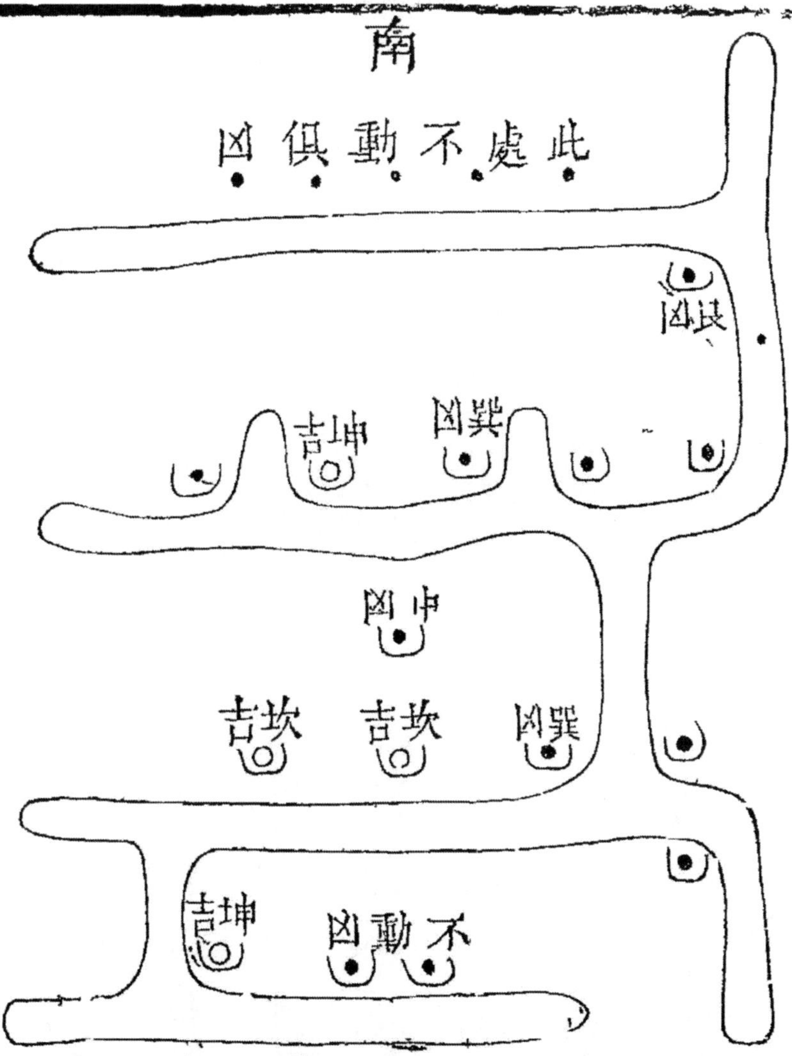

凡田中溝澮。曲折長有。數里。則其流自能往來流動。雖不通河。亦作活水論。節可依局分之。

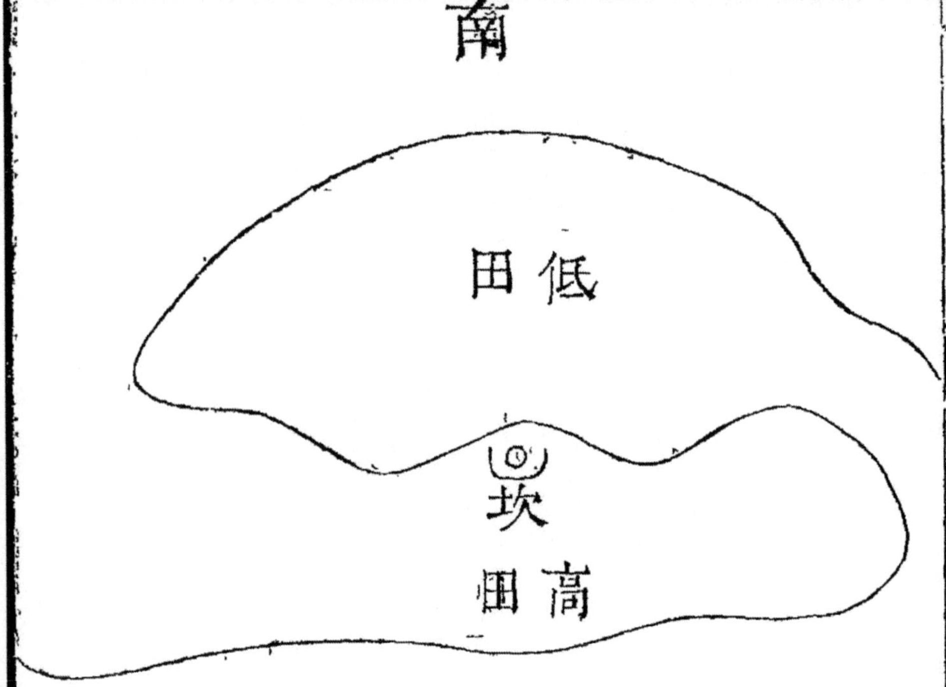

凡大片平陽不近水路。中有低田數畝或數十畝。便爲開面聚氣之所。亦可依水分局低要尺許以下。不可太小亦不可太大。須要有收拾高田要活動方有生氣。若直如牽繩呆板不動。又不可用。

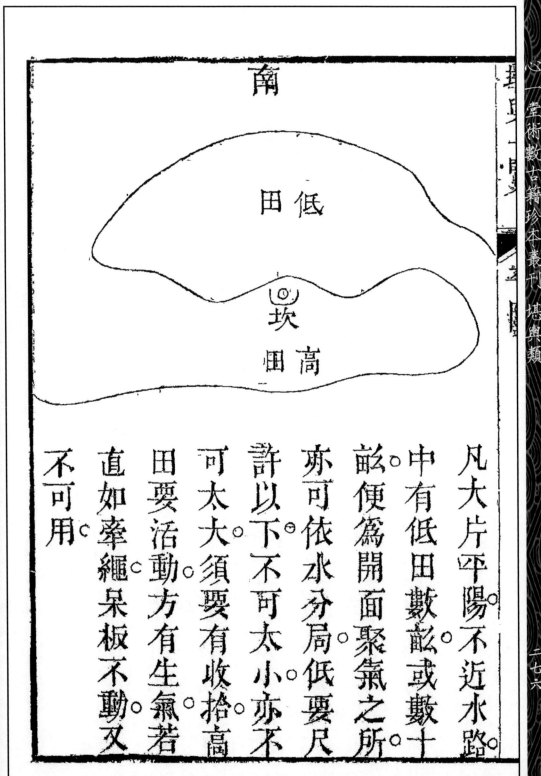

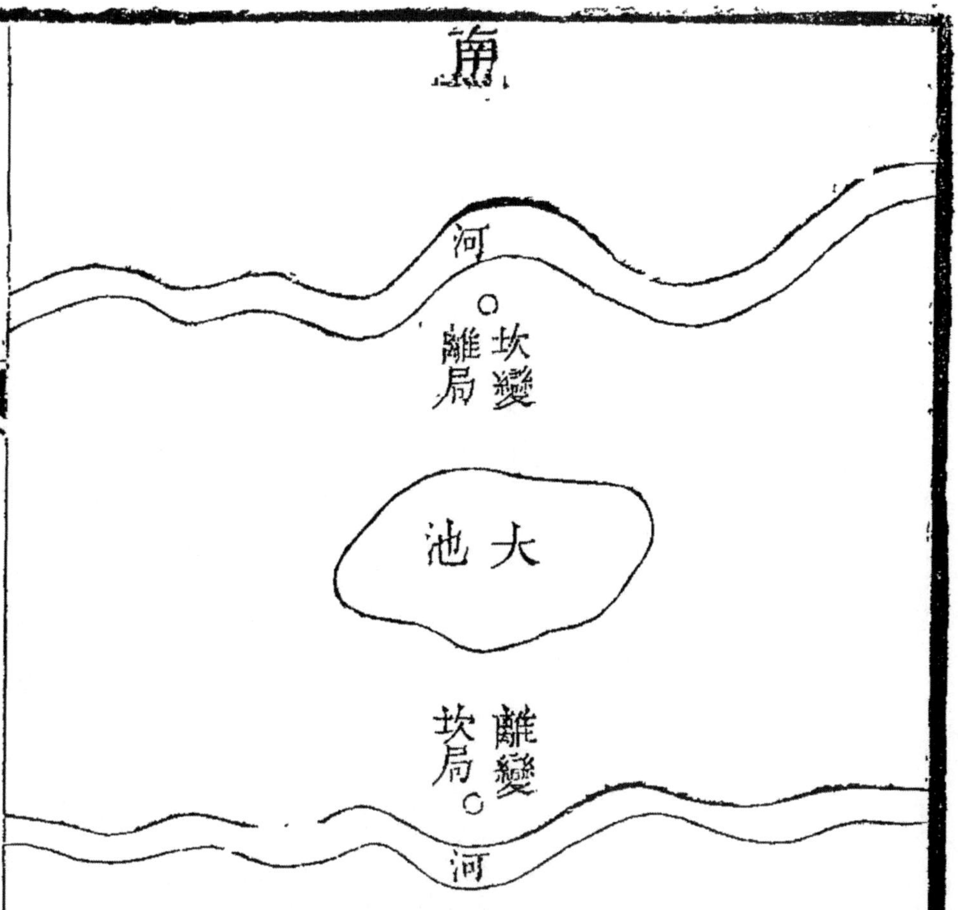

凡水大則有光。名曰照神。照神所至。雖通河小水。其氣亦爲所奪。而局因以變。坎離兩穴。皆棄大水而親小水。甚爲合法。然前之坎局。以坎水大而變離。後之離局。因離水大而變坎。皆成坎離既濟。一九合十之局。雖變而不失其正。餘以此推之。

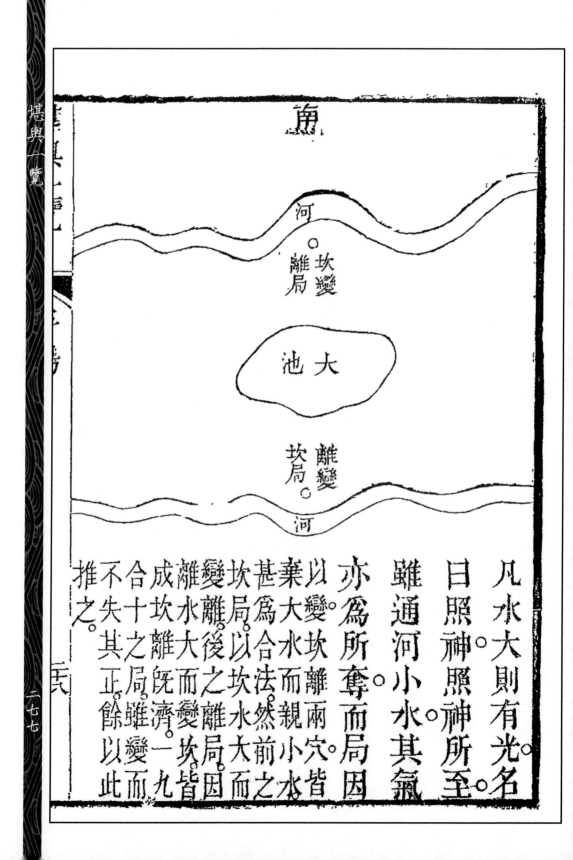

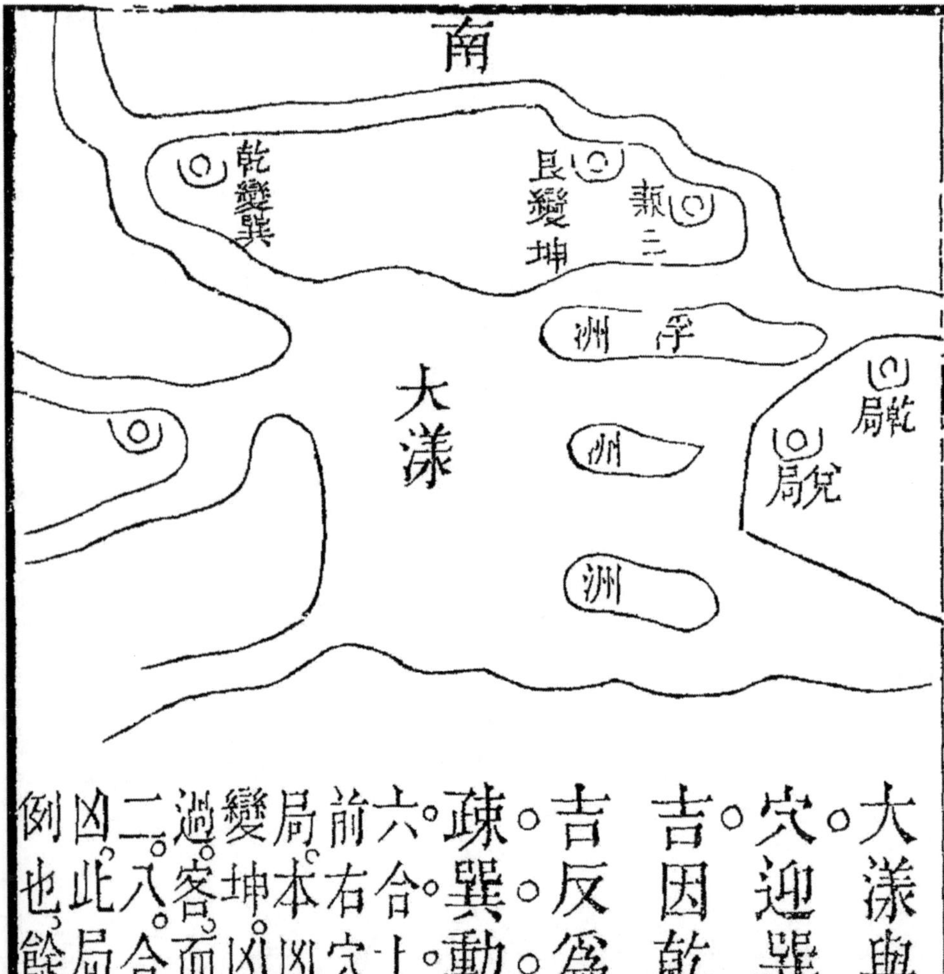

大漾與大池同例。前左穴。迎巽水而立乾局。本吉。因乾水照入而變巽。吉反為凶。然巽親而乾疎。巽動而乾靜。且得四六合十之局。不害其吉。前右穴。傍坤折而立艮局。本凶。因艮水照入而變坤。凶反為吉。且坤為過客。而艮為蓄神。又得二八合十之局。能掩其凶。此局法因水變通之例也。餘以此推之。

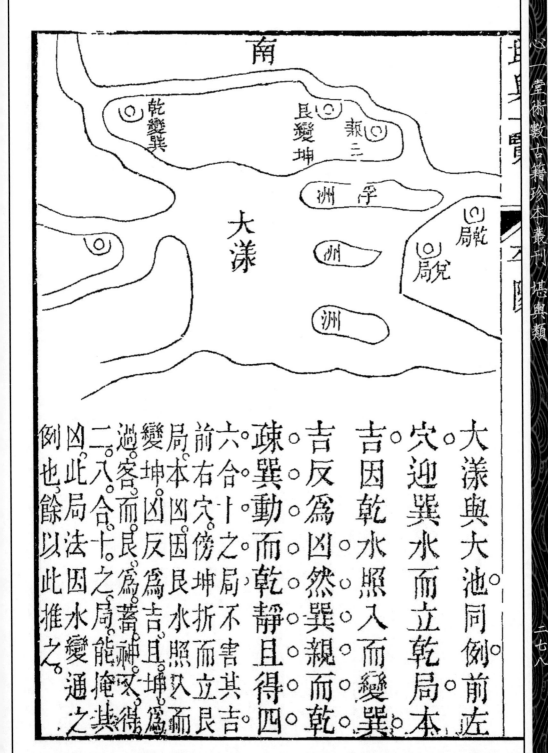

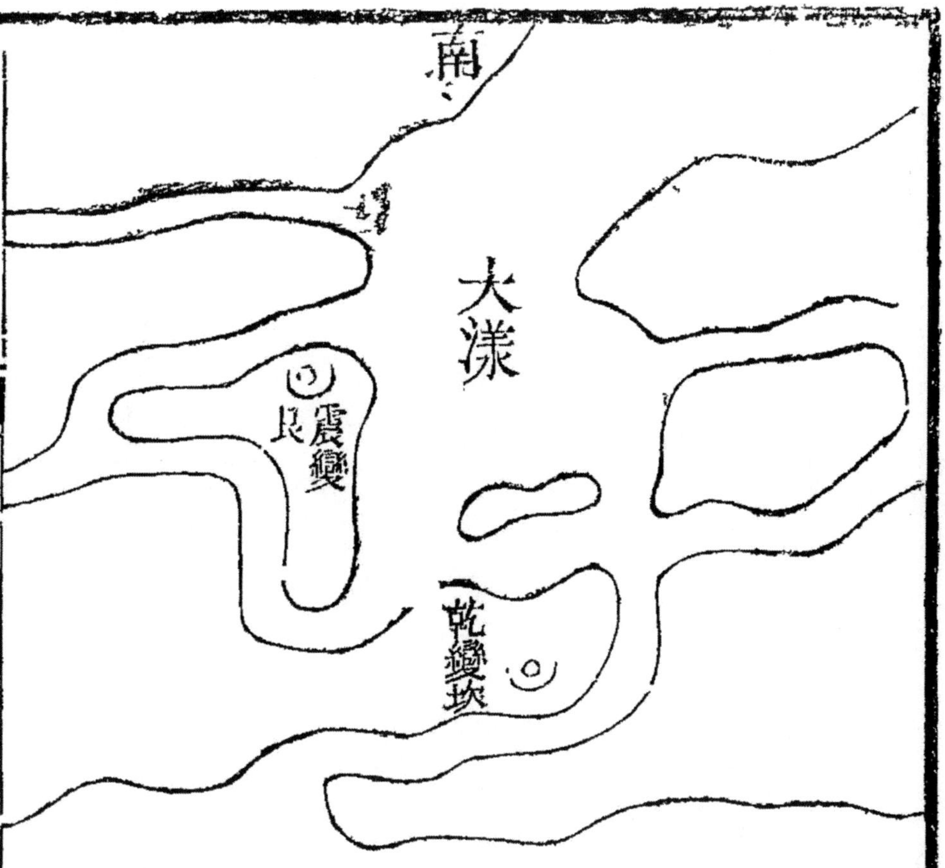

後穴倚小水立巽局本凶因外洋離水照入則小河之水止作界氣而變坎局大吉左穴倚大洋立震局本吉因坤方有大水斜冲照穴坤動而兌靜兌不敵坤變爲艮局大凶此吉凶相反之變例也餘以此推之

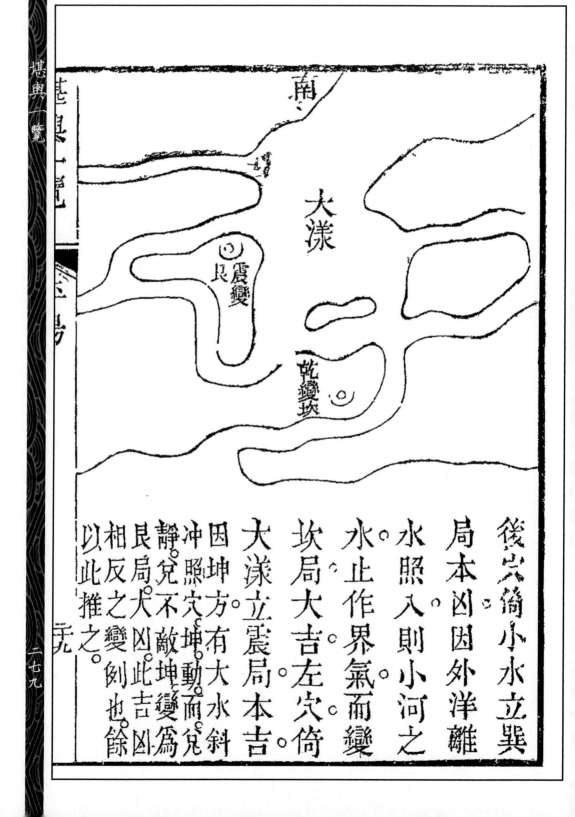

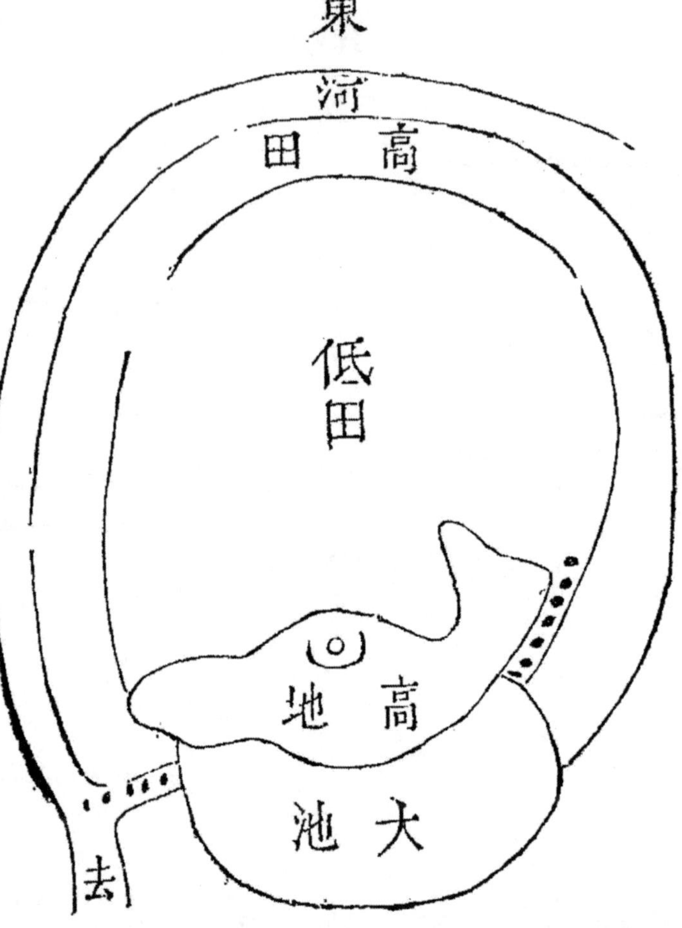

明堂本爲受氣之所。然要有收拾。若大而散漫。反能耗穴中之氣。且能變局。與水光同。此其証也。餘以此推之。

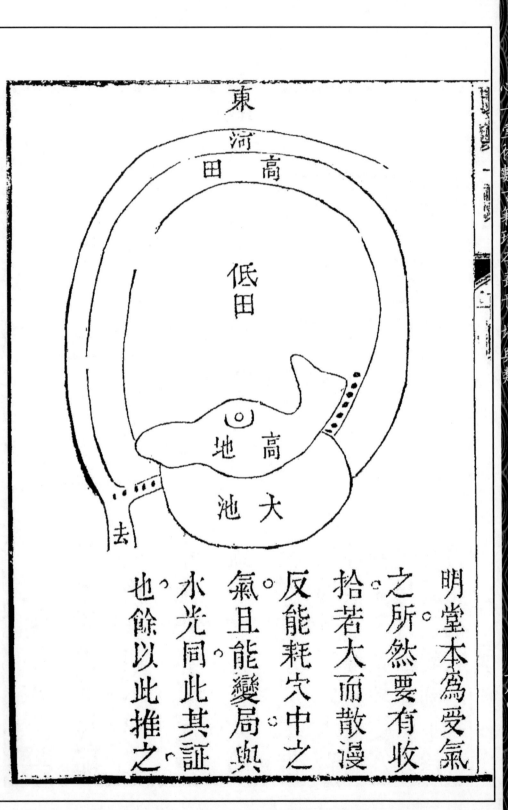

平陽總論

平陽有七忌一忌居中立穴蓋平陽之氣出于邊角邊角動處卽含生意且邊角之際必然近水否則溝洫低田皆爲虛處虛則能受故有生意至于居中四面平坡名爲死土氣從何受且犯中宮五黃之局斷不可穴穴之必凶覆舊自見

一忌遠水立穴平陽以得水爲生無水爲死有水則宜親宜接乃能受氣遠則不接雖四面環繞亦無用也惟水太大者可遠近則穴不能受反以致凶故大

洋之旁以藏爲妥此平陽之所以必取大水包小水也陰宅陽基事同一例覆舊自見

一忌高築坟圍蓋山脉之氣行于土皮之下故穴宜深取不深取則氣不貫棺平陽之氣行于土皮之上但宜築基培封中高旁低四面通暢若高築羅城阻絕外氣壅水入棺屍必速腐後嗣必彫即遇好穴亦歸無用覆舊自見

一忌大片平坂中立穴平陽之地總要散中取聚必須抽出枝條凸出邊角方爲氣注之處大片平坂氣

散不聚從何下手用之必凶覆舊自見

一忌河路直長處立穴蓋水性潤下曲則有情直則生氣瀉盡穴之絕人陽宅亦然覆舊自見

一忌順水立向蓋水氣能升能降升則爲雨露降則成川澤升爲進氣澤爲蓄氣逆水爲升是故朝來水坐去水爲平陽立穴之要領次則取其蓄聚蓄積氣既多自能升騰故也水惟畏寒故立穴宜向南以受暖氣順水爲退氣再加直由洩盡無餘犯之絕人覆舊自見 若去水大則有光返照不作去水論蓋水自去而情則廻也然亦宜坐不宜向

一忌塡塞水道。凡水要通、通則氣至、氣至則有生生不息之本。一經塡塞、則氣日耗、生意漸絕。欲求不敗。焉可得哉。不特陰地如此。鄉村城郭。處處皆然。來水塡塞。則氣不至。當面塡塞。則氣不注。卽水口亦不宜塡塞太緊。蓋水有去始有來。去處太緊。則水必折而他往。故平陽之地。不論水口、只要環抱交鎖而已。覆舊自見。

一忌近坆穿鑿、蓋坆已安妥。但宜聽其自然。若近坆亂掘溝池。水亂無情。傷損生氣。必致見凶。試覆舊坆。

屢多犯此。

凡欲興利者必先除害。害去則自利。欲趨吉者必先避凶。無凶便是吉。故立穴必宜先知其所忌。知則不犯。不犯所忌。則好處即在當前。不求自得。若不知所忌。則觸處成碍。雖有好地。亦不見也。故予但舉其凶。不復言其吉。

堪輿一覽

太平山人孫稚玉竹田氏

北窗閒坐草七篇共十六葉

陽宅

陽宅龍穴與陰宅無異。但其穴情寬大耳。山居必論龍。平陽必論水。兩者兼得。方爲全美。山居而無龍氣。平陽而不得水。宅不旺。人必不久遠。時術每舍本而論末。多以歌訣斷人禍福。偶有一中。驚以爲神。而不知其奸狡窺伺。術非一端。即使果驗。不過一術。終非明理者之言也。間覽陽宅諸書。爲說不一。俚鄙者多。惟王思山之言近理可信。然亦始末參差。瑕瑜雜出。是以博採諸書。止其可否。畧序數篇。明其大義。以備

明者之所採擇焉
一論局二論宅三論元運四論屋運五論主命六論流年合而觀之以卜一宅之興衰重在形勢細看救星勿執一非以廢衆是斯可耳

分局

分局之法依水則照前法分之無水及水遠不接之處在城中則以街巷分之街巷亦氣隨人通之處也如或四圍皆居人而中有大片空地則以空地分之空則氣通通則有衰有旺故其分局一如水法若屋

小而旁近高房如樓閣宮殿之類則以迴光返照之法分之返照之說即返風洞流之義也鄉閭居宅不傍水而傍衢路則以路分之無衢路而前後左右或有低田則以田分之有坵阜則以坵阜分之在山中則或以溪澗分或以山岡分其分局之法與水法同其局之變與不變亦與水法同有一宅而止一局者有一宅而兼數局者有一宅而前後左右四隅各分局者辨之不可不清也凡依水分局水要有情不宜狹長不宜穿射不宜盪胸潑面反跳斜飛亦可弔浜

亦可剪水弔浜剪水卽可分局不必舍弔浜剪水之法而專言分局也街坊衢道其理相通直射斜衝總爲帶殺居之不宜佛塔牌樓宜遠忌近晨鐘暮鼓少吉多凶天運之所廢固非人事之所能與也而術者漫云補救不亦難哉

論宅

局既定矣而後可以論宅立宅宜與局相生比和勿與局相克或朝水或坐水或倚水一如作平陽之法來水宜朝去水宜坐環過可倚四正之局宜立四正

之宅四隅之局宜立四隅之宅取其陰陽純粹而無駁雜之病也其或有正隅同用者則一六同宗乾坎可以相通二七同道坤兌可以相通三八爲朋艮震可以相通四九爲友巽離可以相通斯固先天一生一成之義聲應氣求兩美並濟外此則非所宜矣宅無大小統之則爲一局而宅之大者一局之中自有九局王侯之第其最大者九局之中又分九局一宅共有八十一局如八陣之例局局有正有變此中又自有轉移之法蓋以大局爲主而小局附之則又不

可槩以不純論也
凡屋低小只横列一進兩進而無天井及側廂者不能蓄氣不可以宅論必三進以上有天井有側廂則氣方注蓄流通方可論宅宅大方有九小局鄉間無大宅有一小村團聚一處者雖門戶各別止作一局論而各分其生尅衰旺若零散不聚東西各別則不可以一局論也
術家以東四西四分入宅而以九星論其吉凶甚是强合亦無驗且術家甚重三合陰陽二宅莫不由之

若依法而推則坎之長生在坤而入宅何以反謂之絕命坎之墓絕在巽而入宅何以反謂之生氣離之墓絕在乾而入宅何以亦謂之絕命離之長生在艮而入宅何以又謂之禍害即此二宅而言從山從向無一是處術者亦自悟其說之背謬而復為巧番接續之說以救入宅之窮而殊不知門上起卦此但可以論門而不可以論宅蓋有宅而後有門非有門而後有宅也本已失矣而術者猶自誇其法之變通不亦惑哉

論進

凡屋橫列一進。作幾間。當依河圖水火木金土生成之。數亦以局宅論其生克。以爲制化。如一進三間屬木。于坎局則爲局生屋。于艮局則爲屋克局。一進五間屬土。于坎局則爲屋克局。于兌局則爲屋生局。一進七間屬火。于坎局則爲局克屋。于震局則爲局生屋。論宅亦同。局宅不和。則以間數化之。亦利。

凡屋有正有零。正屋以宅星爲主。而順逆從頭數之。蓋宅有九宮。而一進則論橫列也。坐乾坎艮震宅爲陽在內朝外從左第一間數至右坐巽離坤兌宅爲陰在內朝外從右第一間數至左如坎宅以一白爲主則朝外從左手第一間數一白起第二間二黑第三間三碧離宅以九紫爲主則朝外從右手第一間數九紫起第二間一白第三間二黑其餘倣此每進另數不可接連蓋一宅統爲一太極而一進則又有一進之太極一間亦有一間之太極無混亂相連之理也零屋則先以宅星爲主而論其分宮之生克衰旺再以屋星爲主而論其生克制化如坎宅則以一

白爲主入中宮排之二黑殺到乾方乾金本爲一白之恩主能洩坤土之氣二黑爲坤二爲老陰此方零屋宅母居之有災以其本身爲殺而反被乾洩殃不及人必至自受也若向西坐東作三間一進屋屬木四綠坐中一間四綠爲文昌坐鎮殺方作書室大利若向東坐西作四間一進屋屬金宜作倉庫三碧洩氣到兌受克三碧爲震震爲長男長子居之不利當向東坐西作六間一進以化之坐西爲兌金間數爲水相生則吉四綠到艮艮爲土殺木來制之雖洩無

害五黃土殺到離受生大凶此方但宜安靜六事俱忌非寺觀祠廟衙門官宅不可于此方開門主傷寵長及次子蓋坎為宅星坎為中男故也六白生氣到坎來守元神宅長居之主延壽豐財七赤生氣到坤受生坤本土殺化而為恩居之大利八白殺星到震受克少子居之有災與二黑到乾同斷九紫財氣到巽受生中婦居之大利凡八局之零屋其坐向與間數一如上乾宮之例取其相生制化而已數法從屋不從局如在大局之兌方而作震宅則以三碧起數

如在大局之震方而作兌屋則從七赤起數所云物物各自有一太極而不相假借者此也以此推之則每進之主星可定而間數之主星亦可定矣

論間

間數既定即以間數所值之星爲主以輪九宮之飛星論其生克衰旺以爲開門安牀六事之用如坐北向南爲坎屋以一白爲主從左手數起第一間二白一白爲魁星與屋比和吉既看一白坎局二黑在乾五黃在離八白在震三方爲殺不宜開門六白在巽

七赤在坤爲生氣方開門大利凡間內開門門路宜在生方引生氣入內房門尤緊安牀宜那移進退接着生氣又要看元運生旺人命宜忌而後用之第一間二黑本爲凶星又爲屋之殺氣此間居之不利再看二黑坤局內犯殺方開門更凶第三間三碧屋生間吉再看三碧震局第四間四綠屋生間吉再看四綠巽局一如第一間一白之法推之第五間五黃大凶又爲屋之殺氣凶不可當此間斷不可作房當有孤寡癆瘵瘟腫之應水命人居之其應更速遇流年

二黑來併。必死。其餘八宮。俱依此推之。

元運

三元大運。每宮旺六十年。三宮共一百八十年而爲一元。三元共五百四十年而一週。小運每宮旺二十年。三宮共六十年而爲一元。三元共一百八十年而一週。目今大運下元七赤管運。小運上元三碧管運。大運看都會。小運看村落。而民間陰陽二宅俱用之。故凡陽宅。以本宮爲主。亦二十年而易一運。一百八十年而一週。其所易之運。視本宮之生克助殺助旺。

有化無化以為吉凶蓋陰陽之數火生于坎中故龍運自一而順行至九水生于離中故水運自九而逆行至一陽一升則陰一降陽再升則陰再降故龍水之運兩兩相配而成合十之用焉龍即火也局從龍故局旺則水亦旺視水之旺處而立局則局自無不旺者矣至于歲運則視厤本之所載何宮值年何宮值月而年月之生克制化以及脩方造作之宜忌亦可得而悉矣此元運之說也

屋運

屋運以坐山爲主次看層數次看間數次看零數只許相生不許相克凡層數間數零數俱以河圖水火木金土之序數之假如坎宅以水爲主正屋三層三屬木每層三間又屬木正側共計十七間十數屬土七間屬火初運以坎山管事行運十年屬水山生屋居之旺丁吉次以層數管事三屬木每層十年行運共三十年俱吉次以間數管事行運十年十屬土克山大凶爲木所制以減半論次以零數管事行運十年七間屬火爲水火既濟大吉共計六十年週而復

始再以水運行之坎宅不宜作五間五層五屬土居之丁財兩損復以流年及主命六事參之方準餘以類推又如離宅以火爲主正屋宜作五層屬土每層五間屬土或七間屬火其計正側屋七十五間七十屬火五間又屬土行運無不生旺自然有吉無凶矣或作七間三層爲木火相生亦吉又如震巽宅以木爲主不宜作五間五層受克凶宜作七間三層爲木火相生吉若作三間三層木太強不利主人宜開金門以制之反吉又如乾兌宅以金爲主不宜作三間

三層爲金木相戰。凶。宜作五間五層。或六層居之與旺。又如艮坤宅。以土爲主。不宜作三間三層。宜作五層四層七間九間以上。入宅略舉一二。以爲之例。類而推之。隨地隨時隨人之布置。務使相生。勿使背戾。斯可矣。如有不合式者。俟行運到時。或添設一層。或添設側屋零數。以爲之救。則可轉凶爲吉也。

凡屋之起運。以入宅之日爲始。空宅無運。如居之已久。而行至敗運者。當大修作以振動之。則從本宅重新起運。照前行去。而昔之敗運。已截住不行矣。如宅

仍舊無所動作而易一新主居之則又從本山重新起運如前此起屋運之法也

主命

主命者主人之生年納音如甲子乙丑納音金之類是也要與宅與屋與運與流年相生爲吉假如坎局坎宅屬水生年納音水命人居之比和吉金命人居之平吉木命人居之爲生氣大吉火命人居之敗絕土命人居之瘟癀其餘俱以此推之如火命人而居水宅固凶如遇行木運十年反吉以宅生運而運生

命也。如遇三層三間。居之又吉。以宅生屋而屋生命也。如居坎宅之側屋三碧四綠方。或九紫方。亦吉。以方位之相生相助也。流年亦然。反此則必見凶。

流年

流年之星。亦九宮之小運也。人事駁雜。多因于此。逢吉則助吉。逢凶則助凶。能作救星。能作忌星。凶與忌宜靜。吉與救宜動。昔人有云。凶星不動不見凶。吉星不動不見吉。正謂此耳。假如七赤流年入中宮管事。即將七赤從第一間數起。如坎屋五間。左手第一間一白。第二間二黑。第三間三碧。第四間四綠。爲文昌。第五間五黃爲土殺。此其坐間之星也。即將流年七赤加坎屋第一間數起。七赤金生一白水。吉。第二間八白與二黑比平。第三間九紫火與三碧木相生。吉。第四間一白水爲魁星。生四綠木爲文魁相會。上吉。第五間二黑土與五黃土比爲助凶。大凶。凶者宜靜。吉者宜動。餘皆倣此。又如四綠間本宜在坤方開一白魁星門路。流年一白加之。又宜在艮方開四綠文昌門路。以此類推。可以知宜動之方。無非取其相生助吉而已又如火命而居水間流年木星加之則爲救木命而居水間流年土星加之則爲忌其宜動之門路亦以前法推之而要以局星爲主局旺則有權雖有小疵亦無害也局衰則無力以制內局敗則雖有吉星加之無益于事陽宅之論大略如此法在變通亦可補救非徒空言者比也

九宮定位

二黑 坤 土	七赤 兌 金	六白 乾 金
九紫 離 火	五黃 中宮 土	一白 坎 水
四綠 巽 木	三碧 震 木	八白 艮 土

此九宮八卦之定位也以水分局以向論宅以元運論衰旺凡造作開門修方出路俱準此推其生克制化而後用之

在水之北。則為一白坎局。以本局之方位生克。視前圖之坐宮生克而後用之。二黑五黃入白俱屬土。克入為殺。二黑到乾。乾金本生入洩土之氣。其凶減半。其五黃到離。火生土。其凶加倍。八白到震。見木受克。其

白坎局

上元旺

九紫 財見生吉	五黃 殺見生凶	七赤 生見大吉
八白 殺見殺	一白	三碧 洩見殺
四綠 洩見財	六白 生氣大吉	二黑 殺見洩

凶減半。六白七赤俱屬金為生氣。六白到坎。為守元神。不為洩氣。大吉。七赤到坤。坤為土。係本局之殺。左見金而生。大吉。艮土為殺方。見木制而無害。九紫為殺財。到巽而受生。三碧為洩到兌而受制。俱作吉論。後八局俱依此推之。

此局如向南作坎宅。宅與局同。無參差之病。如向北作離宅。則兼九紫局看。為水火既濟。吉。向東作兌宅則兼七赤局看。宅生局。吉。向西作震宅。則兼三碧局看。局生宅。吉。

二黑坤局

上元旺

一白 財見殺	六白 洩見殺	八白 旺見旺
九紫 生見生	二黑	四綠 殺見殺
五黃 旺見旺	七赤 洩見洩	三碧 殺見殺

東北有水。為二黑坤局。其生克制化。照前法推之。凡二黑五黃為凶星。其所到方。六事俱不宜。如見五黃到坤。二黑入中宮。則為黃黑兼併。其凶加倍。此局。三碧四綠為殺方。而受制于乾兌之金。則殺不自立。不能為凶。九紫火為生氣方。而投三碧木。為生復見生。化殺為恩。吉必加倍。

此局。如向東北作坤宅。宅局相同。不另看。如作艮宅。當兼八白局看。並旺吉。作巽宅。當兼四綠局看。宅克局。宅作乾宅。當兼六白局看。局生宅。吉。

在水之東則爲三碧震局。一白爲生氣。到震宮爲守元神。大吉。兌爲殺方。五黃生之。六白爲殺。到艮投生俱大凶。餘宮俱可以制化用之。

三碧震局

上元旺

二黑 財見 殺	七赤 殺見 殺	九紫 洩見 洩
一白 生氣 大吉	三碧	五黃 財見 洩
六白 殺見 生	八白 財見 財	四綠 旺見 殺

此局如向西作震宅。宅與局同。不另看。如作兌宅。當兼七赤局看宅。克局。平。作坎宅。當兼一白局看宅。生局。吉。作離宅。當兼九紫局看。局生宅。吉。

西北有水。則爲四綠巽局。五黃到乾助殺。六白殺臨殺位。七赤殺投艮土受生。俱大凶。不可犯。三碧到巽。爲旺臨旺位。九紫到坎爲水火既濟。上吉。一白八白次之。

四綠巽局

中元旺

三碧 旺見 旺	六白 財見 生	一白 生見 殺
二黑 財見 殺	四綠	八白 殺見 旺凶
七赤 殺見 生凶	九紫 洩見 殺	五黃 財見 洩凶

此局如向西北作巽宅。宅與局同。不分看。如向東南作乾宅。當兼六白局看。宅克局平。作坤宅。當兼二黑局看。作艮宅。當兼八白局看。俱爲局克宅平。

四面有水，或四面皆街巷，四面皆溝田，則爲中宮五黃局，看作何宅，則兼何局，以看其統體。其八面近水，則兼八局，各以一局論其一面可也。如向南作坎宅，則以一白局同中宮看其統宅之吉凶方。如宅之東南，則爲乾局，以六白局同中宮及統宅一白局看宅之正南，則爲離局，以九紫局同中宮及統宅一白局看宅之西南，則爲艮局，以八白局同中宮及統宅一白局看，餘皆依此推之。

五黃靜局

中元旺

四綠 殺	九紫 生氣	二黑 旺
三碧 殺	五黃	七赤 洩
八白 旺	一白 財	六白 洩

東南有水。則爲六白乾局。其九紫殺方。一白臨之。爲子來救母。吉。而本局之九紫臨艮。艮爲生氣。火生土而土生金。爲母來顧子。殺化爲恩。不爲凶矣。八白到兌爲生氣。七赤到乾。爲旺入旺方。四綠到震。爲財臨旺地。俱吉。三碧到坤。爲財傷生位。平。

六白乾局

中元旺

五黃 旺見 殺	一白 洩見 財	三碧 財見 財
四綠 財見 旺	六白	八白 生氣 見洩
九紫 殺見 洩	二黑 生 見 財	七赤 旺

此局。如向東南作乾宅。不另看。如作巽宅。當兼四綠局看。局克宅。平。作艮宅。當兼八白局看。作坤宅。當兼二黑局看。俱爲宅生局。吉。

在水上之西。則爲七赤兌局。二黑雖凶而有九紫生之亦可化凶爲吉。九紫到兌。殺入本宮。大凶。三碧財臨生地。八白六白助旺。俱吉。餘平。

七赤兌局

下元旺

六白 旺見 財	二黑 生見 生	四綠 財見 財
五黃 生見 殺	七赤	九紫 殺見 財
一白 洩見 殺	三碧 財見 生	八白 生見 洩

此局。如向東作兌宅。不另看。如向西作震宅。當兼三碧局看。局克宅平。作離宅。當兼九紫局看。宅克局平。作坎宅。當兼一白局看。局生宅吉。

西南有水。則爲八白艮局。三碧四綠俱爲殺。三碧到離。離方爲本局之生氣。木生火而火生土。殺化爲恩。何吉如之。四綠到坎。爲殺臨生地。其凶加倍。九紫到乾吉。六白到震。七赤到巽。俱以制殺而吉。黃黑雖臨旺地。不以吉斷。

八白艮局

下元旺

七赤 洩覺 財	三碧 殺覺 洩	五黃 旺
六白 洩覺 財	八白	一白 財覺 生
二黑 旺	四綠 殺覺 生	九紫 生 見 財

此局。如向西南作艮宅。不另看。如作坤宅。當兼二黑局看。並旺吉。如作乾宅。當兼六白局看。局生宅吉。作巽宅。當兼四綠局看。宅克局。平。

在水之南。則為九紫離局。四綠到離。為生氣守本宮元神。大吉。三碧到艮亦吉。六白到坤。為財投生地。吉。一白到乾。為殺投生地。大凶。七赤到震。為財傷生。平。

九紫離局

下元旺

六白 洩見 殺	四綠 生氣 大吉	八白 財見 生
七赤 財見 財	九紫	二黑 洩見 洩
三碧 生見 財	五黃 洩 見 財	一白 殺見 生

○此局如向北作離宅。不另看。如向南作坎宅。當兼一白局看。為水火既濟。吉。作震宅。當兼三碧局看。宅生局。吉。作兌宅。當兼七赤局看。局克宅。平。

堪輿一覽

太平山人孫稚玉竹田氏著

支硎琓月草

日時

擇吉之法在于善侯天星而化命不與焉葢人死則形消氣返有生之理巳終而尚追求其生年以配四柱此不知理者之言也大凡人事莫不因乎天而成乎地鑿穴而深藏之所以受地氣擇日時而後葬所以受天氣故古人謂之造命造命何謂謂龍穴砂水

本是天然然未穴之前猶如太虛渾漠無眹鑿而穴之則如混沌之初開萬象之初著枯骨一沾地靈有主一聲囫地貴賤已分日時之所係不甚重哉造命之法以日月恩用之拱夾定格以晝夜陰陽之分定局以格局定日以日之躔度定時以時定命以命定恩以二至二分之時令定用審向度之正偏論入宮之深淺推卦運之衰旺觀穴形之強弱日暖風和星輝月朗雲霧不生山川明媚則天精地華合爲一氣爾毓秀無疑矣天元第五歌言之最精細玩自曉

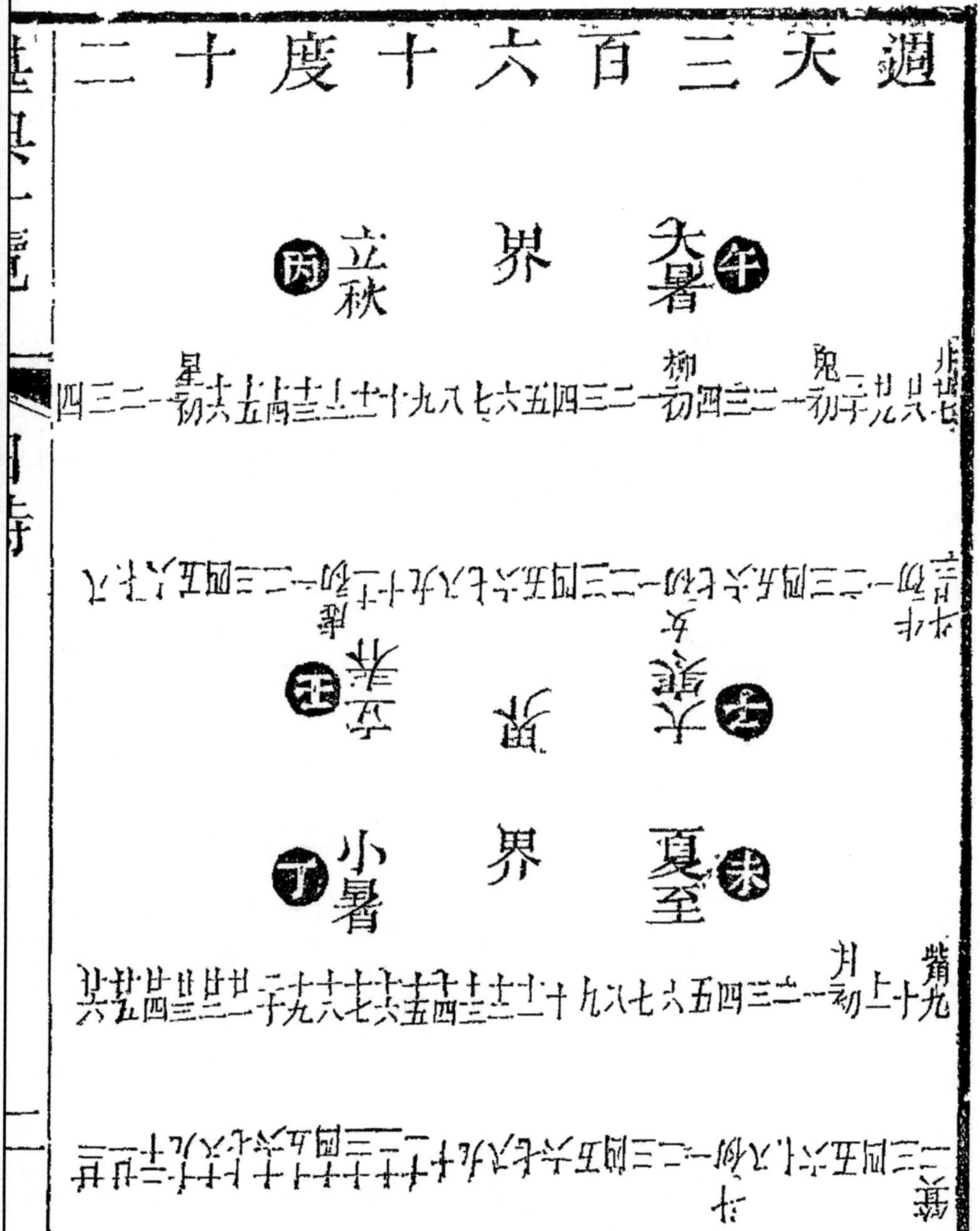

週天三百六十度
午
大暑
界
立秋
丙
鬼
柳
星
未
夏至
界
小暑
丁

宮位二十四節過宮分

未 小滿　界　芒種 坤

畢　井　參 觜

三四五六七八初一二三四五六七八九十十一十二十三初一初一二三四五六七八

卯 霜降　界　立冬 申

角 亢　氐

九十初一二三四五六七八九十初一二三四五六七八九十十一十二十三十四十五十六

界擇日立向撥砂准此

巳 處暑 界 白露 巽

星五六七 張初一二三四五六七八九十十一十二十三十四十五十六十七 翼初一二三四五六七八

乾 驚蟄 界 雨水 亥

虛九 危初一二三四五六七八九十十一十二十三十四十五十六十七十八十九 室初一二三四五六七八

辰 秋分 界 寒露 乙

翼九十十一十二十三十四十五十六 軫初一二三四五六七八九十十一十二 角初一二三四五六七八

辛 清明 界 春分 戌

室九十十一十二十三十四十五 壁初一二三四五六七八九十十一十二 奎初一二三四五六七八九

古者塟不擇期惟取天日晴和此至當之理不加粉飾者也後人理不勝欲便生出許多拘忌來若干冲犯若干神殺翻書滿案瞋目語難五載三年不得一吉何古人之愚而今人之智耶是大可哂也此凶彼吉同室操戈甲是乙非日家聚訟以致停棺累世孫老兒亡傷哉憊矣其或詢謀僉同人人共慶乃吉未見而凶禍迭至者又有之于是人心惶惶畏日如虎不思獲吉但求得一太平無事日時便為大幸嗟嗟日時何嘗不太平人心自不肯無事耳與日時何與

哉夫塟之道喜陽而惡陰穴既如此日時何獨不然不觀之于塟經乎天光下臨地德上載日時之用古人已明言之本是平易無甚奇特雖愚夫愚婦亦可與知與能而明者不察反求之于渺茫不可信之中以為深遠精粹惑之甚矣余故平列宮度節候指陳十一曜之用法以發明塟經天光下臨之義使賢愚士庶無不共曉然知一年三百六十日無日不可安坟吉凶禍福別有攸關在彼而不在此也日時特其餘事耳歷叙其式如左

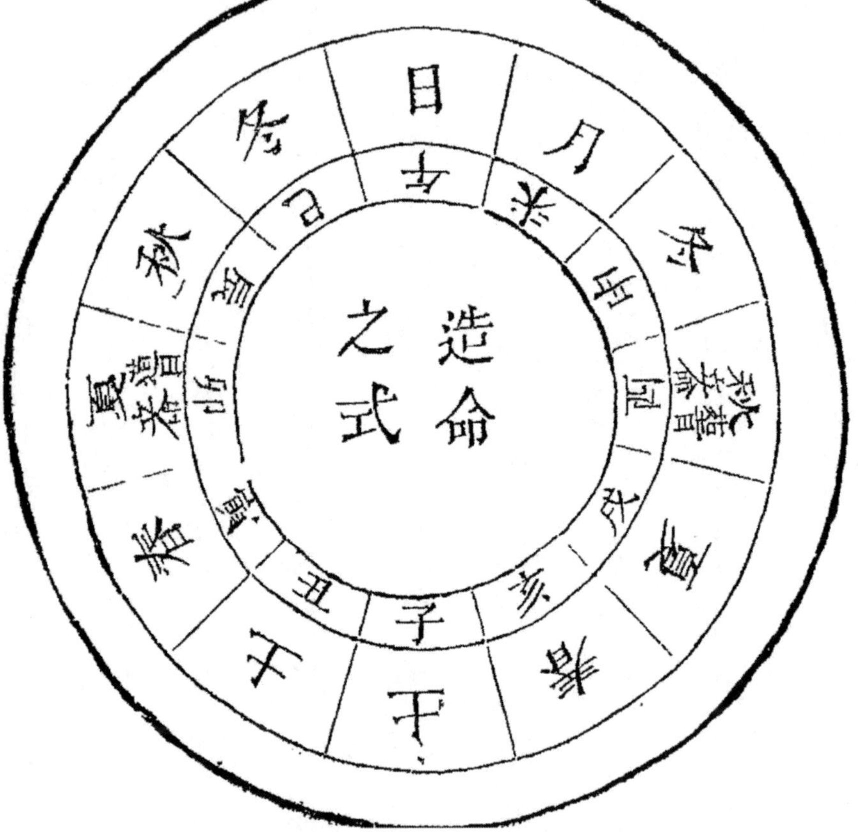

卯酉爲日月出入之門乃春秋二分陰陽平氣故凡立命看日躔度到宮以定時以時定命日出于卯造用之月生于酉用之雖日用之日月爲天子丑爲地東西入宮以四季所屬五行推之。

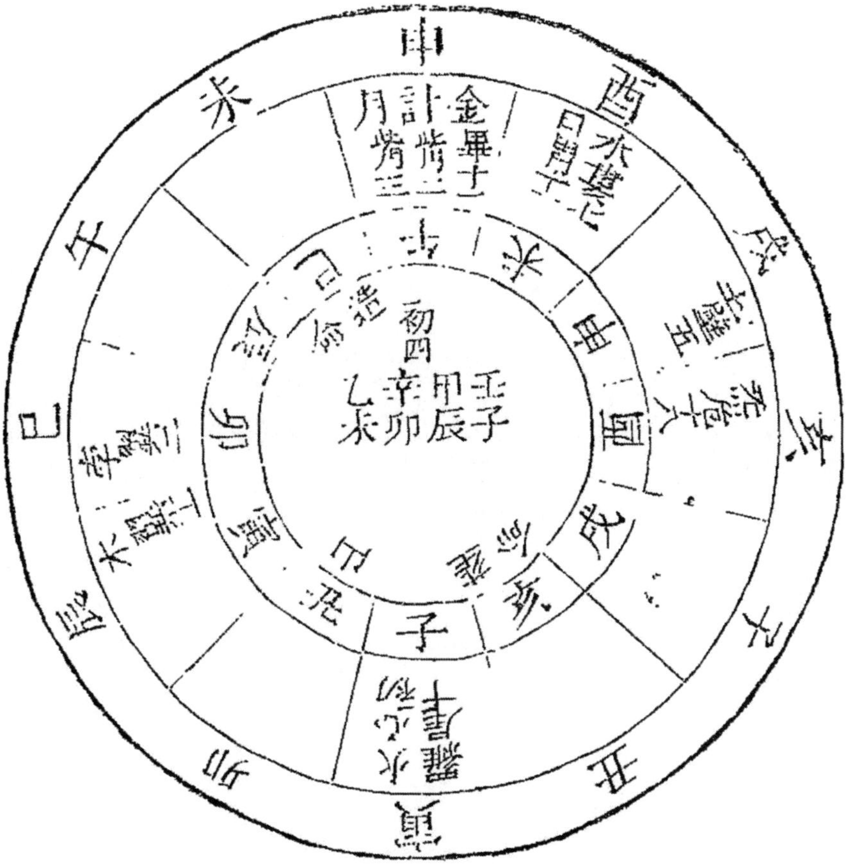

丑山未向
塟命屬木
造命屬水
春季木命用恩
照向
格取雙恩拱山
恩星伴日
又晝用太陽正
照式
太陽最喜水星
作伴又作恩星
宮位乾淨故取
其到向正照以
叶吉占

五

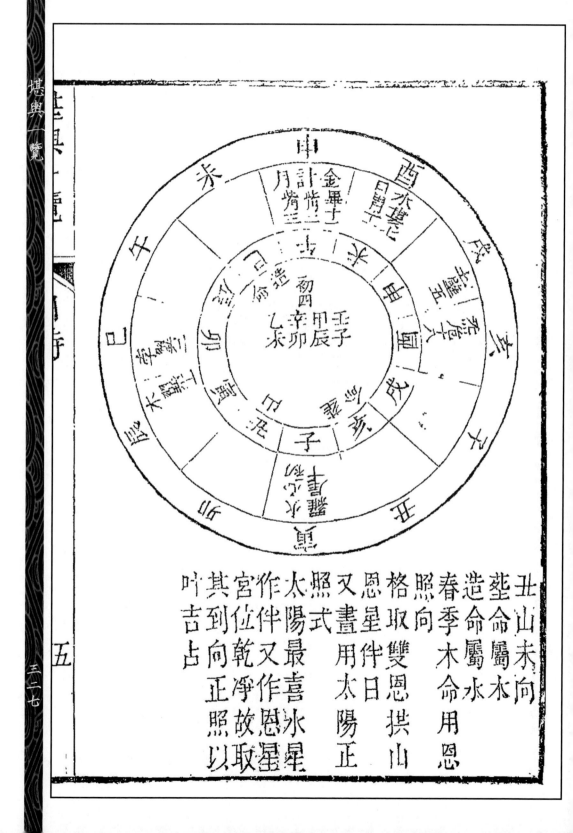

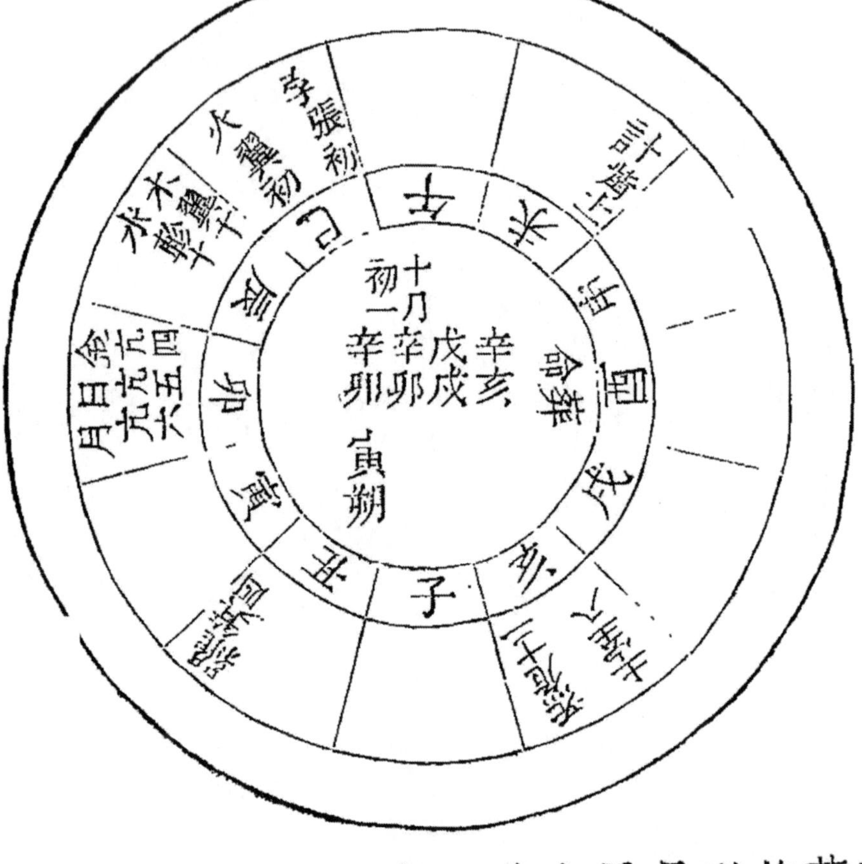

酉山卯向
莛命屬金
格取日月合朔
到向命主伴日
月土計雙恩拱
日月五星逆生
火羅守垣
秋分後金水孛
火羅土計並用
卯山酉向同

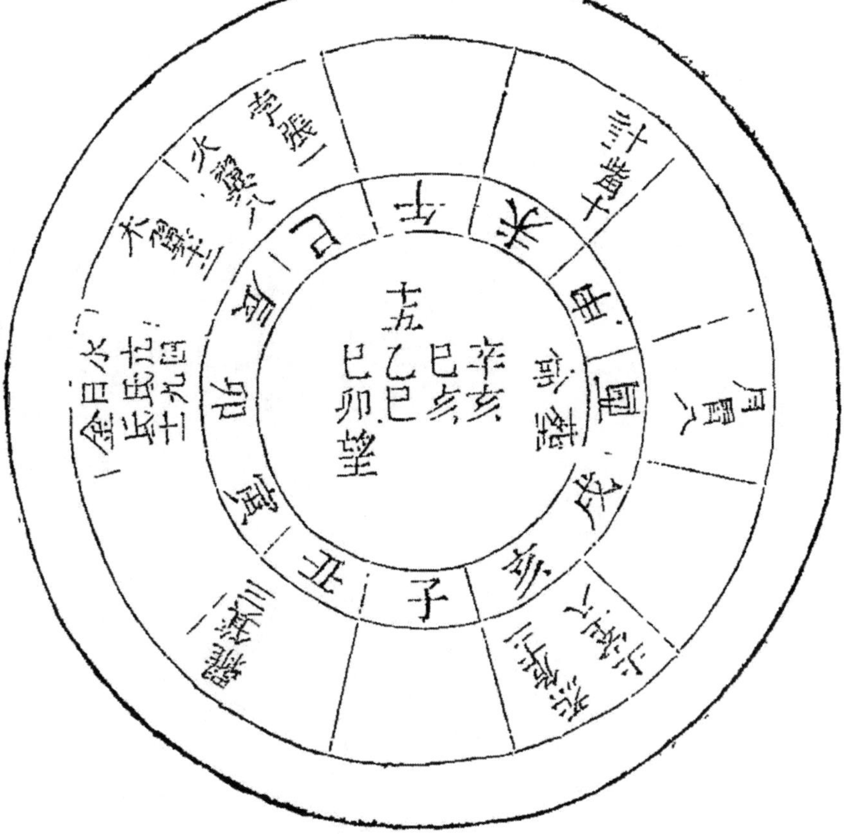

酉山卯向
葬命屬金
格取日月對望
正照山向金水
輔日五星逆生
土計雙恩拱山
拱向拱月拱日
拱命火羅守垣
卯山酉向同
子山午向同格
取十一曜排班
日月得位

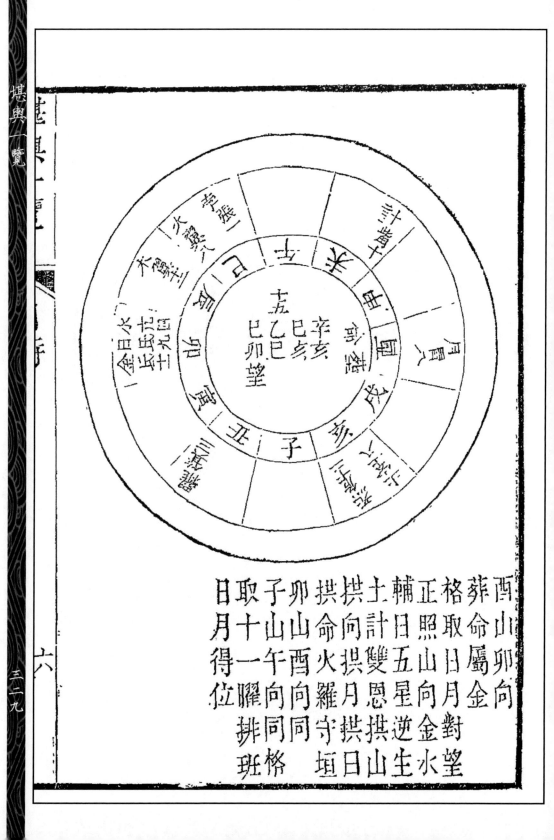

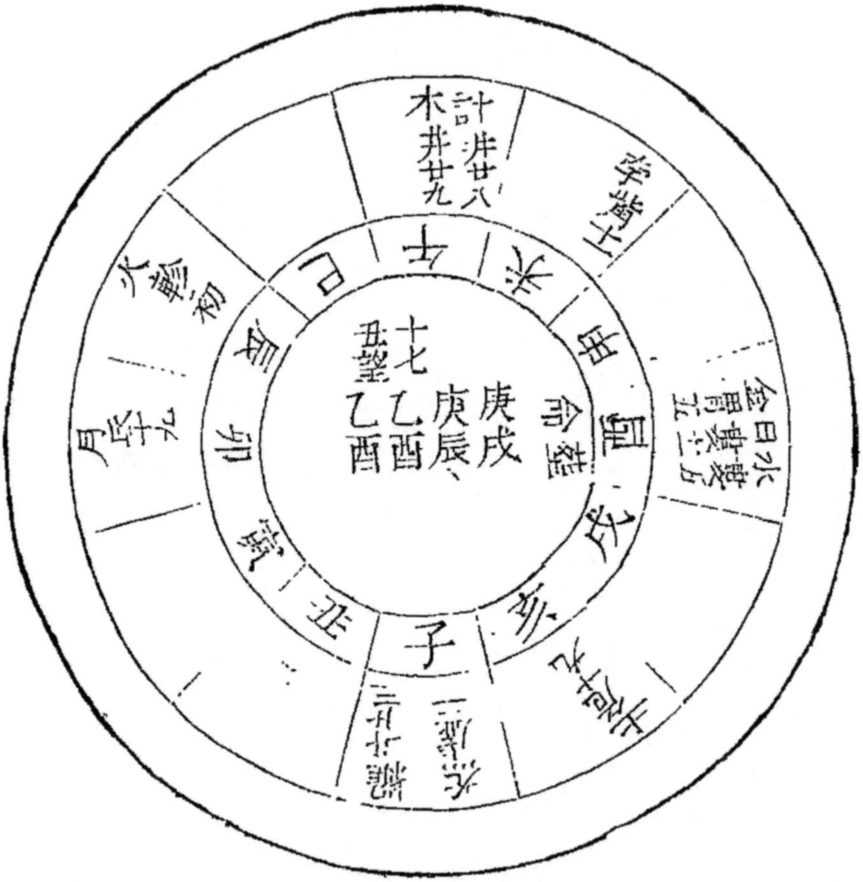

酉山卯向

坐命屬金

三月土旺金命

正宜

格取太陽到山

命主伴日金水

輔日日月對照

羅計中分四正

有星土孛雙拱

又酉時取日月

雙明雙照式

卯山酉向同

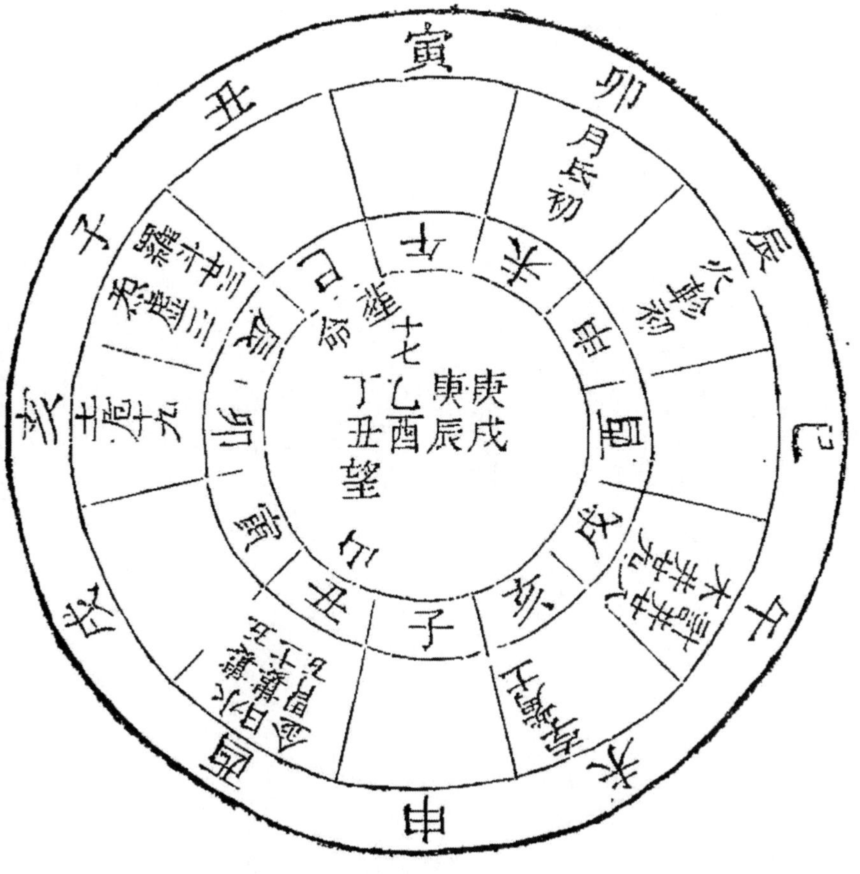

丑山未向借局

塟命屬水

三月水命用金

作救

格取太陰到向

正照命主同恩

金輔日

又夜用太陰式

凡朔望之日陰

陽和合不遇薄

蝕俱作吉占朔

宜用畫時望宜

用夜時

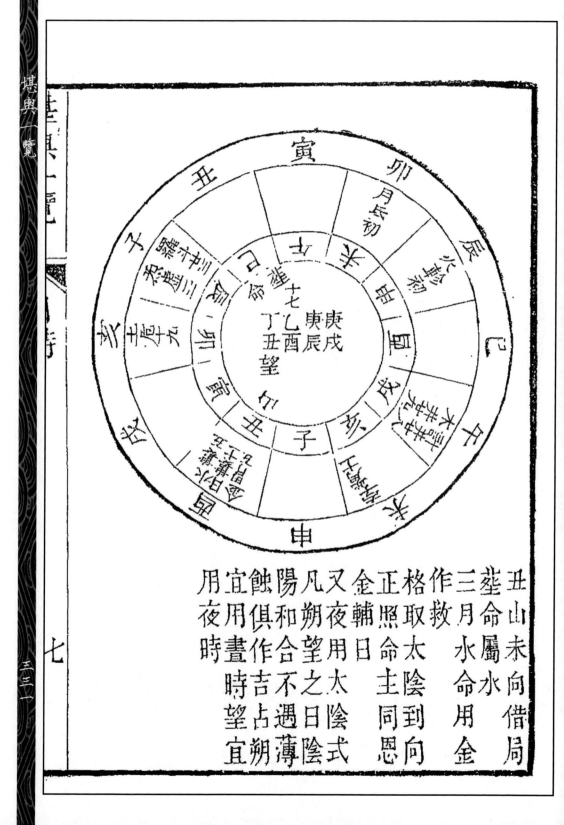

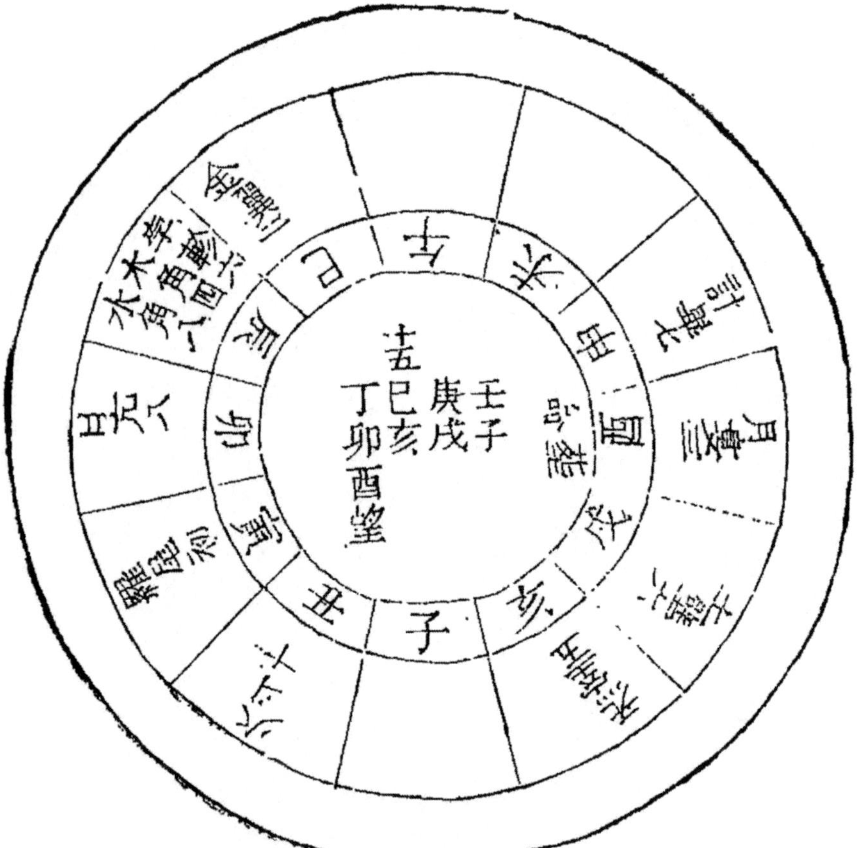

酉山卯向
卯山酉向
壁命屬金
格取日卯月酉
東西得位照山
照向日月各守
一宮九曜守垣
雙恩拱月拱山
凡是望日卯酉
二時日月雙明
最吉
子山午向同前
又取十一曜東
西排班格
十六日卯時同
推

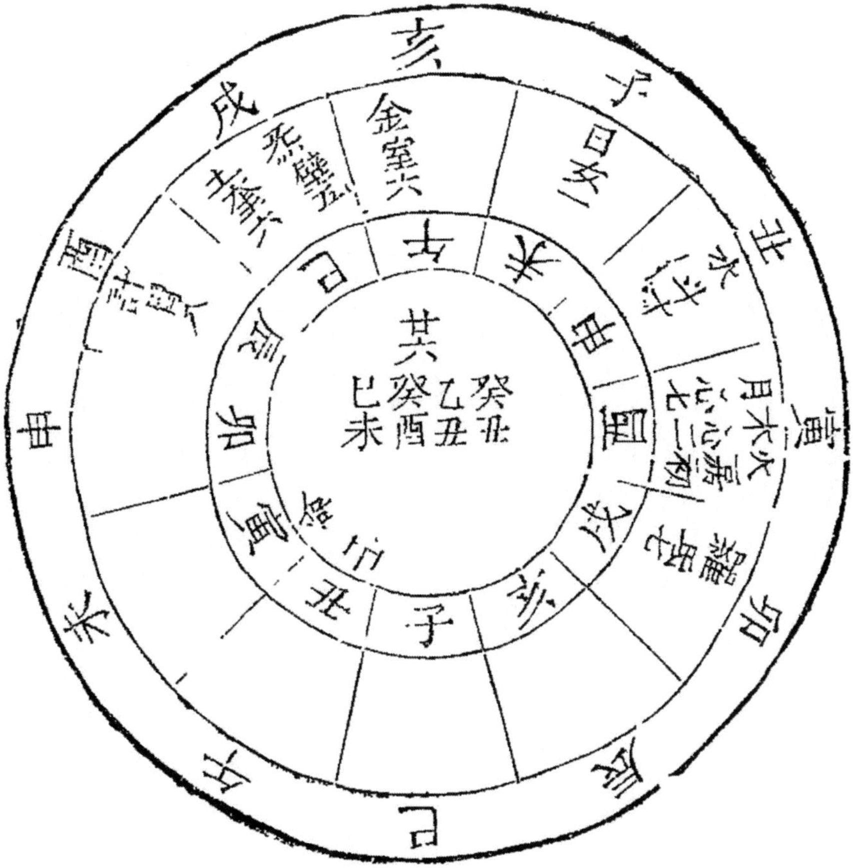

丑山未向[illegible]命屬木寒木依火羅格取恩星到山日月拱恩五星逆生交護日月羅計攔截于卯酉諸星盡列于北面拱護山頭故宜晝用太陽到向以温暖之

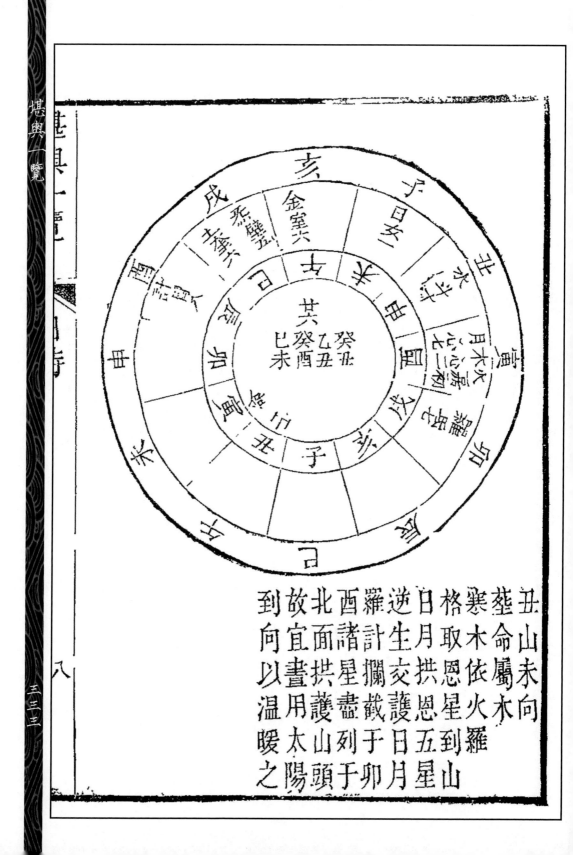

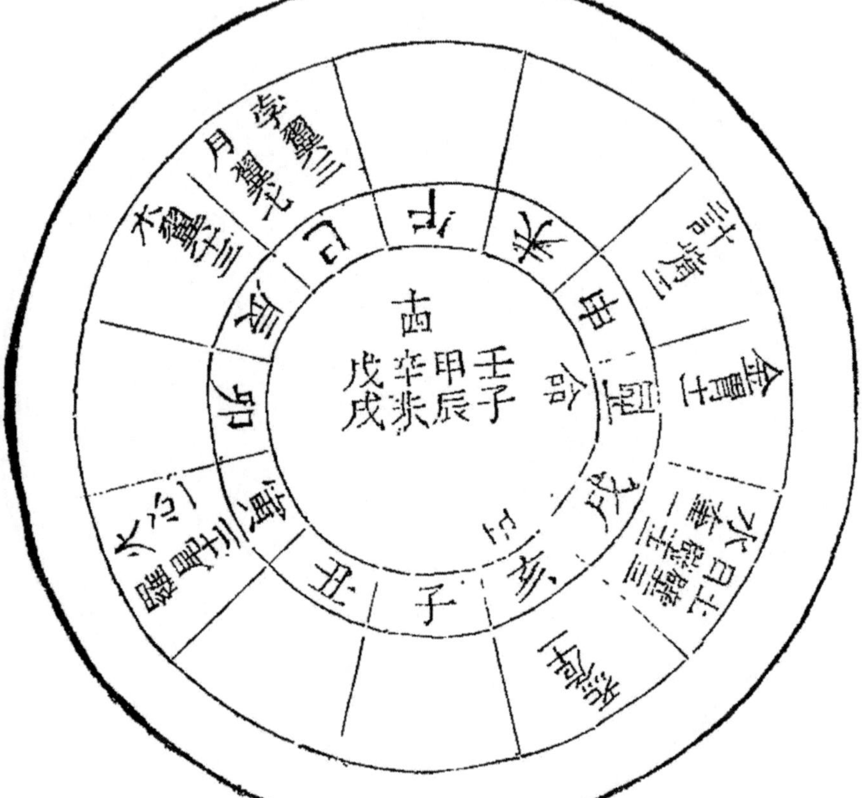

亥山巳向
甃命屬金
格取孛星捧月
正照山向命主
得地紫炁照山
四餘守維羅計
侍垣
非山未向用子
時
甃命屬水
格取孛星捧月
金孛拱山
太陰最喜孛星
同宮又喜金星
同宮羅星同宮
只宜一星守月
不宜見兩宮位
亦要乾淨

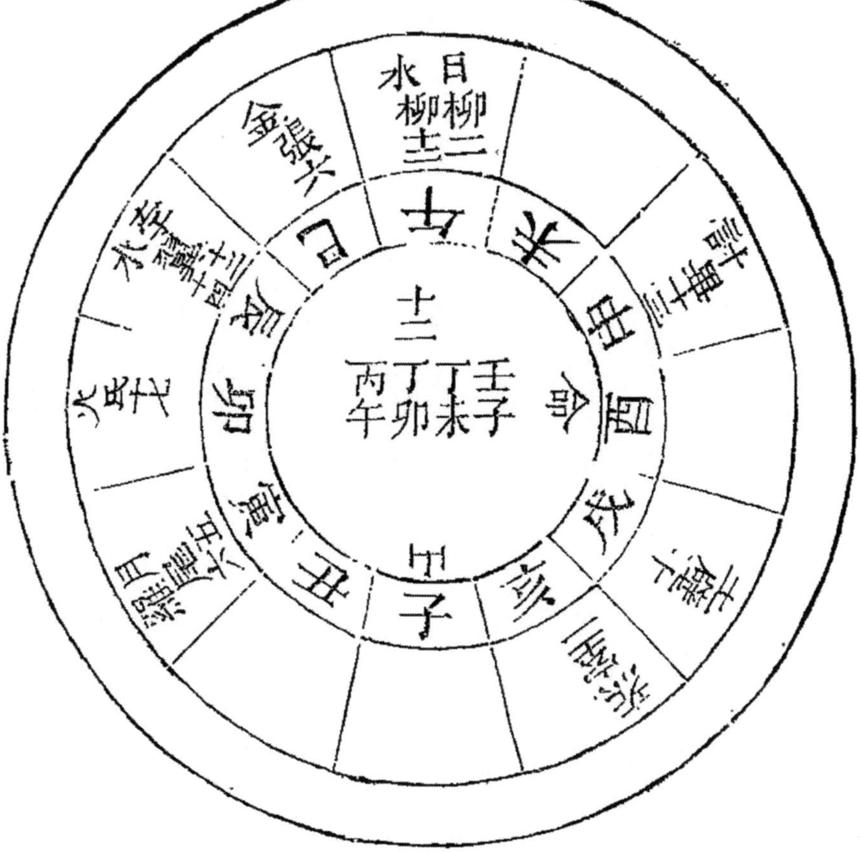

子山午向
壬命屬金
格取水星輔日
羅睺抱月雙恩
拱命日月拱恩
太陽照向
戌山辰向同
格取日月雙拱
恩星到山

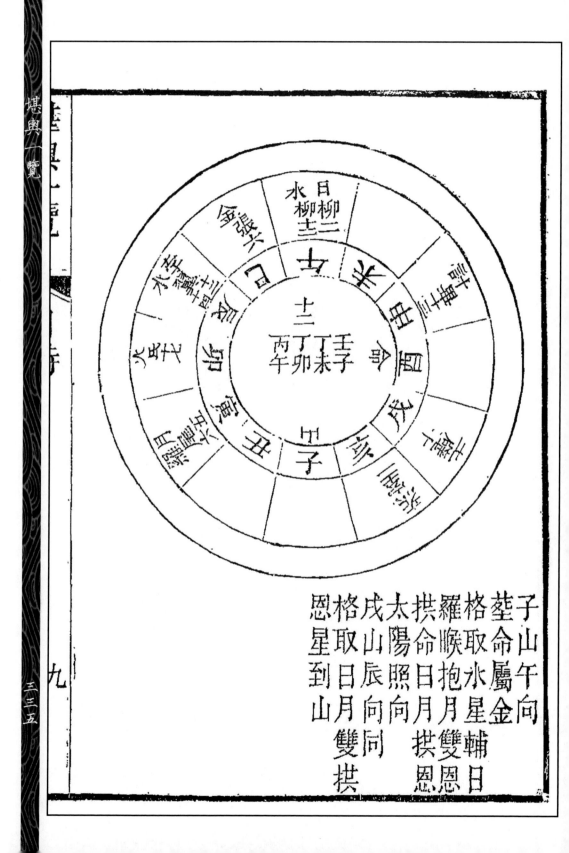

寅山申向
奎命屬水
格取太陰照向
羅睺貫月
亥山巳向
奎命屬水
格取日用太陽
到向水輔陽光

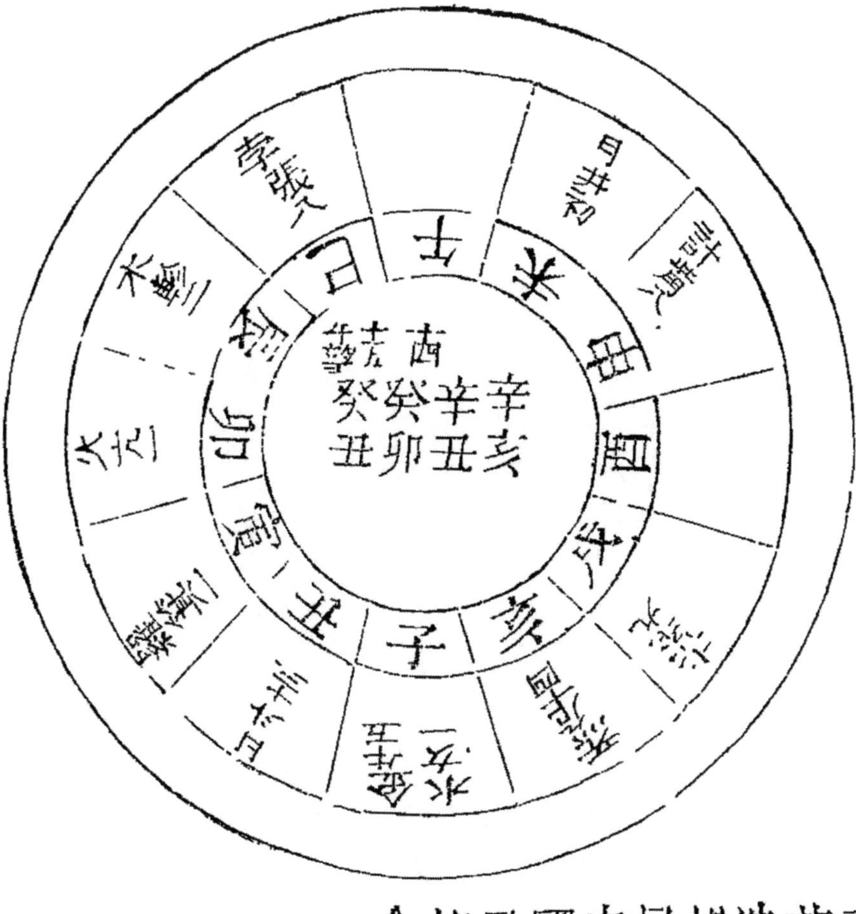

丑山未向
塟命屬金
造命屬火
格取四餘守維
日月對照山向
宮位乾淨十一
曜俱各占一宮
子山午向同
格取月孛守門
金水朝天

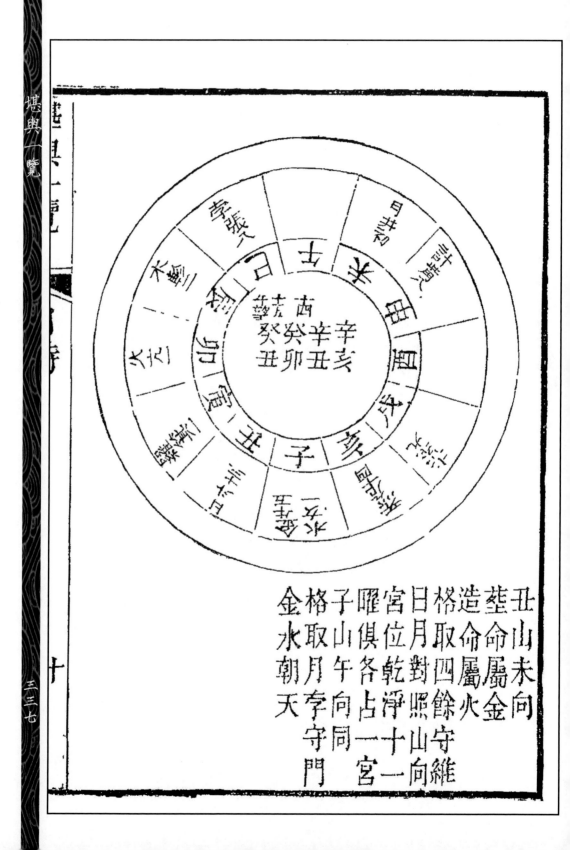

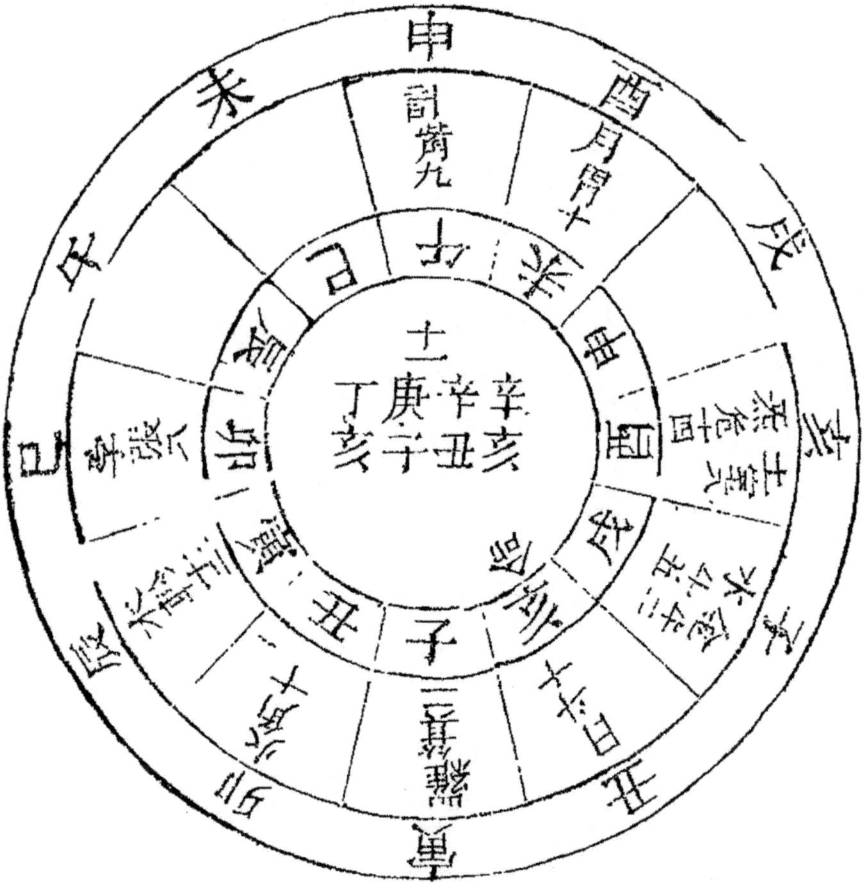

丑山未向
葬命屬木
夜用太陰
格取日月拱恩
太陽到山太陰
到向四餘守維
火星照山

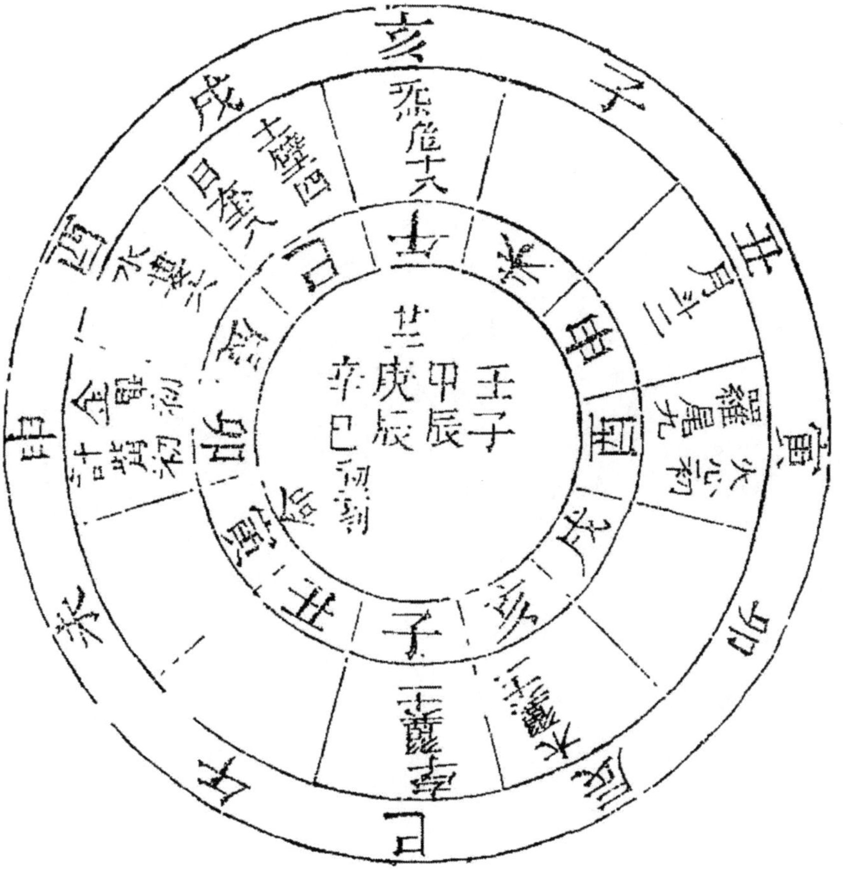

亥山巳向
莖命屬木
晝用太陽
格取雙恩拱月
四餘守維

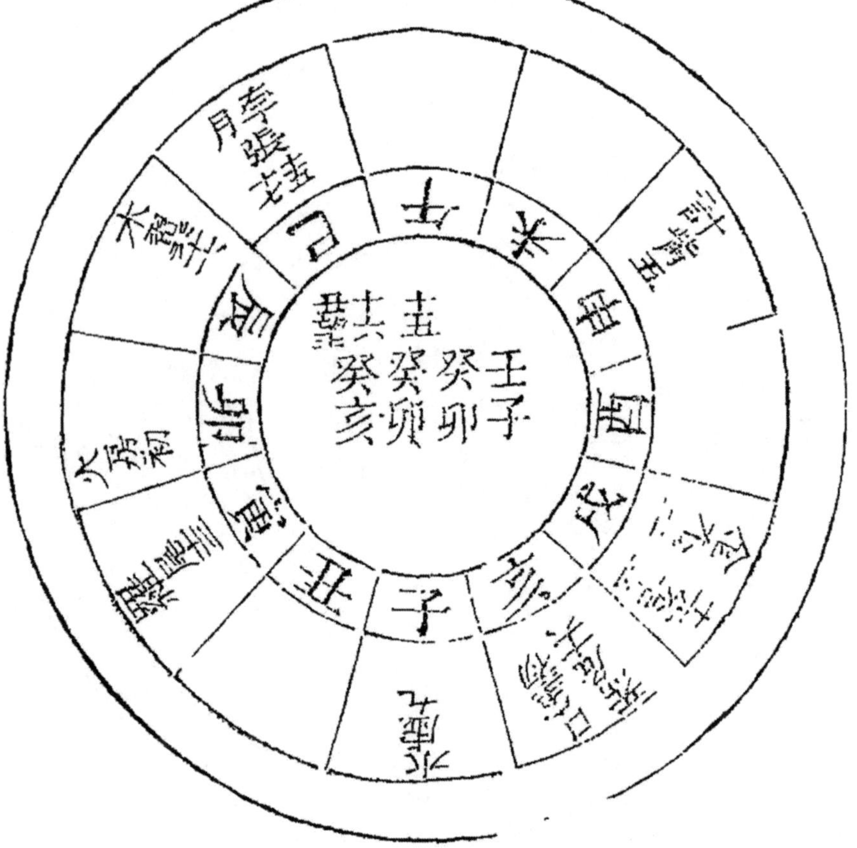

亥山巳向
埜命屬金守維
格取四餘紫炁
日月雙照抱月
護日孛星
羅計侍垣
如作丑山未向
用癸丑時亦佳

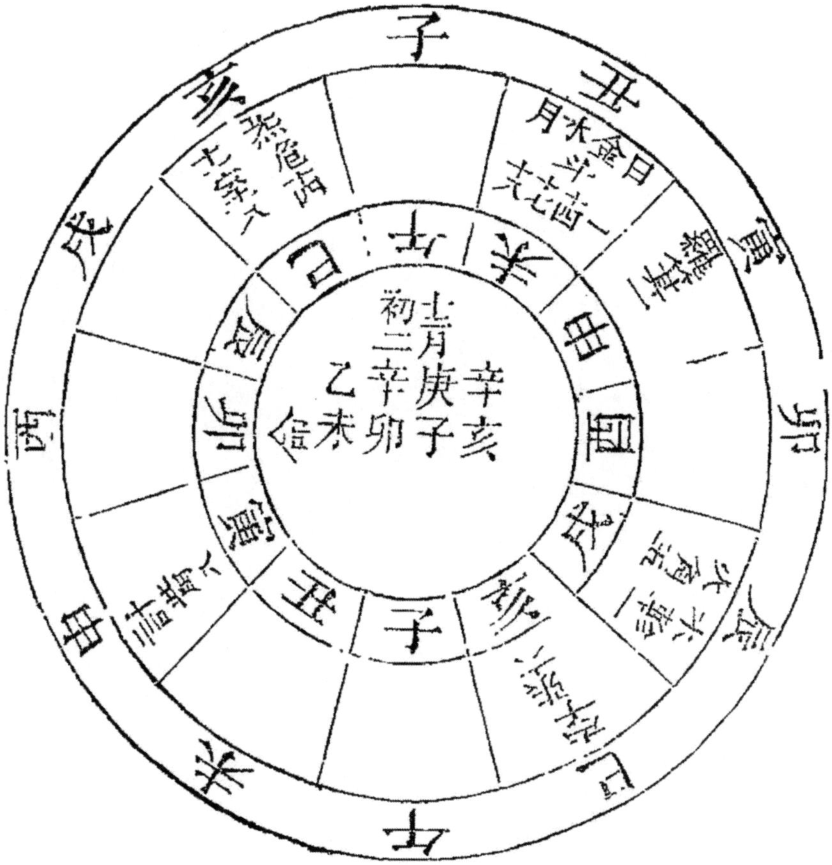

丑山未向造命屬火格取四餘守維日月金水同聚斗宮正照山頭因向上無星故用未時

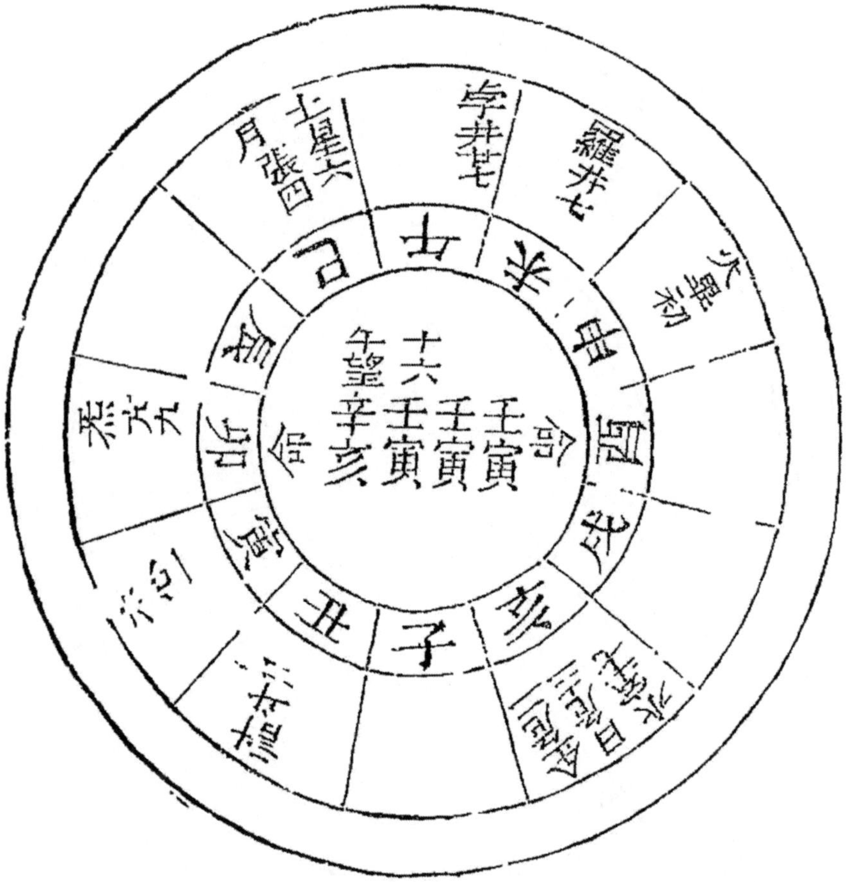

亥山巳向塟命屬金格取日月對照山向日乾月巽金水輔弼恩星件月木火侍垣

寅山申向造命屬火格取木火通明日月侍垣恩星照山火星照向

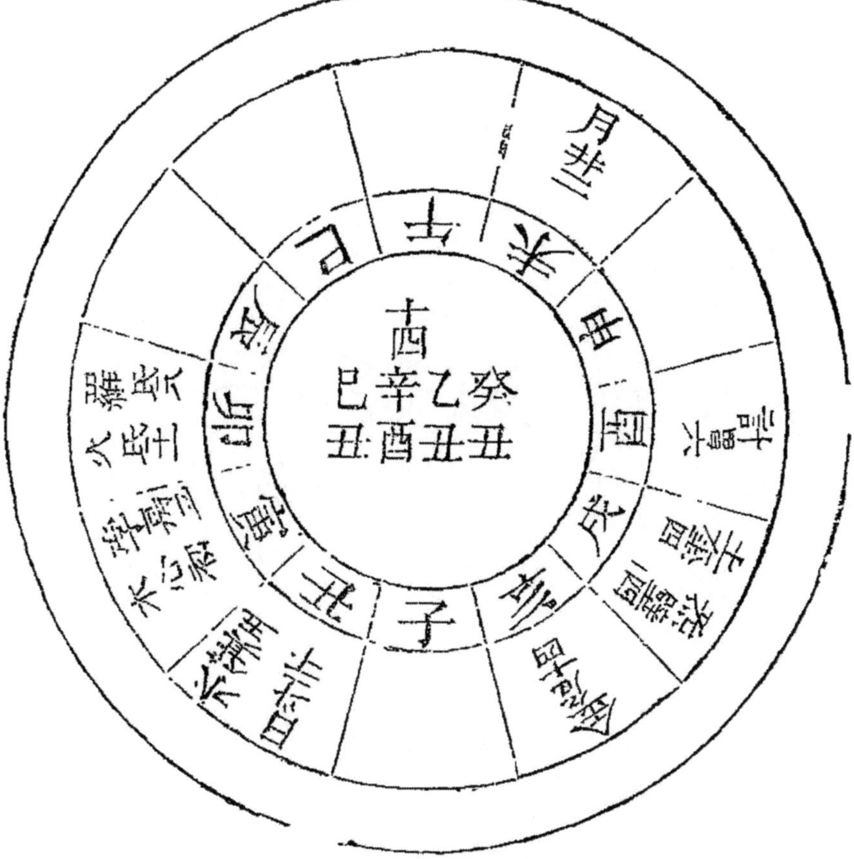

丑山未向莖命屬金寒金用火羅格取日月對照山向水星伴日五星逆生羅計攔截跳出孤月正照山向火羅貫月羅月拱金金月同輝恩星守命

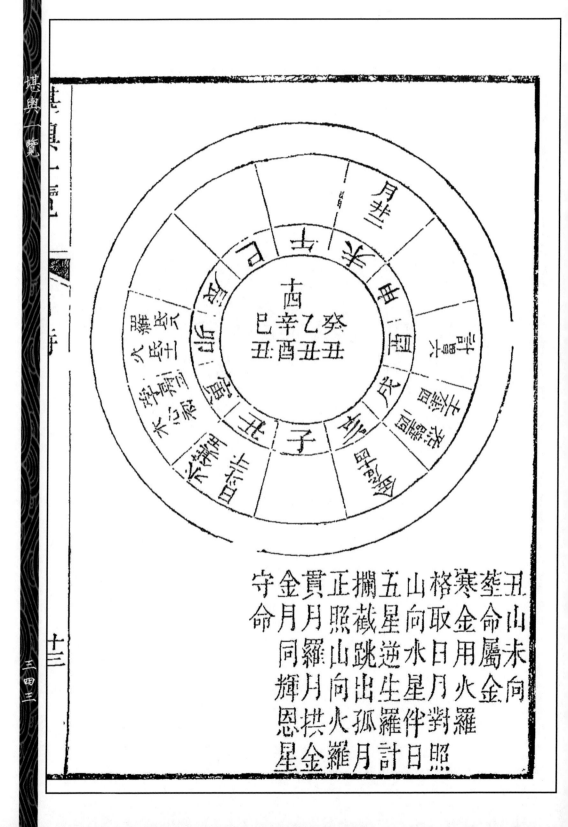

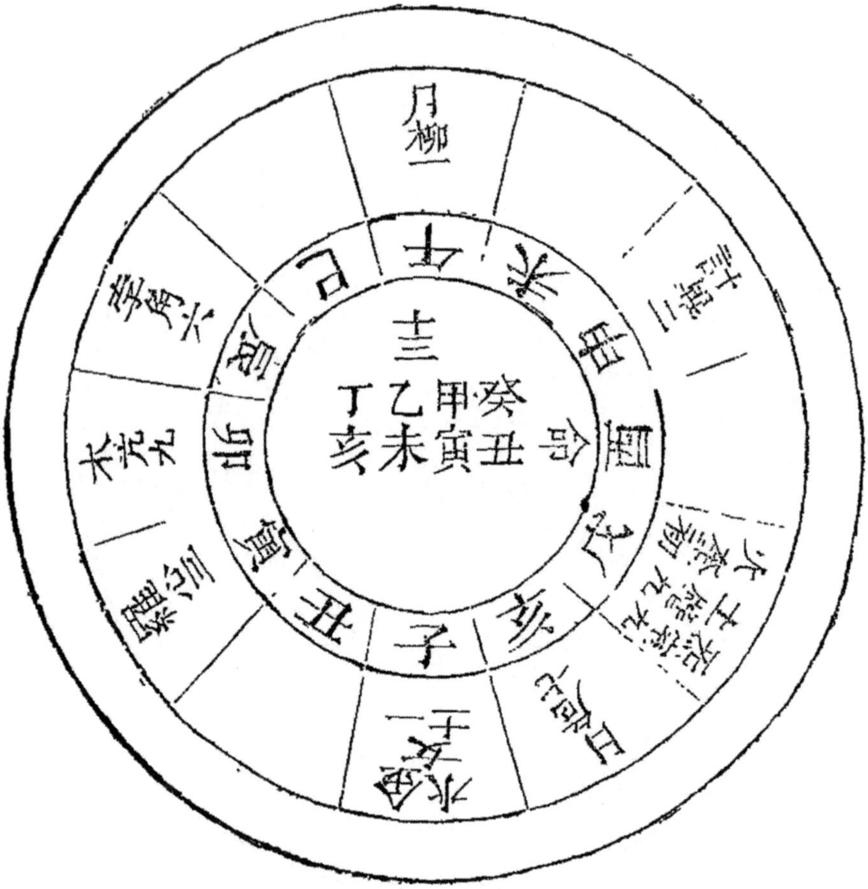

子山午向
甦命屬金
格取孤月照向
金水到山金白
水淸宮位純粹
土計夾命火羅
拱月
夜用太陰式

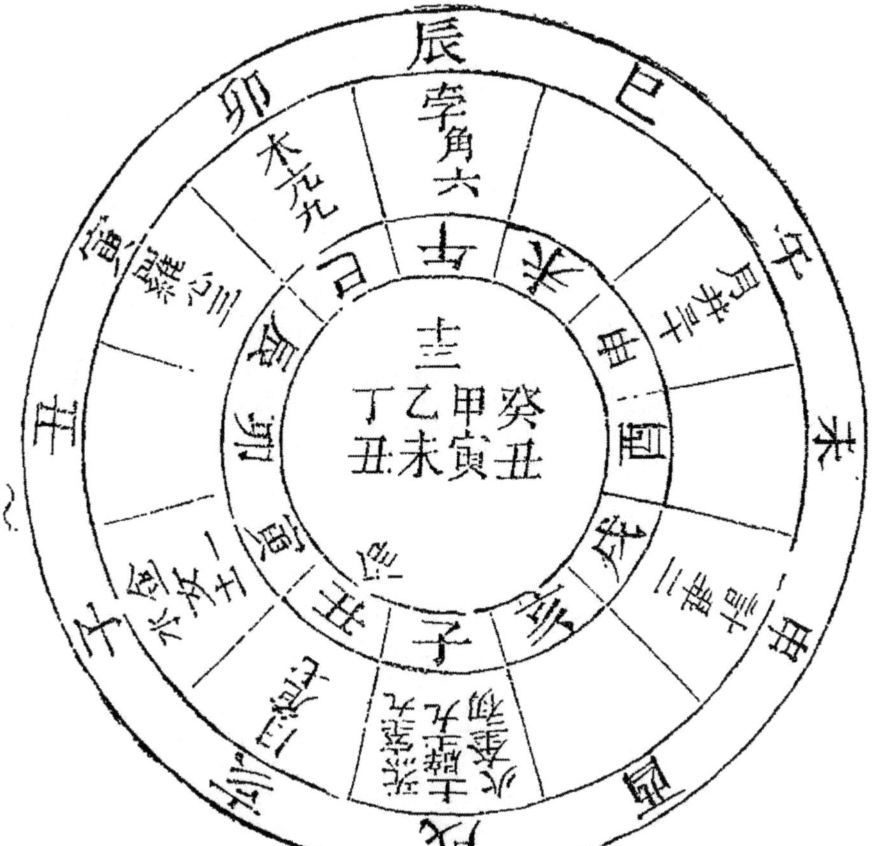

子山午向
造命屬土
春土用火羅
格取孤月照向
火羅拱月羅月
交輝
夜用星月式

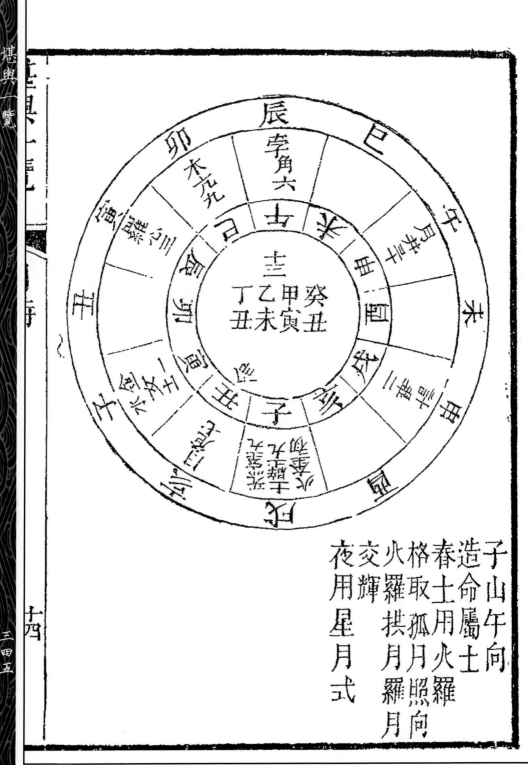

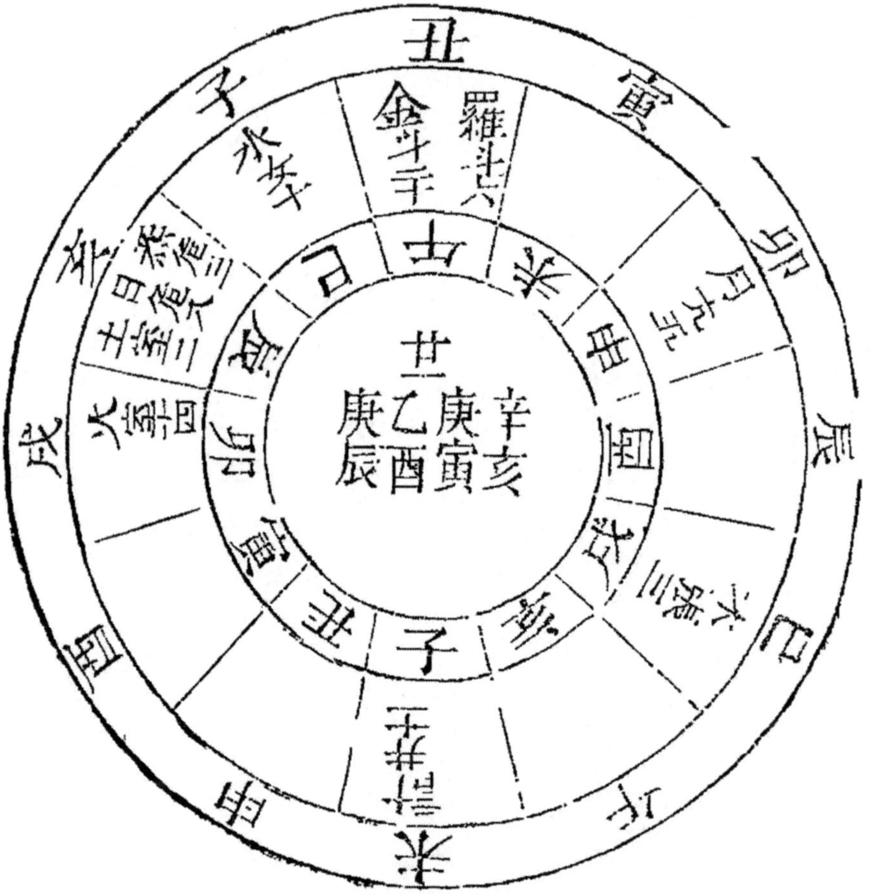

子山午向
葬命屬金
春金用土計
格取日月拱山
拱恩雙恩拱月
寅山申向同

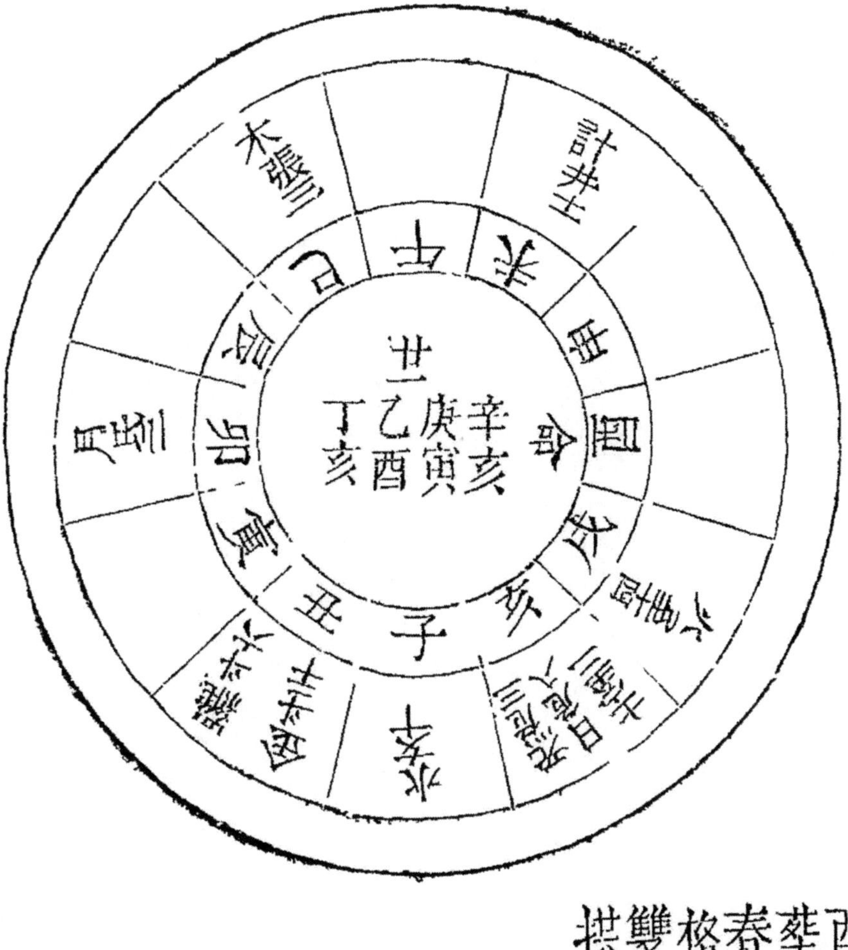

酉山卯向
埊命屬金
春金用土計
格取孤月照向
雙恩恩拱月日月
拱恩木羅侍垣

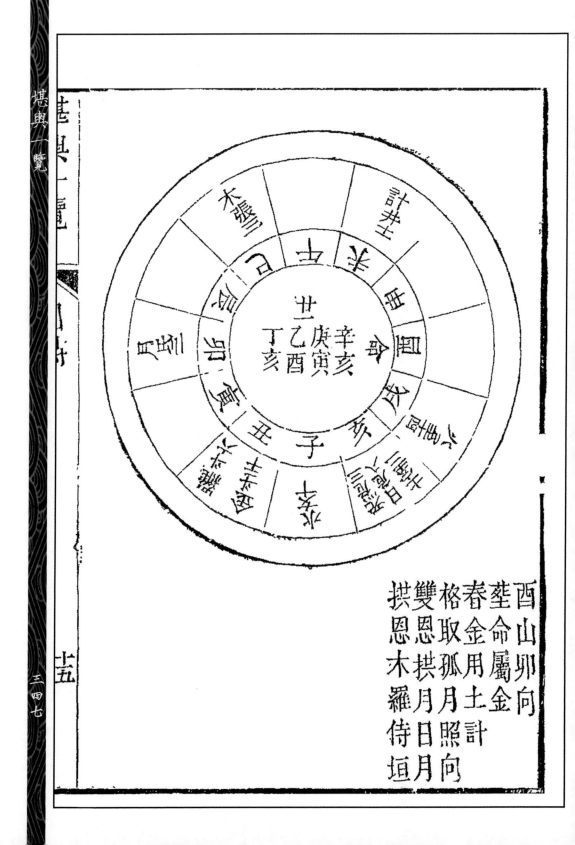

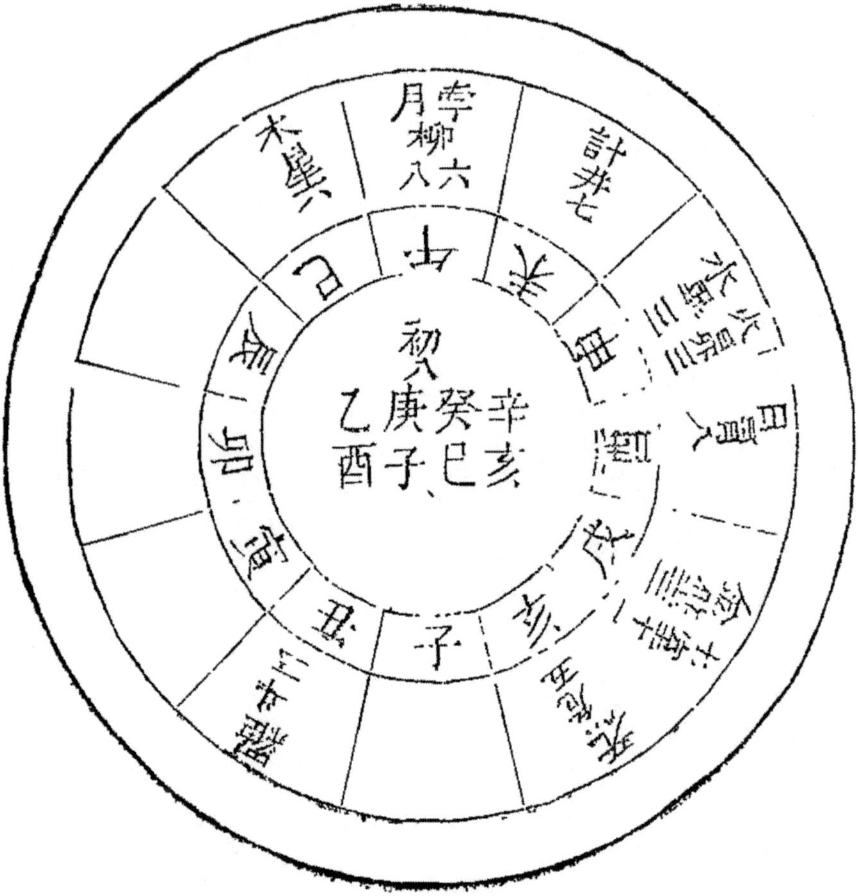

子山午向
壟命屬金
夜用星月
格取孛星捧月

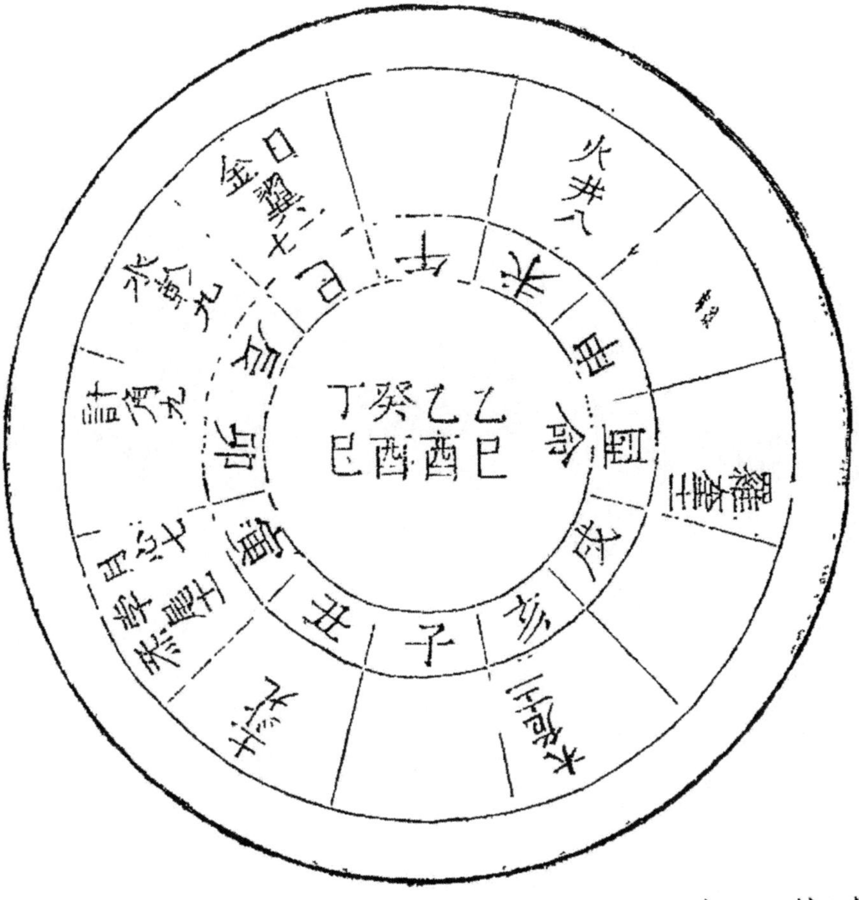

亥山巳向
夌命屬金
秋金不怕火羅
晝用太陽
格取太陽照向
二星伴日土羅
拱夾

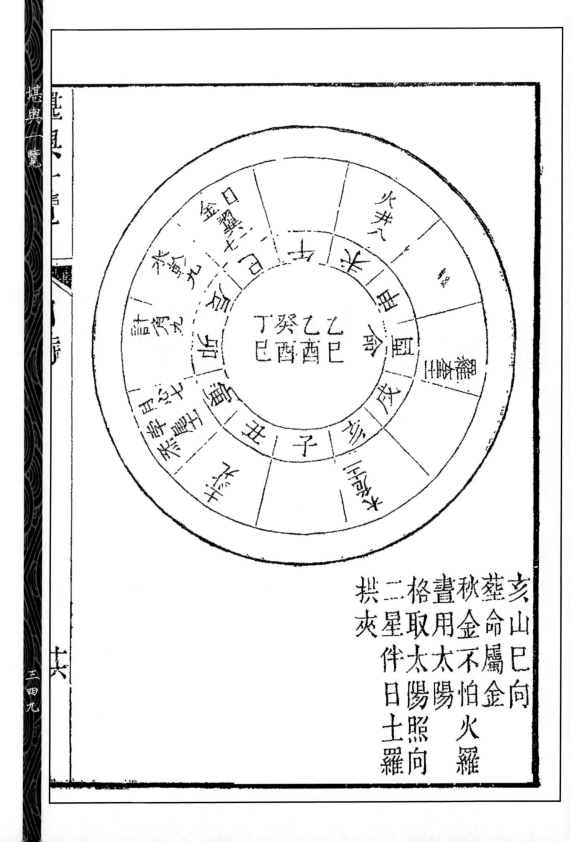

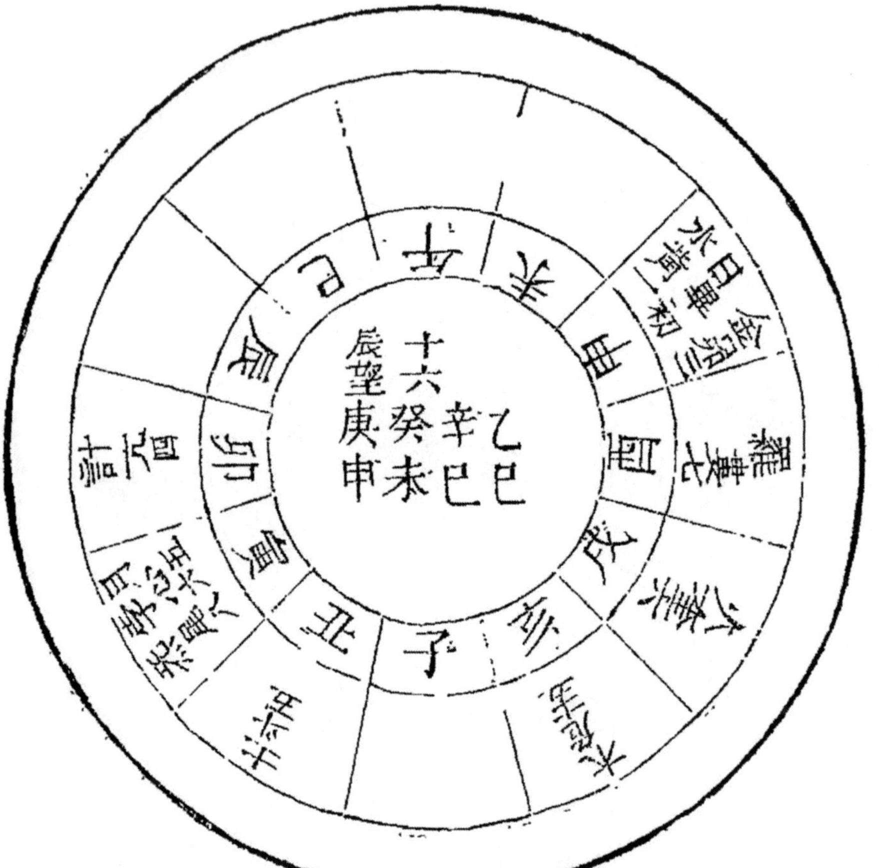

寅山申向
坐命屬金
夏金用水孛
格取日月對坐
水孛交護日月
金入水垣金水
輔日羅計攔截
透出金水太陽
正照山向

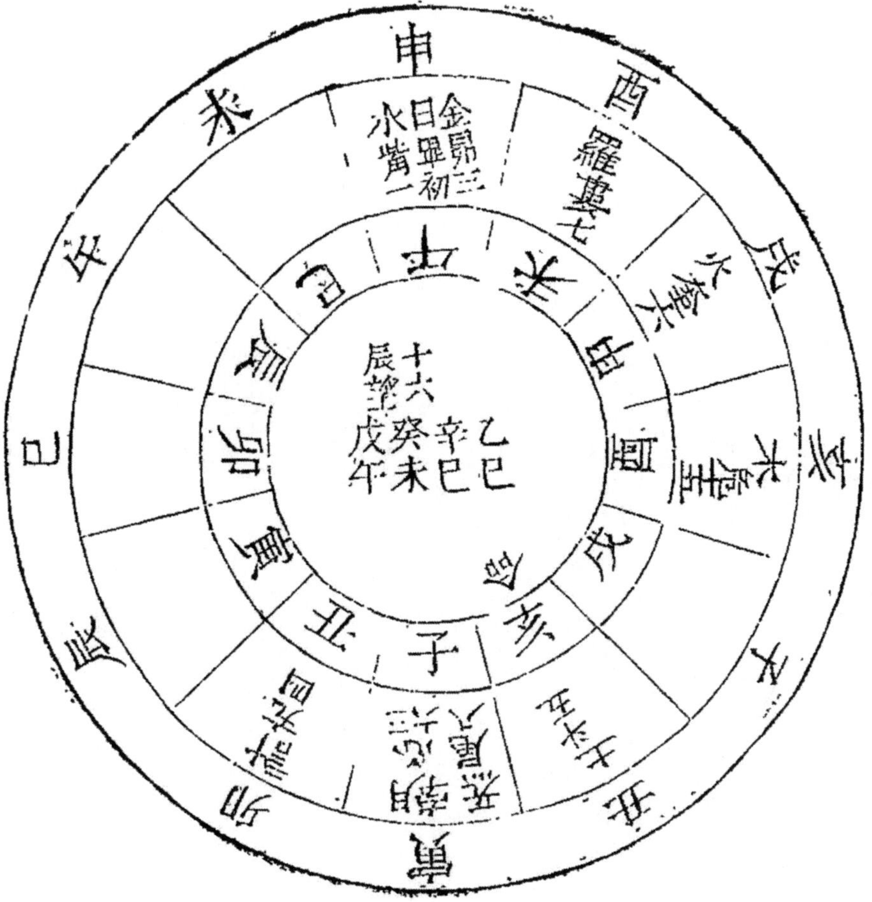

子山午向
巽命屬木
夏木用水孛
格取雙恩交蔭
日月正照山向

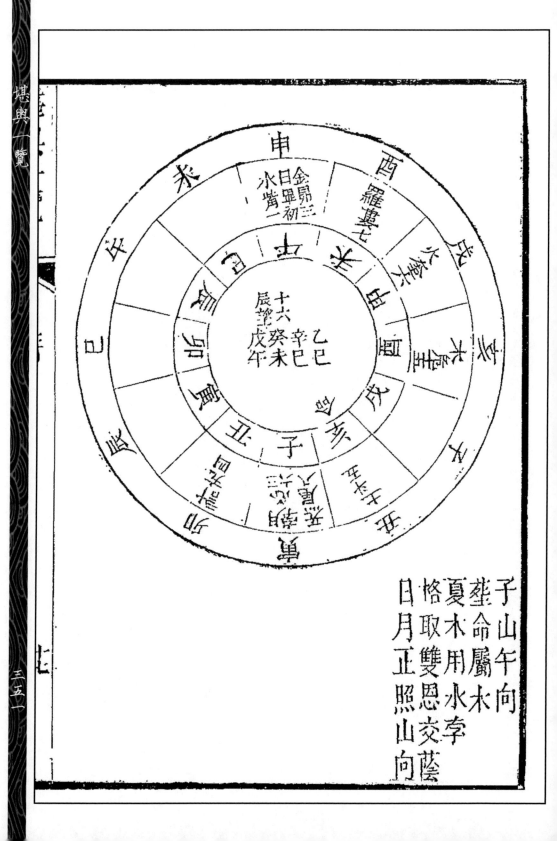

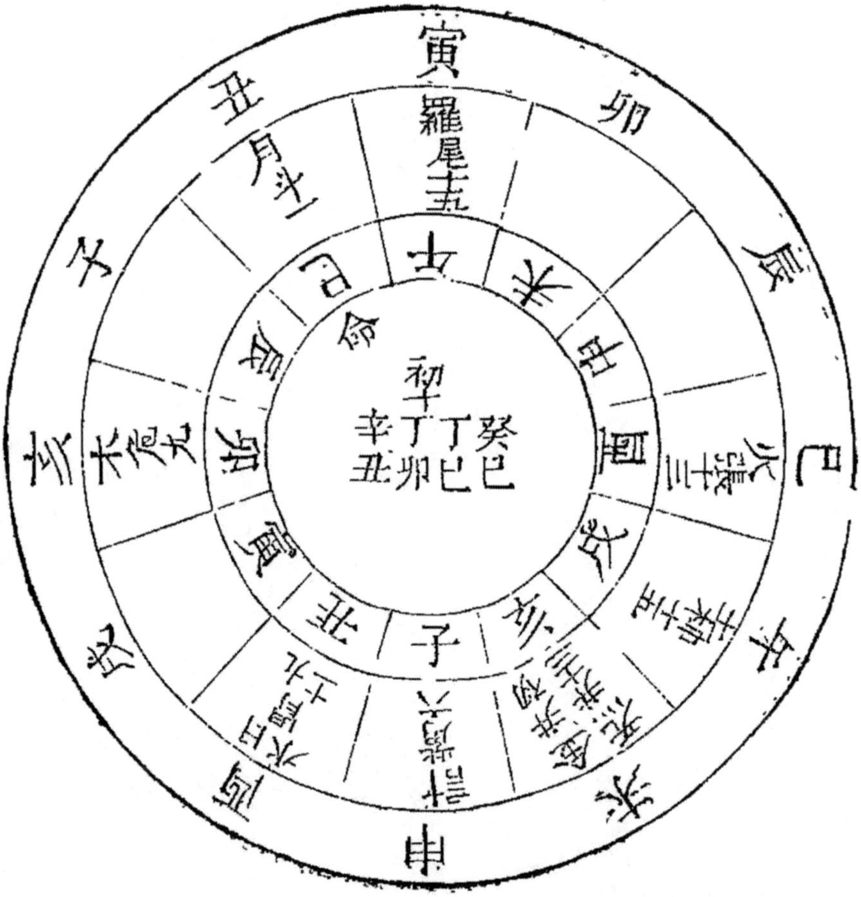

亥山巳向
甦命屬水
夜用太陰
格取木火通明
五星相生太陰
朝斗一星伴日
金月同輝

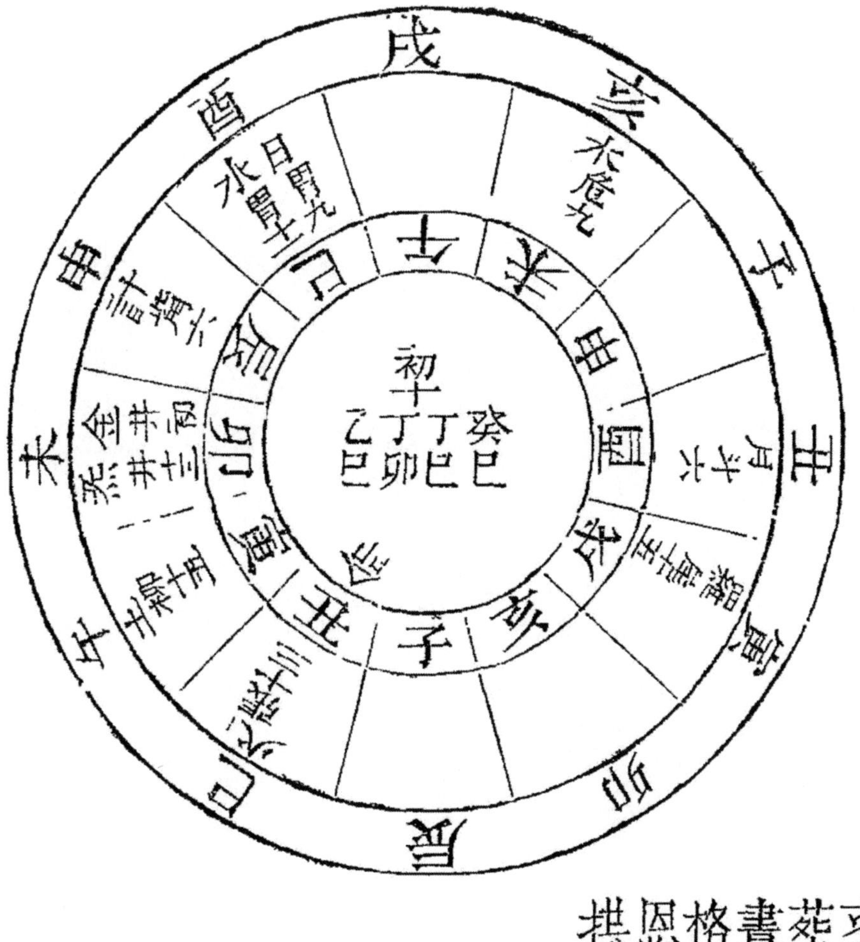

亥山巳向
莝命屬土
晝用太陽
格取木火通明
恩火照向日月
拱恩五星相生

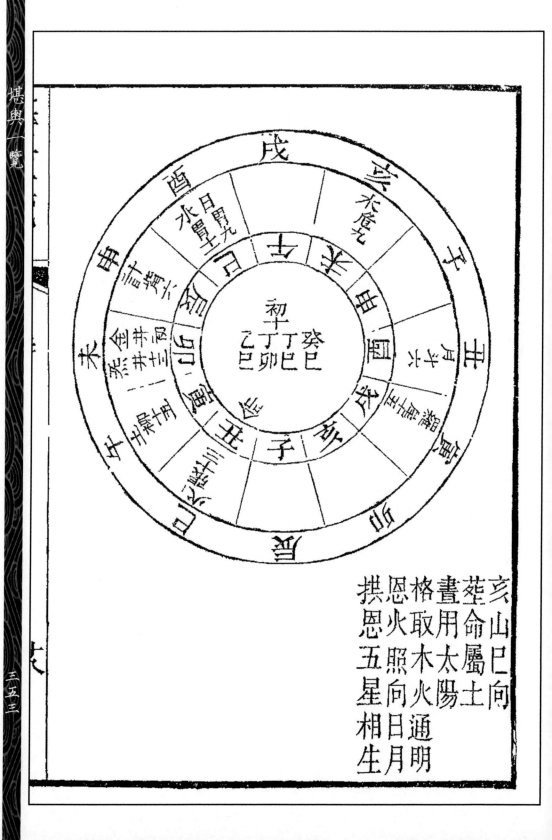

酉山卯向
坐命屬金
格取日月對望
正照山向

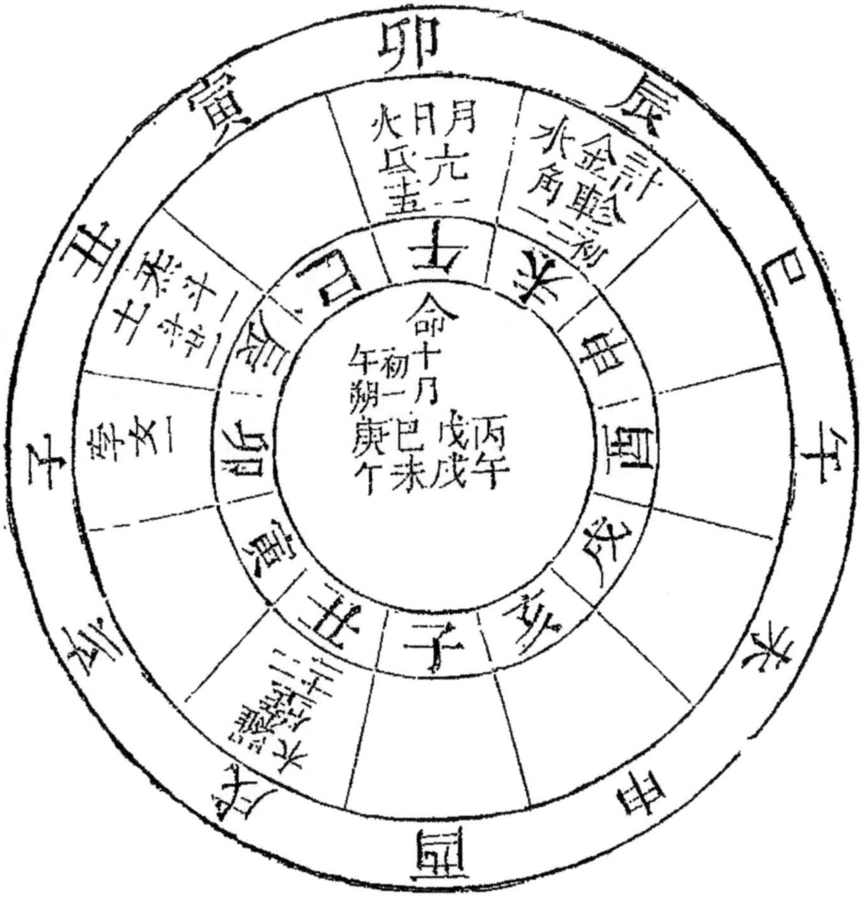

子山午向日月搆精于朔相見于望陰陽和合萬物化生凡遇俗術拘忌不通之處卽用朔望二時對向行事無不遞吉

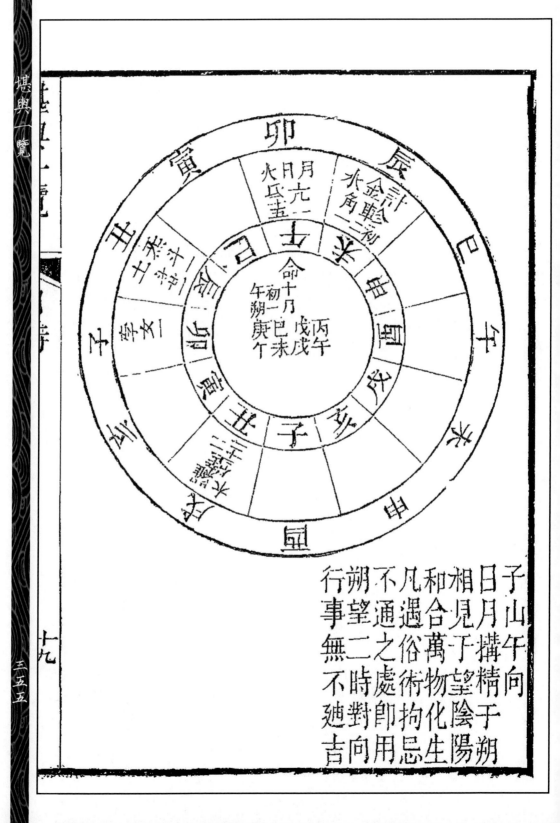

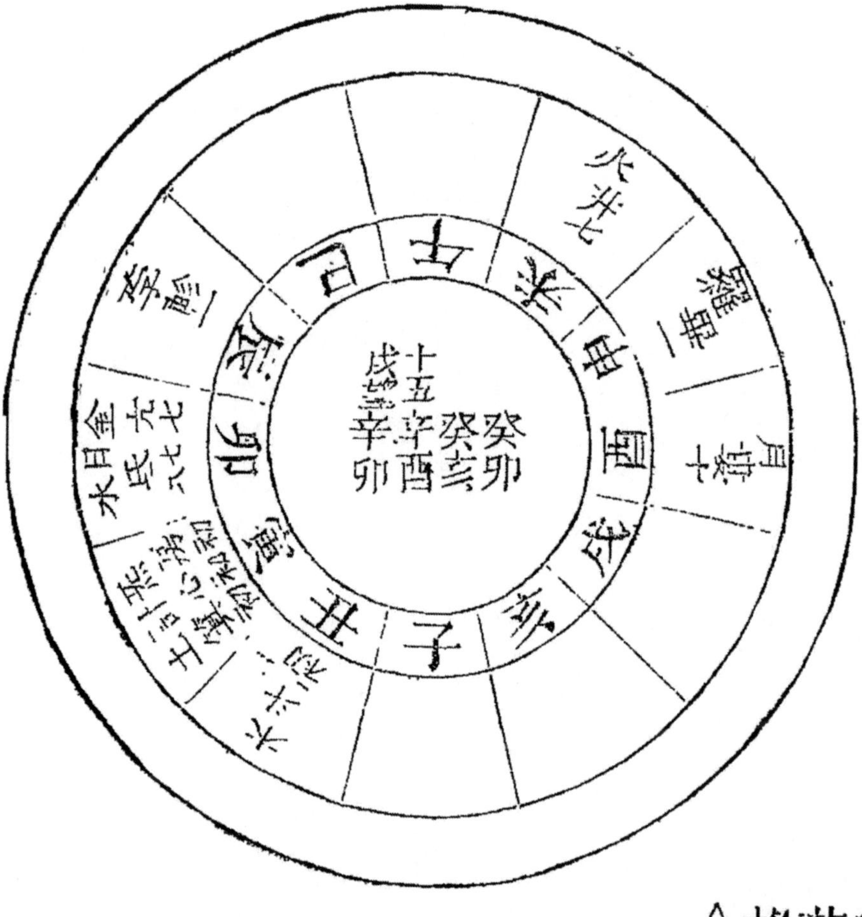

卯山酉向
坙命屬金
格取日月對照
金水輔日

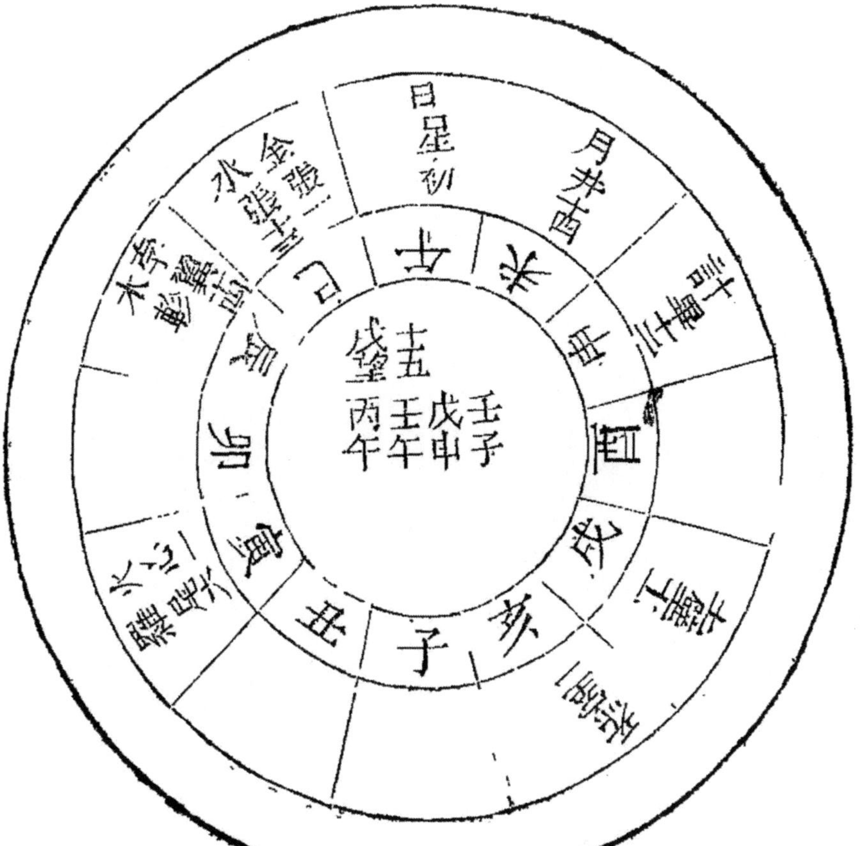

子山午向
丑山未向
莖命屬金
格取五星順生
日月歸垣升殿
正照山向九曜
排班侍護日月

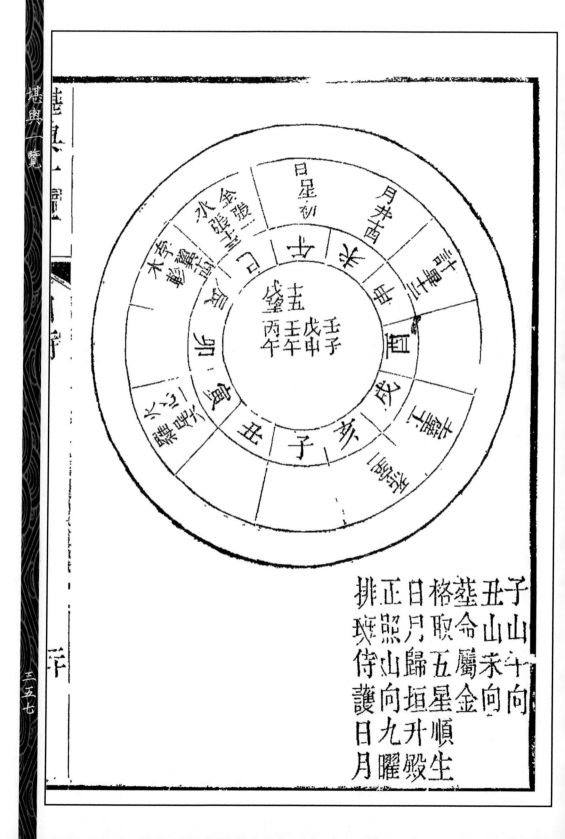

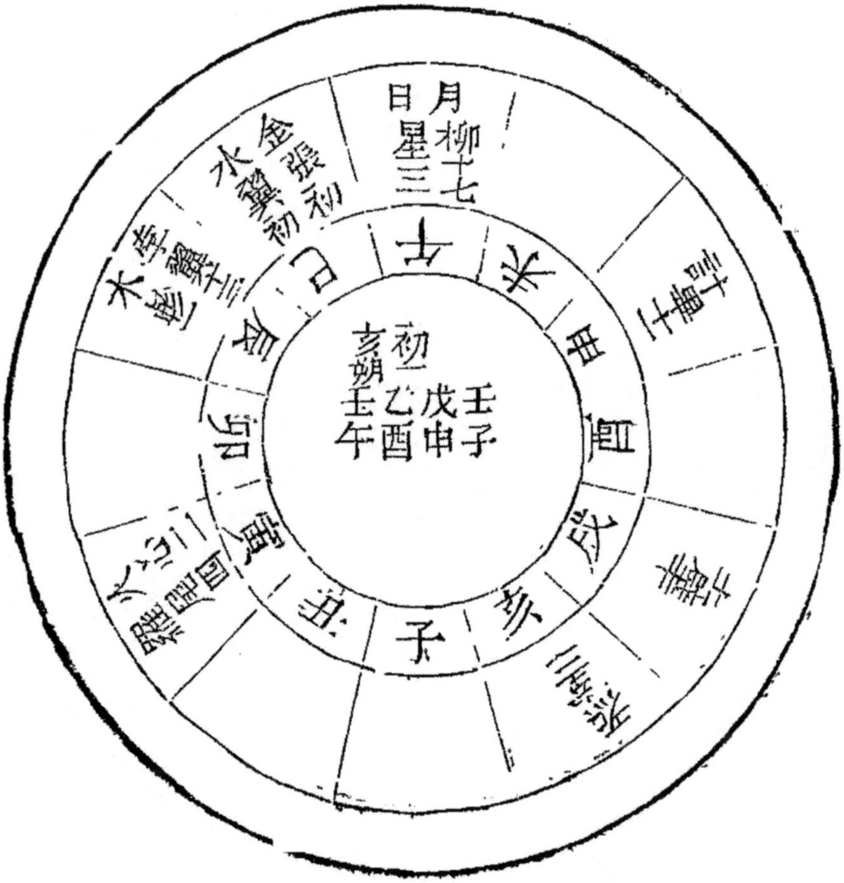

子山午向
壟命屬金
格取日月合朔
正照山向五星
順生火羅日月
雙拱土恩

右三十二式舉其大畧法可變通不能悉數大約日時擇吉總以天光照地穴爲主易云在天成象在地成形象卽日星之象形卽山川之形形與象本是一氣貫通非同揑合但天象有若干星斗不能盡曉只有日月五星見于七政便民全書有度可考先將七政查得一局或同宮或隔宮或隔一宮或隔二宮或三方弔照或坐向對照其中必取一星爲主候天象旋轉輪到向上分度時刻然後用事所云以時定格者此也冬至後爲陽以金水孛爲令星夏至後爲陰

以火羅爲合星春秋二分爲平氣則火羅金水孛俱可通用晝時宜候太陽夜時則不拘星月但得一星到向俱作吉占向首爲虛故所重在向山方次之日時冲犯太歲凶神一切不忌急用則惟候晝日夜月五星亦所不計也蓋五星必要查全書至于日月人人所能毫不費力古人但云天光下臨並無立命之說此係後人所增亦無所碍蔣平階天元歌言之甚詳且甚明白簡易用之最妥如或小心多疑卽兼看通書亦無不可

或問、天地亦甚寥廓矣。擇日之法。專候天星。乃泛而不切于用歟、曰天地雖大。有經有緯。故日月五星無不照之處。候其時至而用之。無不中節。而猶以為泛而不切于用。豈日時之干支。普天皆同者。而反切于用乎。胡其迂執之甚也。且而亦知萬物之所以受氣而成形乎。清陽上升成象于天。濁陰下降成形于地。天以氣運而東升西降。旋轉如輪。地乘氣浮而秋升春降。浮沉如舟。相摩相盪。而化機以生。萬物莫不乘機而出焉。天有雨暘。地有燥濕。時有寒暑。日有短長月有死生五星有順逆而氣之和戾以分萬類于是乎不齊壽夭窮通賢愚善惡紛然而雜出皆此有生之初稟氣爲之也葬之爲言亦即受氣而成胎之意也可不審乎若謂葬乘地氣而不必受命于天是岐天地而二之而男女不必構精矣若謂天地寥廓而日星之光未必及此數尺之壤則固同在覆載之內也若謂日星之光泛然同照而情意未必專注于此則何以取火于日而取水于月者固未嘗擇地而有耶若謂天光雖下照而地氣未必上應則水之潮

汝有明徵矣若謂日月無私未必貢福則史稱歲星所在時和年豐又何以焉且五星聚井而漢治稱隆五星聚奎而宋儒獨盛天人之應自古而然而未嘗記及于六甲之衰旺則干支之不足重可知矣是以和風𤋮日天清地爽不特人有喜色而鳥亦好音木亦向榮若夫怒風暴雨迅雷閃電天地昏暗四野悽惶無有不畏而却避者和氣可以致祥而妖氛必然貢禍是豈六甲之吉凶所能挽回于萬一哉抑或二氣之妖祥因六甲之吉凶而然耶

山水總論

大哉水火之功爲物之體爲物之用可合可分變化終始而不能遺其爲乾坤之大用乎乾天也下交于坤而虛其中以成離坤地也上交于乾而實其腹以成坎坎者水之象也其陽在內得乾之體其陰在外得坤之用離者火之象也其陰在內得坤之體其陽在外得乾之用陽生于坎發用于離是以冬至一陽巳生至九夏而盛暑陰生于離發用于坎是以夏至一陰巳生至三冬而大寒觀于時序之遷移而水火

之代謝一一可見矣山川人物皆水火發露昭著生化之機也火一本而萬殊一星之火可以燎原故山勢披紛閃爍愈分而愈多水殊途而同歸一勺之泉必然入海故百川會聚朝宗愈合而愈大是以山欲其分分則氣清水欲其合合則氣聚水生于離中故山上常出泉火生于坎中故水中常有光水火升降而必互藏其根生機非此不出是以荒岡老澗全無生意人不能居骨不可埋離之陽在外故火外光坎之陽在內故水含影火焰上而光下燭故撥砂之法

必取其山光下照水潤下而光上騰故平陽之穴必取其水光上照光卽陽也陽爲生陰爲殺葬埋之事避陰而就陽所以受生氣陽光不接卽爲死土縱使經營亦何用耶且夫萬物非水不生非火不秀其于人也則爲氣血氣血一凝死亡立至含靈蠢動莫不皆然陰陽二宅亦猶是耳周子階前草不除都覺有些生意一毫端上天機活現人苟能以此意通之又何憂于地術之不明乎日時之用大約倣此無甚深義至于甲乙子丑處數耳卽湊得好看無益也

干支

干支何爲而作耶。干之作。所以記河圖之數也。河圖之數十。故立十干以名之。支之作。所以記寒暑之易也。月十二週天而歷一寒暑。故立十二支之名以別之。然支可以記月。而不可以記年。于是干支相乘。數得六十。而年月日時。俱可輪記而不窮。干支之用。止于此矣。其曰甲乙寅卯木。丙丁巳午火。庚辛申酉金。壬癸亥子水。戊己辰戌丑未土云云者。以河圖十數。一六爲水。一名壬。六名癸。故壬癸亦爲水。三八爲木三名甲八名乙故甲乙亦爲木二七爲火二名丁七名丙故丙丁亦爲火四九爲金四名辛九名庚故庚辛亦爲金五十爲土五名戊十名巳故戊巳亦爲土名以數生數以義生義以氣生此十干之所以配五行也洛書九宮每宮十月以盡十數故九十日而爲一時四九三百六十日而爲一歲月行青道九十日爲春故寅卯辰三月爲木月行赤道九十日爲夏故巳午未三月爲火月行白道九十日爲秋故申酉戌三月爲金月行黑道九十日爲冬故亥子丑三月爲

水中宮為土支無中宮則亦無土强拽四季名之為土名生于月月生于遇天數生于寒暑此十二支之所以配五行也然數為虛數名亦虛名則位雖有定而亦不可執為一定何以言之河圖對待故有四方每方一氣氣有陰陽故有二名名以定志氣以定方若夫動植飛潛遍于天下男女不兩地草木不分行江河雨露無不到之處雖欲分之亦從何而分之哉洛書流行故有四時時有先後故分三月月有盈縮故時有短長積而成閏有閏月而無閏支此以有定

者繩其無定者不必寅之初卽爲春巳之初卽爲夏申之初卽爲秋亥之初卽爲冬也干支節目不過總其大綱而已矣至于盤上之屬分列二十四位則又有說焉內盤之分分于卦氣卦有三爻故分三位三之得二十四而一卦三爻之氣以淸外盤之分分于宮辰每宮一月月有消長故分前後倍之亦爲二十四而每宮消長之氣亦淸二十四位有位無名名不另立故卽取干支卦名以分別之而其用意實不在此若因名泥義則干支分界已差更從何處去摸索

耶卦以占山宮以定向三山一卦觀其往來兩向一宮候其進退古人製盤之意如斯而已矣至于地之所重原不在盤盤上之用猶如星家取人八字算其榮枯然必須先辨其爲人爲畜人畜俱有生年月日人命雖惡不失爲人畜命雖好富貴之至不過一畜而已萬類之生應機而發豈人畜之命斷無相同者哉人畜之分分于有形形人則人形畜則畜若然無形則亦無物空言剩語說食不飽只可悅耳不堪持贈彼不認形勢而徒捏盤上地說生說旺者何以異

此而或者更謂形勢易識盤上難明此則深入魔境不可救藥者矣

六十甲子以記年月日時猶如簿書編號本無關係即如婚姻一事古人專取桃夭之月春日融和生意勃發此時好合和孰甚焉胡爲乎窮冬歲暮滿目蕭條反以爲吉是不可解也古者葬不擇日貴賤有期春秋所載雨不克葬重其事也胡爲寒暑久近聽之日家一得葬期如聞軍令即遇閃電轟雷亦所不顧又何以爲夫冲犯之說不知始于何時遂至相習成

風人人喪膽無端神殺逐漸增添四面八方變爲鬼域舉頭怕怪動足憂凶彼愚夫愚婦誠無責焉耳乃有衣冠之士熟讀詩書言規行矩一聞模糊影響之言某日逢冲某方犯殺便爾目瞪口呆神魄一驚憂疑頓起曩日之詩云子日盡作敗將逃兵欲復振戈奏凱何可得耶殊不思干支等字無日不冲假如甲子生命逢午爲冲則十二年中必有一午年此一年中如何得過一年之中必有一午月此一月中如何得過一月之中必有數午日此數日中如何得過一

日之中。必有一午時。此一時中。如何得過。若云靜則不妨動。則必應。則此一年一月之中。竟能全無所事也耶。至于方位神殺。尤屬不經。假如東方有殺。此殺何在。在天上耶。在地下耶。在空中耶。遠耶。近耶。我之東方爲東鄰之西。而東鄰又有其東。我之西方。即爲西鄰之東。而西鄰之西。又自有其鄰。自此推之。從西之盡至東之盡。在在有東。則在在有殺。六合之內。即一殺而已布滿矣。又何況于殺名之不一耶。是大可哂也。夫陰陽二氣。流行于天地之間。鬼神屈信之理。

變化生死之機。本是刻刻不停。處處充滿。然必不是作怪與妖。與凡夫爭疆奪界。時動無明之火也。又豈有建名立號。樹幟一方。以招搖炫耀于凡夫之耳目哉。是以聖人信其理。故敬鬼神。不信其事。故不語怪。

平陽之理水動為陽地靜為陰靜者實動者虛虛則氣至氣至則有生之本是故作平之法以陰求陽不過借其虛處以為受氣之所而已氣有生死故用後天先天為體分陰分陽不分吉凶易曰天地定位山澤通氣雷風相薄水火不相射此言生卦之體也後天為用有生有死遂有悔吝易曰帝出乎震齊乎巽相見乎離致役乎坤說言乎兌戰乎乾勞乎坎成言乎艮此言成卦之用也山體也氣以成形形成則氣一故其生死之機悉見乎形而卦氣不得以囿之水

用也走而不守純以氣化故用後天之卦位辨其生死衰旺以為平陽受氣之法帝者陽也萬物之主宰也震巽離兌艮皆陽氣用事之處也故可親若夫乾坤則陰陽老亢全無生意故宜避坎則陽陷而不勝其屈用亦無功水之趨避止此矣卦有三爻故分爻氣艮震巽陽氣未盛故必取其中爻取其氣之清純也離兌則陽盛而用事故三爻可以並用而不分優劣但視其情之向我者受之而已丙午丁用為離情在丙則取丙情在午則取午情在丁則取丁庚酉辛

同爲兌情在庚則取庚情在酉則取酉情在辛則取辛至拴岐界之際法在挪移辛戌同行辛兌戌乾則換辛而出戌以清辛氣庚申同行丁離未坤則換丁而出未以清丁氣是故同一水也可震可巽可離可兌可艮同一離也可丙可午可丁同一兌也可庚可酉可辛有以納甲相配者用巽取辛用震取庚用兌取丁用艮取丙是也有以生成相配者丙丁互用庚辛互用是也進之退之左之右之移步換形移步換局而以陰求陽之義止此矣若夫元運之說所以論

衰旺而離兌二卦則非元運之所能拘蓋離爲生物之府兌爲雨露之鄉旺運固吉衰運亦不爲凶又非他卦之所能同也至於穴之所向愛暖而惡寒喜逆而惡順合納甲可合生成可即不合納甲不合生成亦無不可惟取其情意之所在而已平陽宅法大約倣此以此推之歷有明驗非同泛泛也

小引

形家之書亦幾汗牛充棟矣又安用予之嘵嘵爲道以言而晦言以多而益晦旣以言而晦矣而復欲以言明之是猶抱薪而救焚也然旣以言而晦矣而不復以言明之是猶拱手而救鬬也蓋書之嘵嘵已不可復問矣夫其所以嘵嘵者是爭齊其末而不復揣其本也爲之探其本而共觀其末則嘵嘵者可以息矣而予復因是不得不嘵嘵矣故于結伴尋春之際而發其端因成一集而或者謂義有未盡因取平日

所參用之砂訣平陽陽宅選日四篇彙成是集以尾其後其說雖散見于諸書未免多事然亦反博守約之一法也竹田又記

占筮類			
1	擲地金聲搜精秘訣	心一堂編	沈氏研易樓藏稀見易占秘鈔本
2	卜易拆字秘傳百日通	心一堂編	
3	易占陽宅六十四卦秘斷	心一堂編	火珠林占陽宅風水秘鈔本
星命類			
4	斗數宣微	【民國】王裁珊	民初最重要斗數著述之一；未刪改本
5	斗數觀測錄	【民國】王裁珊	失傳民初斗數重要著作
6	《地星會源》《斗數綱要》合刊	心一堂編	失傳的第三種飛星斗數
7	《斗數秘鈔》《紫微斗數之捷徑》合刊	心一堂編	珍稀「紫微斗數」舊鈔秘本
8	斗數演例	心一堂編	
9	紫微斗數全書（清初刻原本）	題【宋】陳希夷	斗數全書本來面目；有別於錯誤極多的坊本
10－12	鐵板神數（清刻足本）——附秘鈔密碼表	題【宋】邵雍	無錯漏原版秘鈔密碼表　首次公開！
13－15	蠢子數纏度	題【宋】邵雍	蠢子數連密碼表打破數百年秘傳　首次公開！
16－19	皇極數	題【宋】邵雍	清鈔孤本附起例及完整密碼表研究神數必讀！
20－21	邵夫子先天神數	題【宋】邵雍	附手鈔密碼表研究神數必讀！
22	八刻分經定數（密碼表）	題【宋】邵雍	皇極數另一版本；附手鈔密碼表
23	新命理探原	【民國】袁樹珊	子平命理必讀教科書！
24－25	袁氏命譜	【民國】袁樹珊	
26	韋氏命學講義	【民國】韋千里	民初二大命理家南袁北韋
27	千里命稿	【民國】韋千里	
28	精選命理約言	【民國】韋千里	北韋之命理經典
29	滴天髓闡微——附李雨田命理初學捷徑	【民國】袁樹珊、李雨田	命理經典未刪改足本
30	段氏白話命學綱要	【民國】段方	民初命理經典最淺白易懂
31	命理用神精華	【民國】王心田	學命理者之寶鏡

32	命學探驪集	【民國】張巢雲	發前人所未發 稀見民初子平命理著作
33	澹園命談	【民國】高澹園	
34	算命一讀通——鴻福齊天	【民國】不空居士、覺先居士合纂	
35	子平玄理	【民國】施惕君	
36	星命風水秘傳百日通	心一堂編	
37	命理大四字金前定	題【晉】鬼谷子王詡	源自元代算命術
38	命理斷語義理源深	心一堂編	稀見清代批命斷語及活套
39－40	文武星案	【明】陸位	失傳四百年《張果星宗》姊妹篇 千多星盤命例 研究命學必備
相術類			
41	新相人學講義	【民國】楊叔和	失傳民初白話文相術書
42	手相學淺說	【民國】黃龍	民初中西結合手相學經典
43	大清相法	心一堂編	重現失傳經典相書
44	相法易知	心一堂編	
45	相法秘傳百日通	心一堂編	
堪輿類			
46	靈城精義箋	【清】沈竹礽	沈氏玄空遺珍 玄空風水必讀
47	地理辨正抉要	【清】沈竹礽	
48	《玄空古義四種通釋》《地理疑義答問》合刊	沈瓞民	
49	《沈氏玄空吹虀室雜存》《玄空捷訣》合刊	【民國】申聽禪	
50	漢鏡齋堪輿小識	【民國】查國珍、沈瓞民	
51	堪輿一覽	【清】孫竹田	失傳已久的無常派玄空經典
52	章仲山挨星秘訣（修定版）	【清】章仲山	章仲山無常派玄空珍秘 門內秘本首次公開 沈竹礽等大師尋覓一生末得之珍本！
53	臨穴指南	【清】章仲山	
54	章仲山宅案附無常派玄空秘要	心一堂編	
55	地理辨正補	【清】朱小鶴	玄空六派蘇州派代表作
56	陽宅覺元氏新書	【清】元祝垚	簡易・有效・神驗之玄空陽宅法
57	地學鐵骨秘　附　吳師青藏命理大易數	【民國】吳師青	釋玄空廣東派地學之秘
58－61	四秘全書十二種（清刻原本）	【清】尹一勺	玄空湘楚派經典本來面目 有別於錯誤極多的坊本

62	地理辨正補註　附 元空秘旨　天元五歌　玄空精髓　心法秘訣等數種合刊	【民國】胡仲言	貫通易理、巒頭、三元、三合、天星、中醫
63	地理辨正自解	【清】李思白	公開玄空家「分率尺、工部尺、量天尺」之秘
64	許氏地理辨正釋義	【民國】許錦灝	民國易學名家黃元炳力薦
65	地理辨正天玉經內傳要訣圖解	【清】程懷榮	秘訣一語道破，圖文并茂
66	謝氏地理書	【民國】謝復	玄空體用兼備、深入淺出
67	論山水元運易理斷驗、三元氣運說附紫白訣等五種合刊	【宋】吳景鸞等	失傳古本《玄空秘旨》《紫白訣》
68	星卦奧義圖訣	【清】施安仁	三元玄空門內秘笈　清鈔孤本 過去均為必須守秘不能公開秘密 與今天流行飛星法不同
69	三元地學秘傳	【清】何文源	
70	三元玄空挨星四十八局圖說	心一堂編	
71	三元挨星秘訣仙傳	心一堂編	
72	三元地理正傳	心一堂編	
73	三元天心正運	心一堂編	
74	元空紫白陽宅秘旨	心一堂編	
75	玄空挨星秘圖　附 堪輿指迷	心一堂編	
76	姚氏地理辨正圖說　附 地理九星并挨星真訣全圖　秘傳河圖精義等數種合刊	【清】姚文田等	
77	元空法鑑批點本——附 法鑑口授訣要、秘傳玄空三鑑奧義匯鈔　合刊	【清】曾懷玉等	蓮池心法　玄空六法 門內秘鈔本首次公開
78	元空法鑑心法	【清】曾懷玉等	
79	蔣徒傳天玉經補註	【清】項木林、曾懷玉	
80	地理學新義	【民國】俞仁宇撰	揭開連城派風水之秘
81	地理辨正揭隱（足本）　附連城派秘鈔口訣	【民國】王邈達	
82	趙連城傳地理秘訣附雪庵和尚字字金	【明】趙連城	
83	趙連城秘傳楊公地理真訣	【明】趙連城	
84	地理法門全書	仗溪子、芝罘子	巒頭風水，內容簡核、深入淺出
85	地理方外別傳	【清】熙齋上人	巒頭形勢、「望氣」「鑑神」
86	地理輯要	【清】余鵬	集地理經典之精要
87	地理秘珍	【清】錫九氏	巒頭、三合天星，圖文並茂
88	《羅經舉要》附《附三合天機秘訣》	【清】賈長吉	清鈔孤本羅經、三合訣法圖解
89-90	嚴陵張九儀增釋地理琢玉斧巒	【清】張九儀	清初三合風水名家張九儀經典清刻原本！

91	地學形勢摘要	心一堂編	形家秘鈔珍本
92	《平洋地理入門》《巒頭圖解》合刊	【清】盧崇台	平洋水法、形家秘本
93	《鑒水極玄經》《秘授水法》合刊	【唐】司馬頭陀、【清】鮑湘襟	千古之秘，不可妄傳匪人
94	平洋地理闡秘	心一堂編	雲間三元平洋形法秘鈔珍本
95	地經圖說	【清】余九皋	形勢理氣、精繪圖文
96	司馬頭陀地鉗	【唐】司馬頭陀	流傳極稀《地鉗》
97	欽天監地理醒世切要辨論	【清】欽天監	公開清代皇室御用風水真本
三式類			
98－99	大六壬尋源二種	【清】張純照	六壬入門、占課指南
100	六壬教科六壬鑰	【民國】蔣問天	由淺入深，首尾悉備
101	壬課總訣	心一堂編	過去術家不外傳的珍稀六壬術秘鈔本
102	六壬秘斷	心一堂編	
103	大六壬類闡	心一堂編	
104	六壬秘笈——韋千里占卜講義	【民國】韋千里	六壬入門必備
105	壬學述古	【民國】曹仁麟	依法占之，「無不神驗」
106	奇門揭要	心一堂編	集「法奇門」、「術奇門」精要
107	奇門行軍要略	【清】劉文瀾	條理清晰、簡明易用
108	奇門大宗直旨	劉毗	天下孤本　首次公開 虛白廬藏本《秘藏遁甲天機》 奇門不傳之秘　應驗如神
109	奇門三奇干支神應	馮繼明	
110	奇門仙機	題【漢】張子房	
111	奇門心法秘纂	題【漢】韓信（淮陰侯）	
112	奇門廬中闡秘	題【三國】諸葛武侯註	
選擇類			
113－114	儀度六壬選日要訣	【清】張九儀	清初三合風水名家張九儀擇日秘傳
115	天元選擇辨正	【清】一園主人	釋蔣大鴻天元選擇法
其他類			
116	述卜筮星相學	【民國】袁樹珊	民初二大命理家南袁北韋 南袁之術數經典
117－120	中國歷代卜人傳	【民國】袁樹珊	